本研究得到教育部人文社会科学研究基金项目（编号：09YJC770047）、山西省高校人文社会科学重点研究基地项目（编号：2015303）资助。

田野·社会丛书

双口村

集体化时代的身份、地位与乡村日常生活

马维强　著

中国社会科学出版社

图书在版编目（CIP）数据

双口村：集体化时代的身份、地位与乡村日常生活／马维强著.—北京：中国社会科学出版社，2018.8

（田野·社会丛书）

ISBN 978 - 7 - 5203 - 2726 - 8

Ⅰ.①双…　Ⅱ.①马…　Ⅲ.①乡村—社会生活—研究—中国　Ⅳ.①D422.7

中国版本图书馆 CIP 数据核字（2018）第 144155 号

出 版 人	赵剑英
责任编辑	孔继萍
责任校对	周　昊
责任印制	李寡寡

出　　版	中国社会科学出版社
社　　址	北京鼓楼西大街甲 158 号
邮　　编	100720
网　　址	http://www.csspw.cn
发 行 部	010 - 84083685
门 市 部	010 - 84029450
经　　销	新华书店及其他书店

印　　刷	北京明恒达印务有限公司
装　　订	廊坊市广阳区广增装订厂
版　　次	2018 年 8 月第 1 版
印　　次	2018 年 8 月第 1 次印刷

开　　本	710×1000　1/16
印　　张	20
插　　页	2
字　　数	280 千字
定　　价	85.00 元

走向田野与社会

——中国社会史研究的追求与实践

行 龙

人文社会科学领域的理论和概念总是不断出新五花八门的。回顾 20 世纪 80 年代以来中国社会史研究的发展历程，我们引进接受了很多西方人文社会科学的理论和概念。现代化理论、"中国中心观"、年鉴派史学、国家—社会理论、"过密化""权力的文化网络""地方性知识"、知识考古学、后现代史学，如此等等，林林总总。引进接受的过程既是一个目不暇接、眼花缭乱的过程，又是一个不断跟进而让人疲惫的过程。在这样一个过程中，我们在不断地反思，也在不断地前行。中国社会史研究深受西方有关理论概念的影响，这是一个不争的事实。我们又不时地听到或看到对西方理论概念盲目追求一味模仿的批评，建立中国本土化的社会史概念理论的呼声在我们的耳畔不时响起。

这里的走向田野与社会，却不是什么新的概念，更不是什么理论之类。至多可以说，它是山西大学中国社会史研究中心三代学人从事社会史研究过程中的一种学术追求和实践。

"走向田野与社会"付诸文字,最早是在 2002 年。那一年,为庆祝山西大学建校 100 周年,校方组织出版了一批学术著作,其中一本是由我主编的《近代山西社会研究》(中国社会科学出版社2002 年版),此书有一个副标题就叫"走向田野与社会",其实是我和自己培养的最初几届硕士研究生撰写的有关区域社会史的学术论文集。2007 年笔者的另一本书将此副题移作正题,名曰《走向田野与社会》(生活·读书·新知三联书店 2007 年版)。记得 2004年 9 月的一个晚上,我在山西大学以"走向田野与社会"为题的讲座中谈到,这里的"田野"包含两层意思:一是相对于校园和图书馆的田地与原野,也就是基层社会和农村;二是人类学意义上的田野工作,也就是参与观察实地观察的方法。这里的"社会"也有两层含义:一是现实的社会,我们必须关注现实社会,懂得从现在推延到过去或者由过去推延到现在;二是社会史意义上的社会,这是一个整体的社会,也是一个"自下而上"视角下的社会。

其实,走向田野与社会是中国历史学的一个悠久传统,也是一份值得深切体会和实践的学术资源。我们的老祖宗司马迁写《史记》的目的是"究天人之际,通古今之变,成一家之言",为此他游历名山大川,了解风土民情,采访野夫乡老,搜集民间传说。一个《河渠书》,太史公"南登庐山,观禹疏九江,遂至于会稽太湟,上姑苏,望五湖;东窥洛汭、大邳、迎河,行淮、泗、济、漯洛渠;西瞻蜀之岷山及离碓;北自龙门至于朔方",可谓足迹遍布大江南北。及至晚近,"读万卷书,行万里路"几成为中国传统知识文人治学的准则。我的老师乔志强(1928—1998)先生辈,虽然不能把他们看作为传统文人一代,但他们对中国传统文化的体认却比吾辈要深切许多。即使是在接连不断的政治运动环境下,他们也会在自己有限的学问范围内走出校园,走向田野。乔先生最早出的一本书,是 1957 年山西人民出版社出版的《曹顺起义史料汇编》,

该书区区 6 万字，除抄录第一历史档案馆有关上谕、奏折、审讯记录稿本外，很重要的一部分就是他采访当事人后人及"访问其他当地老群众"，召开座谈会收集而来的民间传说。也是在 20 世纪 50 年代开始，他在教学之余，又开始留心搜集山西地区义和团史料。现在学界利用甚广的刘大鹏之《退想斋日记》《潜园琐记》《晋祠志》等重要资料，就是他在晋祠圣母殿侧廊看到刘大鹏的碑铭后，顺藤摸瓜，实地走访得来的。1980 年，当人们还沉浸在"科学的春天"到来之际，乔志强先生就推出了《义和团在山西地区史料》这部来自乡间田野的重要资料书，这批资料也成就了他早年的山西义和团研究和辛亥革命前十年史的研究。

20 世纪 80 年代，乔志强先生以其敏锐的史家眼光，开始了社会史领域的钻研和探索。我们清楚地记得，他与研究生一起研读相关学科的基础知识，一起讨论提纲著书立说，一起参观考察晋祠、乔家大院、丁村民俗博物馆，一起走向田野访问乡老。一部《中国近代社会史》（人民出版社 1992 年版）被学界誉为中国社会史"由理论探讨走向实际操作的第一步"，成为中国社会史学科体系初步形成的一个最重要的标志。就是在《中国近代社会史》的长篇导论中，乔先生在最后一个部分专门谈"怎样研究社会史"，认为"历史调查可以说是社会史的主要研究方法"，举凡文献资料，包括正史、野史、私家著述、地方志、笔记、专书、日记、书信、年谱、家谱、回忆录、文学作品；文物，包括金石、文书、契约、图像、器物；调查访问，包括访谈、问卷、观察等，不厌其烦，逐一道来，其中列举的山西地区铁铸古钟鼎文和石刻碑文等都是他多年的切身体验和辛苦所得。

乔志强先生对历史调查和田野工作的理解是非常朴实的，其描述的文字也是平淡无华的，关于"调查访问"中的"观察"，他这样写道：

现实的社会生活,往往留有以往社会的痕迹,有时甚至很多传统,特别如民俗、人际关系、生活习惯,这些就可以借助于观察。另外还可以借助于到交通不便或是人际关系较为简单的地区去观察调查,因为它们还可能保留有较多的过去的风俗习惯、人际往来等方面的痕迹,对于理解历史是有用处的。(《中国近代社会史》,第30—31页)

自20世纪90年代以来至今,重温先生朴实无华的教诲,回想当年跟随先生走村过镇的往事,我们为学有所本亲炙教诲感到欣慰。

走向田野与社会,又是社会史的学科特性决定的。20世纪之后兴起的西方新史学,尤其是法国年鉴学派史学在批判实证史学的基础上异军突起,年鉴派史学"所要求的历史不仅是政治史、军事史和外交史,而且还是经济史、人口史、技术史和习俗史;不仅是君王和大人物的历史,而且还是所有人的历史;这是结构的历史,而不仅仅是事件的历史;这是有演进的、变革的、运动着的历史,不是停滞的、描述性的历史;是有分析的、有说明的历史,而不再是纯叙述性的历史;总之是一种总体的历史"(勒高夫等主编:《新史学》,上海译文出版社1989年版,第19页)。100年前,梁启超在中国倡导的"新史学"与西方有异曲同工之妙,20世纪80年代恢复后的中国社会史研究更以其"把历史的内容还给历史"的雄心登坛亮相。长期以来以阶级斗争为主线的历史研究使历史变得干瘪枯燥,以大人物和大事件组成的历史难以反映历史的真实,全面准确地认识国情把握国情,需要我们全面地系统地认识历史认识社会,需要我们还历史以有血有肉丰富多彩的全貌。可以说,中国社会史在顺应中国社会变革和时代潮流中得以恢复,又在关注社会现实的过程中得以演进。

因此，社会史意义上的"社会"，又不仅是历史的社会，同时也是现实的社会。通过过去而理解现在，通过现在而理解过去，此为年鉴派史学方法论的核心，第三代年鉴学派的重要人物勒高夫曾宣称，年鉴派史学是一种"史学家带着问题去研究的史学"，"它比任何时候都更重视从现时出发来探讨历史问题"。

很有意思的是，半个世纪以前，钱穆先生在香港某学术机构做演讲，有一讲主题即为"如何研究社会史"，他尤其强调：

> 要研究社会史，应该从当前亲身所处的现实社会着手。历史传统本是以往社会的记录，当前社会则是此下历史的张本。历史中所有是既往的社会，社会上所有则是先前的历史，此两者本应联系合一来看。
>
> 要研究社会史，决不可关着门埋头在图书馆中专寻文字资料所能胜任，主要乃在能从活的现实社会中获取生动的实像。
>
> 我们若能由社会追溯到历史，从历史认识到社会，把眼前社会来作以往历史的一个生动见证，这样研究，才始活泼真确，不要专在文字记载上作片面的搜索。（《中国历史研究法》，生活·读书·新知三联书店2001年版，第52—56页）

乔志强先生撰写的《中国近代社会史》导论部分，计有社会史研究的对象、知识结构、意义及怎样研究社会史四个小节，谈到社会史研究的意义，没有谈其学术意义，"重点强调研究社会史具有的重要的现实意义"。社会史的研究要有现实感，这是社会史研究者的社会责任，也是催促我们走向田野与社会的学术动力。

社会史意义上的"社会"，又是一种"自下而上"视角下的社会。与传统史学重视上层人物和重大历史事件的"自上而下"视角不同，社会史的研究更重视芸芸众生的历史与日常。举凡人口、婚姻、家庭、宗族、农村、集镇、城市、士农工商、衣食住行、宗教信仰、节日礼俗、人际关系、教育赡养、慈善救灾、社会问题等,均从"社会生活的深处"跃出而成为社会史研究的主要内容。显然,社会史的研究极大地拓展了传统史学的研究内容,如此丰富的研究内容决定了社会史多学科交叉融合的特性,如此特性需要我们具有与此研究内容相匹配的相关学科基础知识与训练,需要我们走出学校和图书馆,走向田野与社会。由此,人类学、社会学等成为社会史最亲密的伙伴,社会史研究者背起行囊走向田野,"优先与人类学对话"成为一道风景。

偶然相遇人间世,合在增城阿姥家。山西大学的社会史研究与人类学是有学脉缘分的,一位祖籍山西至今活跃在人类学界的乔健先生 1990 年自香港向我们走来。我不时地想过,也许就是一种缘分,"二乔"成为我们社会史研究的领路人,算是我们这些生长在较为闭塞的山西后辈学人的福分。现在,山西大学中国社会史研究中心的鉴知楼里,恭敬地置放着"二乔"的雕像,每每景仰,实多感慨。

1998 年,乔志强先生仙逝后,乔健先生曾特意撰文回忆他与志强先生最初的交往:

> 我第一次见到乔志强先生是在 1990 年初夏,当时我来山西大学接受荣誉教授的颁授。志强先生与我除了同乡、同姓的关系外,还是同志。我自己是研究文化、社会人类学的,但早期都偏重所谓"异文化"的研究,其中包括了中国台湾的高山族、美国的印第安人(特别是那瓦侯族)以及华南的瑶族。但从九十年代起,逐渐转向汉族,特别是华北汉族社会的研究。志强先生是中国社会史权威,与我新的研究兴趣相同。由于这种"三同"的因缘,我们一见如故,相谈极欢。他特别邀请我

去他家吃饭，吃的是我最爱吃的豆角焖面。我对先生的纯诚质朴，也深为赞佩。（《纪念乔志强先生》，第32页）

其实，乔健先生也是一位"纯诚质朴"的蔼蔼长者，又是一位立身田野从来不知疲倦的著名人类学家。他为扩展山西大学的对外学术交流，尤其是对中国社会史研究中心的学术发展付出了大量的心血。我初次与乔健先生相识正是在1990年山西大学华北文化研究中心的成立仪式上。1996年，"二乔"联名申请国家社科基金重点项目——华北贱民阶层研究获准，我和一名研究生承担的"晋东南剃头匠"成为其中的一部分，开始直接受到乔健先生人类学研究方法的指导和训练；2001年，乔健先生又申请到一个欧洲联盟委员会关于中国农村可持续发展的研究项目，我们多年来关注的一个田野工作点赤桥村（即晋祠附近刘大鹏祖籍）被确定为全国7个点之一；2006年下半年，我专门请乔先生为研究生开设了文化人类学专题课，他编写讲义，印制参考资料，每天到图书馆的十层授课论道往来不辍。这些年，他几乎每年都要来中心一两次，做讲座，下田野，乐在其中，老而弥坚。这不，前不久他来又和我谈起下一步研究绵山脚下著名的张壁古堡计划。如今，乔健先生将一生收藏的人类学社会学书籍和期刊捐赠给予中心命其为"乔健图书馆"，又特设两个奖学金鼓励优秀学子立志成才，其情其人，令人感佩。正是在这位著名人类学家的躬身提携下，我结识了费孝通、李亦园、金耀基等著名人类学社会学前辈及大批同行，我和多名研究生曾到香港和台湾参加各种人类学、社会学会议。正是在乔健先生的亲自指导之下，我们这些历史学学科背景的后辈，才开始学得一点人类学的知识和田野工作的方法，山西大学中国社会史研究中心的学术工作有了人类学社会学的气味，走向田野与社会成为本中心愈来愈浓的学术风气。

奉献在读者面前的这套丛书,命其为"田野·社会丛书",编者和作者不约而同。丛书主要刊出山西大学中国社会史研究中心年轻一代学者的研究成果,其中有些为博士论文基础上的修改稿,有些则为另起炉灶的新作。博士论文也好,新作也好,均为积年累月辛苦钻研所得,希望借此表达本中心走向田野与社会的研究取向和学术追求。

丛书所收均为区域社会史研究之作,而这个"区域"正是以我们生于斯、长于斯、情系于斯的山西地区为中心。在长期从事中国社会史研究的过程中,编者和作者形成了这样一个基本认知:社会史的研究并不是简单的"社会生活史"研究,只有"自上而下"与"自下而上"的结合,理论探讨与实证研究的结合,宏观研究与微观研究的结合,才能实现"整体的"社会史研究这一目标,才能避免"碎片化"的陷阱。

其实,整体和区域只是反映事物多样性和统一性及其互相关系的范畴,整体只能在区域中存在,只有通过区域而存在。相对于特定国家的不同区域而言,全国性范围的研究可以说是宏观的、整体的,但相对于跨国界的世界范围的研究而言,全国性的研究又只能是一种微观的、区域的研究,整体和区域并不等同于宏观和微观。史学研究的价值并不在于选题的整体与区域之区别,区域研究得出的结论未必都是个别的、只适于局部地区的定论,"更重要的是在每个具体的研究中使用各种方法、手段和途径,使其融为一体,从而事实上推进史学研究"。我们相信,沉涵于中国悠久的历史文化传统,研读品味先辈们赐赠的丰硕成果,面对不断翻新流行时髦的各式理论概念,史学研究的不变宗旨仍然是求真求实,而求真求实的重要途径之一就是通过区域的、个案的、具体的研究去实践。这里需要引起注意的是,这样一种区域的、个案的、具体的研究又往往被误认为社会史研究"碎化"的表现,其实,所谓的"碎化"

并不可怕，把研究对象咬烂嚼碎，烂熟于胸，化然于心并没有什么不好，可怕的是碎而不化，碎而不通。区域社会史的研究绝不是画地为牢的就区域而区域，而是要就区域看整体，就地方看国家。从唯物主义整体的普遍联系的观点出发，在区域的、个案的、具体的研究中保持整体的眼光，正是克服过分追求宏大叙事，实现社会史研究整体性的重要途径。读者可以发现，丛书所收的各种选题中，既有对山西区域社会一些重大问题的研究，也有一些更小的区域（如黄河小北干流、霍泉流域）甚至某个具体村庄的研究，选题各异，追求整体社会史研究的目标则一。

作为一种学术追求与实践，走向田野与社会也是区域社会史研究的必然逻辑。我们知道，传统历史研究历来重视时间维度，那种民族—国家的宏大叙事大多只是一个虚幻的概念，一个虚拟的和抽象的整体，而没有较为真切的空间维度。社会史的研究要"自下而上"，要更多地关注底层的历史民众的历史，而区域社会正是民众生活的日常空间，只有空间维度的区域才是具体的真实的区域，揭示空间特征的"田野"便自然地进入区域社会史研究的视野，走向田野从事田野工作便成为一种学术自觉与必然。

社会史研究要"优先与人类学对话"，也要重视田野工作。我们知道，人类学的田野工作首先是对"异文化"的参与观察，他要求研究者到被研究者的生活圈子里至少进行为期一年的实地观察与研究，与被研究者"同吃同住同劳动"，进而撰写人类学意义上的民族志文本。人类学强调参与观察的田野工作，对区域社会史研究具有重要的借鉴意义。走向田野，直接到那个具体的区域体验空间的历史，观察研究对象的日常，感受历史现场的氛围，才能使时间的历史与空间的历史连接起来，才能对"地方性知识"获取真正的认同，才能体会到"同情之理解"之可能，才能对区域社会的历史脉络有更为深刻的把握。然而，社会史的田野工作又不完全等同于人类学的田野工作。"上穷碧落下黄泉,动手动脚找资料",搜集资料、尽可能地全面详尽地占有资料,是史学研究,尤其是区域社会史研究最基础的工作。如果说宏大叙事式的研究主要是通过传统的正史资料所获取,那么,区域社会史的研究仅此是远远不够的,这是因为,传统的正史甚至包括地方志并没有存留下丰厚的地方资料,"地方性资料"诸如碑刻、家谱、契约、账簿、水渠渠册、笔记、日记、自传、秧歌、戏曲、小调等只有通过田野调查才能有所发现,甚至大量获取。所以说,社会史的田野工作,首先要进行一场"资料革命",在获取历史现场感的同时获取地方资料,在获取现场感和地方资料的同时确定研究内容认识研究内容。在《走向田野与社会》一书开篇自序中,笔者曾有所感触地写道:

> 走向田野,深入乡村,身临其境,在特定的环境中,文献知识中有关历史场景的信息被激活,作为研究者,我们也仿佛回到过去,感受到具体研究的历史氛围,在叙述历史、解释历史时才可能接近历史的真实。走向田野与社会,可以说是史料、研究内容、理论方法三位一体,相互依赖,相互包含,紧密关联。在我的具体研究中,有时先确定研究内容,然后在田野中有意识地收集资料;有时是无预设地搜集资料,在田野搜集资料的过程中启发了思路,然后确定研究内容;有时仅仅是身临其境的现场感,就激发了新的灵感与问题意识,有时甚至就是三者的结合。(《走向田野与社会》,第7—8页)

值得欣慰的是,在长期从事社会史学习和研究的过程中,各位都很好地实践了走向田野与社会这一学术取向。读者也不难发现,丛书所收的每个选题,都利用了大量田野工作搜集到的地方文献、民间文书及口述资料;就单个选题而言,不能说此前没有此类的研究，就资料的搜集整理利用之全面和系统而言，至少此前没有如此丰厚和扎实。我们相信，走向田野与社会，利用田野工作搜集整理地方文献和资料，在眼下快速城市化的进程中是一种神圣的文化抢救工作，也是一项重要的学术积累活动。我们也相信，这就是陈寅恪先生提到的学术之"预流"——"一时代之学术，必有其新材料与新问题。取用此材料以研究问题，则为此时代学术之新潮流。治学之士，得预于此潮流者，谓之预流"。

走向田野与社会，既驱动我们走向田野将文献解读与田野调查结合起来，又激发我们关注现实将历史与现实粘连起来，这样的工作可以使我们发现新材料和新问题，以此新材料用以研究新问题，催生了一个新的研究领域——集体化时代的中国农村社会研究。

对于这样一个新的研究领域，这里还是有必要多谈几句。其实，何为"集体化时代"，仍是一个见仁见智的问题，陋见所知，或曰"合作化时代"，或曰"公社化时代"，对其上限的界定更有互助组、高级社甚至人民公社等诸多说法。我们认为，集体化时代即指从中国共产党在抗日根据地推行互助组，到 20 世纪 80 年代农村人民公社体制结束的时代，此间约 40 年时间（各地容有不一），互助组、初级社、高级社、人民公社、农业学大寨前后相继，一路走来。这是一个中国共产党人带领亿万农民走向集体化、实践集体化的时代，也是中国农村经历的一个非常特殊的历史时代。然而，对于这样一个重要的研究领域，以往的中国革命史和中国共产党党史研究并没有给予足够的重视，宏大叙事框架下的革命史和党史只能看到上层的历史与重大事件，基层农村和农民的生活与实态往往淹没无彰。在走向田野与社会的实践中，我们强烈地感受到，随着现代化过程中"三农"问题的日益突出，随着城市化过程中农村基层档案的迅速流失，从搜集基层农村档案资料做起，开展集体化时代的农村社会研究，是我们社会史工作者一份神圣的社会责任。坐而论道，不如起而行之，21世纪初开始，我们有计划、有组织地下大力气对以山西为中心的集体化时代的基层农村档案资料进行抢救式的搜集整理，师生积年累月，栉风沐雨，不避寒暑，不畏艰难，走向田野与社会，深入基层与农村，迄今已搜集整理近200个村庄的基层档案，数量当在数千万件以上。以此为基础，我们还创办了一个"集体化时代的农村社会"学术展览馆。集体化时代的农村基层档案可谓是"无所不包，无奇不有"，其重要价值在于它的数量庞大而不可复制，其可惜之处在于它的迅速散失而难以搜集。我们并不是对这段历史有什么特殊的情感，更不是将这批档案视为"红色文物"期望它增值，实在是为其迅速散失而感到痛惜，痛惜之余奋力抢救，抢救之中又进入研究视野。回味法国年鉴学派倡导的"集体调查"，我们对此充满敬意而信心十足，勒高夫在谈到费弗尔《为史学而战》时写道：

> 费弗尔在书中提倡"指导性的史学"，今天也许已很少再听到这一说法。但它是指以集体调查为基础来研究历史，这一方向被费弗尔认为是"史学的前途"。对此《年鉴》杂志一开始就做出榜样：它进行了对土地册、小块田地表格、农业技术及其对人类历史的影响、贵族等的集体调查。这是一条可以带来丰富成果的研究途径。自1948年创立起，高等研究实验学院第六部的历史研究中心正是沿着这一途径从事研究工作的。（勒高夫等主编：《新史学》，第14—15页）

集体化时代的农村社会研究，还使我们将社会史的研究引入到了现当代史的研究中。中国社会史研究自20世纪80年代复兴以来，主要集中在1949年以前的所谓古代史、近代史范畴，将社会史研究引入现当代史，进一步丰富革命史和中国共产党党史的研究，以致开展"新革命史"研究的呼声，近年来愈益高涨。我们认为，如果社会史的研究仅限于古代、近代的探讨而不顾及现当代，那将是一个巨大的缺失和遗憾，将社会史的视角延伸至中国现当代史之中，不仅是社会史研究"长时段"特性的体现，而且必将促进"自上而下"与"自下而上"的有机结合，进而促进整体社会史的研究。

三十而立，三十而思。从乔志强先生创立中国社会史研究的初步体系，到由整体社会史而区域社会史的具体实践，从中国近代社会史到明清以来直至中国的当代史，在走向田野与社会的学术追求和实践中，山西大学的中国社会史研究在反思中不断前行，任重而又道远。

1992 年成立的山西大学中国社会史研究中心，到今年已经整整 20 年了。这套丛书的出版，算是献给这个年轻的但又是全国最早出现的社会史研究机构的小小礼物，也是我们对中国社会史研究的重要开拓者乔志强先生的一个纪念。聊以为序，借以求教。

2012 年岁首于山西大学

中国社会史研究中心

目　　录

绪　　论

在"集体化"这个"国家"烙印无处不在的年代里，个人活动要受到更多安排特定社会背景所产生的张力的影响。国家以政治为主导，以政治关系、阶级关系取代乡村传统的血缘和人际关系，通过划分阶级成分、传播阶级话语、形塑阶级关系，以及进行经济、政治和社会制度的安排等对乡村民众的日常生活进行改造，形成革命的日常化和生活政治化的时代特征。

不过，乡村民众不只是政治的人，也是物质的人、社会的人和思想的人，他们有物质需求、社会交往和精神需求，也有追求权力和占有资源的愿望。在政治意识形态主导的社会里，这些需求如何被认识和获得满足是一个非常重要的问题。阶级成分的划定将社会地位相仿的人们分割成上下不同的社会等级，附加上特定的红黑阶级身份①；村庄公共管理的需要也使村民拥有了管理与被管理的干群政治身份。这极大地制约着民众个人的生活和生存发展。同时，民众谋求生存和生计的欲望、作为生命个体的个性化需求与对于习俗的维护、对于娱乐和精神放松的需要以及宗教信仰等并不因为政治象征的横亘而消失，而是依然强烈地凸显着生命个体作为实体存

---

① 严格来讲，阶级身份实质上也是一种政治身份。为了表述清晰的便利，本书将民众的红黑成分称为阶级身份，以与干部与群众的政治身份相区别。

在的意义。

本书主要探讨在政治社会化的时代背景下乡村民众是如何生活和生存的，希望通过对乡村民众多重身份的细致呈现，从日常生活的视角对集体化时代的乡村和国家进行新的解读。

一　研究缘起

集体化时代的乡村社会是一个方兴未艾的研究领域，本研究主要建立在多年来进行田野考察和收集农村基层档案资料的基础上。多年来学界对集体化时代的研究限制在党史国史的框架内，从社会史角度深入挖掘农村社会在集体化时代的历史变迁正是一个很好的研究课题，而且这无论对于增加社会史研究的当代史维度还是对于具有现实意义的"三农"问题的解读都富有价值。从 2003 年冬开始，业师行龙教授带领的山西大学中国社会史研究中心师生开始着重收集集体化时代的农村档案资料。从此时起，我即开始关注集体化时代的农村档案和农村社会以及相关的科研成果。

短短几年之内，中心收集农村基层档案的田野点遍布由南而北的山西各地共约百处。国内外的学者频频来中心进行访问，提出了许多诚恳的意见和建议，促进了中心对于集体化时代农村社会研究的学术交流，也使我从中受益。中心还在大量收集整理文本文献的基础上，挑选典型予以陈列，并同时广泛收集当时的农具、炊具、汽灯、织布机、卖房卖地契约、毕业证、结婚证、奖状、土地房产证、领袖章等实物进行展览，图片与文字并茂，文献与实物共现，活灵活现地展示出集体化时代山西农村社会的特有风貌，也推动了中心集体化时代农村社会的研究。

在这一过程中，从资料的田野收集和口述访谈、资料分类、电脑整理录入、档案袋装柜、标签张贴到对目录索引手册的排版、修订，展览中的档案陈列、图片与文字处理等工作，都使我加深了对这些农村档案的感性认识。就这些档案的内容而言，大到国家大政方针、省县级官方政策来文，小至村庄账册、收益分配、村组织机构状况、村民的阶级成分登记以及家长里短、普通民众的命运起浮与个人遭遇等，宏观、中观、微观层面的内容都有涉及，既全面系统又细腻丰富。2006 年我与行龙教授合作撰写了《山西大学中国社会史研究中心集体化时代农村基层档案述略》一文，使我对这些档案有了更为系统的梳理和了解。

在这些档案中，关于普通个人的信息常常吸引我的视线。令我好奇的是，在那个年代里人们是如何生活的，那个年代与当今的生活空间、社会制度和人们的精神状态有何不同，普通民众如何理解和应对国家对村庄和自身日常生活的改造，他们有着怎样的生存状态和思维心理，有着怎样的命运和生命历程？不管是父辈的诉说，还是充斥视野的口述、回忆录，对于没有经历过那个年代的人来说都充满着好奇与困惑，因为他们无法理解那个年代人们的狂热冒进和内心的压抑紧张。现在除了那些被称为政治精英、文化精英等的一些社会上层人物的表述外，还没有多少人关注过乡村普通民众的生存状态和精神、心理，我们目前了解的也只是一些回忆的碎片，其背后的历史意义和文化内涵还需要进行深入挖掘。

在近代社会史研究中，学者们打破以往对于中国历史的人为分期，力图从长时段中去把握区域社会史的发展脉络，并常常跨越至宋元明清甚至汉唐时期。总的来说，学者对这种长时段的把握在思维上习惯于以 1949 年为限向前追述，而很少关注 1949 年之后中国农村的社会状况。这一方面是因历史学者远离"政治"的学术旨趣，另一方面是因相关文献的缺乏。正因如此，人类学和社会学者在相关方面的研究走在了前列，他们利用田野访谈和社会调查的研究方法的优势，展开了对集体化时代农村社会的探讨，而历史学尤其是社会史的研究为数尚少，因此新中国成立后的农村社会史研究是未来新的学术增长点，是一个极富生命力的研究课题。同时，集体化时代又是传统乡村社会和改革开放之后农村基层社会的重要连接点，是不可割裂的历史发展脉络中的一个重要序列。从这一层面来讲，对集体化时代农村社会的考察对于了解乡村社会的变迁和今日乡村的发展就不失为一个有意义的研究主题。

二 "国家与社会"的研究视角

从学界对于集体化时代乡村社会的研究来看，淡化掉学科间的"门户之见"和国内外的国别界限，综合人类学、社会学、政治学、历史学等各学科的研究成果，可以认为，学者所关注的领域已然广阔弘富，不过其中历史学的研究成果相对有限。对于本书的研究而言，集体化时代和村落研究是需要把握的两个关键词。以"集体化时代"和"村落研究"为中心，学者们围绕国家政治、现代化问题、经济发展模式与社会结构、经济制度与产权、重大历史事件与政治运动、红卫兵与知青等的社会群体与阶层、乡村政治权威与社会秩序、乡村政治制度与组织模式、土地制度与地权、民众的社会心理与行为方式、宗族、宗教与民间信仰、法律在乡村的实践、婚姻、爱情与家庭等主题展开论述，还有的以乡村社会变迁为论述主线对村落做出全面整体的考察。

在这些优秀的研究成果中，有学者采取自上而下的视角，从宏观的角度对中国社会的历史变迁做出把握。虽然其中不乏真知灼见，但目前对历史结构主义的批判是一种新的学术趋向，那些大进程、大结构、大跨度的宏观视野和只见物、不见人的研究路径受到质疑，微观的、日常的、着眼于村落区域的研究日益受到青睐，所以更多学者采取的是自下而上的研究视角，从区域和村落出发，以村庄和乡村民众为论述基点，最终落脚于对乡村社会和国家政治、历史发展的理解认知。在研究理论上，有许多"戛戛独造"的见解，如黄宗智（Philip Huang）的表达性现实与客观性现实的分析框架、赵文词（Richard Madsen）对村庄道德话语的分析模式、裴宜理（Elizabeth Perry）的社会生态学与环境学的分析视角和情感分析模式、张小军的象征资本理论、景军的社会记忆理论、孙立平和郭于华的诉苦分析模式、张乐天的"外部冲击——村庄传统互动"模式等。这些理论模式对于乡村社会具有深刻的阐释力，是解读乡村社会的有力分析工具。

就目前学界对集体化时代乡村社会研究的主流趋势而言，主要的研究范式是国家与社会、村庄之间的互动关系，而最终的落脚点，既在村庄，也在国家。国家对农村前所未有的治理改造使国家的在场以及由此而引发的国家"冲击"与村庄"回应"等成为学者研究集体化时代乡村社会的主要问题意识。除此而外，村庄精英以区别于普通大众的角色和行为而成为相对独立的研究对象。

较早对国家与村庄互动关系做出界定的是"极权主义理论"。此种理论认为：国家是自我复制的极权。通过自上而下的官僚机构以及动员性的一党专政，国家加强了对农村的管理改造。萧凤霞通过对村庄精英的观察，也认为乡村干部充当了国家代理人的角色，村庄原有的社会关系网络、信仰体系被涤荡一空，最终细胞化为国家极权体制的一部分。[①] 在这些论述中突出强调的是国家的强权和压制，乡村只有被动地顺从，国家与村庄之间是一个国家自上而下的单向渗透的过程。这样，国家凌驾于社会之上，对社会生活的各个方面实施全面干预，社会成为国家的附庸，从而具有了"国家化"的特征，乡村社会意识形态色彩浓厚，"泛政治化"、有国家无社会成为这一时期的时代特征，是典型的强国家—弱社会。与此

---

① ［美］萧凤霞（Helen F. Siu）：*Agents and Victims in South China*，New Haven：Yale University Press，1989。

种观点不同，有学者更强调村庄的主动性、传统文化的顽固性与村庄的积极应对能力。弗里曼等人认为，多样化的与自卫的农民整体和为了进攻传统而试图渗透到社会中并引发冲突的国家机器之间产生了复杂的互动影响，这构成集体化时代农村生活的主要内容。不过，作者从中看到的更多是农民们按照宗族、宗教、村庄遗留下来的惯例和标准，以及包含在长期形成的习惯中的传统规范进行思考和行动。国家行为的不合理性和长期的非道德性使农民们进一步转向传统规范和村庄的传统组织。[1]

相对于以上两种较为激进的观点，有学者的看法比较中庸，他们认为在看到国家力量强大的同时，也强调社会和村庄的自主与能动性。此种观点认为，国家在改造农村的同时，也让农村的部分传统保留了下来。同时，农村也使国家做出了让步，从而改造了国家。国家在实现政治社会化的过程中，将意识形态和个人对国家忠诚的道德和价值观念灌输到村庄的日常生活中，从而加强对农村的治理，重塑农民和乡村社会。农民和乡村社会在国家政权强有力的介入之下，或主动应对，或消极抵制。最终，村庄在传统上的封闭性、自治性和独立性受到冲击，村庄的外在面貌和内在结构发生了变化，但同时也将一些惯习、规约和信仰延续下来。[2] 有的则认为国家在对村庄实施了强有力的外部冲击后，破坏了村庄原有的生存模式，导致了村庄的灾难和断裂，在此情形下国家最终向村庄传统做出了让步。[3]

围绕着"国家—社会"关系的理论范式，对乡村社会的研究一般有以下两种视角，一是"国家政权建设"方向或曰"国家中心

---

[1] 弗里曼、毕克伟、赛尔登（Edward Friedman、Paul Pickwicz、Mark Selden）：《中国乡村社会主义国家》，陶鹤山译，社会科学文献出版社 2002 年版。

[2] 黄树民：《林村的故事——1949 年后的中国农村变革》，素兰、纳日碧力戈译，生活·读书·新知三联书店 2002 年版。

[3] 张乐天：《告别理想：人民公社制度研究》，上海人民出版社 2005 年版。

说"，二是"社会中的国家"方向。① "国家政权建设"指在近代以来民族国家的形成过程中，国家不断加强对社会的控制，在政治上努力实现政权的官僚化与合理化，为巩固权力在乡村寻找新的代理人，并从乡村社会中提取现代化建设所需要的资源，乡村社会则为反抗政权侵入和财政榨取而不断斗争。② 以上学者或主张"国家集权"或强调"村庄能动"的观点，就是"国家政权建设"这一单向视角影响下的结果。相对而言，"社会中的国家"分析视角策略性更强，更能体现作为整体的国家和乡村社会内部的复杂多样性及国家与社会之间的互动影响。"社会中的国家"强调对社会关系的探讨，认为人们的种种行动和精神心理都是通过社会关系来体现和得到表述的。个人的行动既受到客观因素的限制，同时又具有能动的策略分析，由此就必须克服静态的结构分析，而将社会现象和历史的发展作为一种"过程—事件"进行考虑，国家与社会关系的形成也即是一种历史的双向互动的过程。同时，无论国家还是社会都不是一个实质的、均衡的整体，国家的各个部分与社会的各个部分相互"嵌入"发生联系，这种种联系形成了类似数学学科当中的"拓扑空间"。③ 这种观点从某种层次上解构了"国家"和"社会"的实体，是对"国家与社会"关系理论的创新。

有学者以中央、地方、民众三分法来推进"国家—社会"的二元模式④，虽增加了研究乡村社会的维度，但却仍然不能对"国

① 张静最初对"国家—社会"的分析框架在具体研究中的视角取向分为三类："市民社会说""国家中心说""社会中的国家说"，郑卫东对此做了进一步发挥。分别见张静《政治社会学及其主要研究方向》，《社会学研究》1998 年第 3 期；郑卫东《国家与社会框架下的中国乡村研究综述》，《中国农村观察》2005 年第 2 期。不过，"市民社会"的理论对于乡村社会是完全不适用的。

② 这一概念由查尔斯·蒂利最早提出，见杜赞奇《文化、权力与国家——1900—1942 年的华北乡村》前言，王福明译，江苏人民出版社 2004 年版。

③ 郑卫东：《国家与社会框架下的中国乡村研究综述》，《中国农村观察》2005 年第 2 期。

④ 贺雪峰：《三分法与国家与社会的分析框架》，《学术探索》1999 年第 6 期。

家"和"社会"的概念做出深入的理解把握。郑卫东对此有清晰的认识,他将国家分解为四个层面的含义,这几个层面都有相对应的"社会":一是作为广义上的疆域——民族层次的国家,相对应的就是由人口构成的"社会"。社会和领土等一起构成"国家"。二是作为政府组织层面的国家,主要指各级政权组织及其正式制度组成的政府系统,以及公检法系统,在乡村里主要指村大队内的各机构组织以及文教卫生系统。除此而外的便是社会的领域。三是作为政府机构公务人员行为体现的国家,因为普通民众日常生活中所直接了解的国家印象主要来自他所接触到的国家部门及其工作人员。在这一层次上,国家与社会的边界模糊了,所呈现出来的是国家社会互动过程所体现出来的权力关系。四是跨时空记忆关联的观念层次的国家,在这一层面上国家成了一种"想象的共同体",与此相对应,人们也存在观念上的想象的"社会"共同体。① 笔者以为,这种观点解构了"国家",但在"社会"的含义上仍然模糊不清,从中无法明晰"社会"的面貌。佟新等即将社会看作是各种社会结构形式的混合体——包括家庭、当地社区、利益群体、地位群体等。它们由某种权力结构组合起来,这些权力结构不具有普遍性,而是在对各个历史环境的因应中发展起来。② 与以往的研究相比,这一观点从乡村及普通民众的本位观出发,深化了对于"社会"这一概念的理解。邓京力的观点间接地解构了"国家"和"社会"的实体,他认为学者在讨论国家—社会的关系时,应该避免着重于国家—社会的关系分析时,掩盖分别发生在其各自内部的变化、运动与冲突,使其丧失了各自相对自主的领域;着重于其内部分析时,又会把国家与社会看作是完全自生自发或自主自足的

---

① 郑卫东:《国家与社会框架下的中国乡村研究综述》,《中国农村观察》2005 年第 2 期。
② 佟新、沈旭:《文革研究对认识中国社会的意义——一种国家与社会的视角》,《开放时代》2007 年第 2 期。

存在。①

学者对于"国家"与"社会"概念的内涵、外延及其运作机制、模式的探讨无疑深化了我们对于中国社会变迁的认识。但有学者认为，"国家与社会"的研究视角"在中国的运用更多是规范层面的，难以解释中国社会变迁的复杂机制"。② 当"制度"在"生活"中实践时，会产生更为丰富的肌理和内容。因此，以"制度与生活视角"替代"国家与社会"视角，"通过对制度实践中正式制度代理人与生活主体互动的复杂机制的洞察，不仅可以分析我国正式制度变迁的实际逻辑和方向，而且可以找寻民情变动的机理，从而把握我国现代国家建设的总体性脉络"。③

三　日常生活史研究

对于"社会"的微观解剖是日常生活史研究的特色与创新，同时更是日常生活史有别于其他史学研究范式的显著标识。

日常生活史，以人们对现代化及其代价的反思为社会背景、以西方学术发展中对日常生活的哲学思考为学术背景而产生，并受到文化人类学和后现代主义的重要影响。④ 最早起源于 20 世纪 70 年代德国和意大利的日常生活史是当代西方史学潮流新文化史或社会文化史的一部分，作为一种研究的视角或方法已经在法、英、美、俄等国得到了一定程度的认同和运用。在德国为 Alltagsgeschichte，

---

① 邓京力：《国家与社会分析框架在中国史领域中的运用》，《史学月刊》2004 年第 12 期。

② 肖瑛：《从"国家与社会"到"制度与生活"：中国社会变迁研究的视角转换》，《中国社会科学》2014 年第 9 期。

③ 这里的制度指以国家名义制定并支撑国家的各个层级和部门代理人行使其职能的正式制度，"生活"指社会人的日常活动，既包括各种权宜性生产的利益、权力和权利诉求及生活策略和技术，又指涉相对例行化的民情和习惯法。参见肖瑛《从"国家与社会"到"制度与生活"：中国社会变迁研究的视角转换》，《中国社会科学》2014 年第 9 期。

④ 关于日常生活史产生的学术背景和社会背景的详情可参见刘新成《日常生活史与西欧中世纪日常生活》，《史学理论研究》2004 年第 1 期。

译为日常生活史,在意大利为 Microspore,译为微观史学。法国的心态史和新文化史、俄罗斯的"个人史"或"新传记史"、美国的大众文化史的研究、英国以克利福德·吉尔兹为代表的阐释人类学的"厚描述"(Thick Description) 等以及霍布斯鲍姆对无名小人物的描写与日常生活史都有相通之处,尽管他们在具体的研究内容、分析路径、关怀的问题意识等方面千差万别。① 伊格尔斯将德国和意大利微观的历史学研究定义为"日常生活史"② 论和方法论意义。本书亦以此为称。日常生活史作为一种史学研究的范式或方法,完全不等同于物质生活史,有着重要的历史认识什么是日常生活史,很少有学者有意给出清晰的定义,因为"日常生活"这一概念本身就难以界定。格茨从反义来定义"日常生活",比较巧妙。他认为"日常生活"是:作为假日反义的工作日,作为一次性反义的重复性,作为"公众"的历史反义的私生活,作为大人物历史反义的小人物的历史。因此日常生活史是"来自下层的历史",也可以说是"内在的历史"。不过,作者并没有止于此,在前述的基础上,他进一步提出日常生活史不只是下层社会阶层的现象,因为每一个人都有他自己的日常生活,不仅有工作日,还有空闲时间,有节日和假日;不仅是重复以往,而且也会出现高潮;不仅有私生活,而且也会以个人名义的身份出现在公共生活中。③ 可以看出,这种定义将日常生活的日常性与非日常性、重复性与创新性、自在

---

① 目前学界还没有比较深入的研究成果对此做出学术清理。

② [美] 伊格尔斯著:《二十一世纪的历史学——从科学的客观性到后现代的挑战》,何兆武译,辽宁教育出版社 2003 年版。

③ [德] 汉斯·格茨:《欧洲中世纪生活》,王亚平译,东方出版社 2002 年版,第 2 页。也有学者认为,"从时间与空间的特性,如工作/非工作、正式/非正式或正常/非常的分野来定义'日常',虽然提供了定义标准,但我们对'日常生活'的认识似乎常会横跨这些分野,例如从非工作的时间与空间来定义日常生活看似明确,其实并不如想象中容易界定,传统社会中工作与非工作(或休闲)常连在一起或在时间上密切穿插,难以明确分辨;而日常中的仪式性行为(如祭拜祖先,每日的诵经、打坐修行)亦常将人们从'常'拉到'非常'的境界"。参见余舜德《身体经验、物质文化与日常生活:一个历史研究取向之探索》。

性与给定性都包含在内，是一种较为全面的定义，有助于我们对
"日常生活史"研究含义的理解。从实际的研究成果来看，格茨以
修道士、农民、骑士、市民的日常生活为中心，围绕四个群体生活
的社会制度、居住空间以及各个群体的社会地位及其生活进行描
述，展示出欧洲中世纪日常生活的状貌，在理论水平上颇为成熟。
在此著的研究路径上，格茨更为注重于普通小人物日常生活的重复
性、日常性和给定性的探讨，与金兹伯格、列维、戴维斯、史景迁
以及达恩顿①等学者在各自的著作中以某个人物、事件和微观的场
面为切入点，探讨其背后的社会结构、权力关系和文化意义的研究
路径就多有不同之处。②

日常生活史不满于宏观研究中只重视结构而忽视各种群体和个
人、只重视大的事象而忽视小的细节的研究方法，坚持微观的研究
取向，要求以"刑警的调查研究的逻辑取代科学家的逻辑"，重视
人们在日常生活情境中的实际经历和细节，认为这些因素对历史的
发展方向、节奏和制约具有重要影响，是社会历史发展的重要动
力。他们强调地方性的历史，强调对社会边缘小人物及弱势群体进

---

① 分别见［意］卡洛·金兹伯格（Carlo Ginzgburg）：The Chess and the Worms: the Cosmos
of a Sixteen – century Miller, translated by John and Anne Tedeschi, The John Hopkins University Press,
1992；［意］乔万尼·列维（Giovanni Levi）Inheriting Power: The Story of an Exorcist, University of
Chicago Press, 1988；［美］娜塔莉·戴维斯（Natalie Davis）The Return of Martin Guerre, Harvard
University Press, 1983；［美］罗伯特·达恩顿（Robert Darnton）《屠猫记》，吕健忠译，新星出
版社 2006 年版；［美］史景迁（Jonathan Spence）《王氏之死》，李璧玉译；史景迁《中国皇
帝——康熙自画像》，吴根友译，两书均为上海远东出版社 2005 年版。

② 在意大利及美国等微观史学的研究中，有侧重文化和社会两种不同的取向，前者主要借
助于文化人类学的研究理论和方法，尤其吉尔兹的"厚描述"方法，以金兹伯格、达恩顿、戴
维斯等为代表；后者在理论上与西方马克思主义颇有渊源，与"自下而上"的社会史传统有很
大关联，以列维等为代表（周兵：《当代意大利微观史学派》，《学术研究》2005 年第 3 期）。但
无论是哪种取向，都是从一个中心点散发开来，构建"社会"或"文化"的大厦。这种研究路
径与学者的学术视野和驾驭资料的能力相关，但在很大程度上是结合了资料的内容。德国格茨和
法国拉杜里也偏重于微观的社会取向，但他们注重对在日常生活空间普通人日常生活情形的论
述。

行研究,并注重个体的情感、心态和日常经历。如萧邦奇通过对沈定一在三个不同场域的个人身份、社会网络和政治活动的描述与剖析,揭示出个人在日常生活中的细小抉择对历史产生的巨大影响。① 霍布斯鲍姆通过对鞋匠的政治激进主义倾向和农民的占地行动等的刻画来告诉读者,这些普通的小人物作为小的团体如何成为历史的重要角色,他们的所做所想能够而且已经改变了文化和历史的形成。② 列维则通过对牧师契耶萨身处的各种社会结构网络的抽丝剥茧似的描述,揭示乡村权力关系的运作模式以及权力和威信的维护和转移。③

日常生活史研究强调突出人的个性,"强调不把多数人看作是一个群体中的一部分,而看作是决不能消失在世界历史过程之中,也不能消失在无名的群体之中的各个人。历史不是吞没了许许多多个人的一个统一过程、一篇宏伟的叙述,而是有许多个别中心的一股多面体的洪流"。④ 所以有很多人就反对目前对社会阶层的简单划分,因为除了经济因素外,观念冲突、性别差异、职业身份的不同等个体的差异都会影响人们的阶层归属。不过,这不免让人产生疑问,因为总不能对无数的个体都进行研究才能再现历史的整体容貌,比如史景迁笔下的王氏、金兹伯格笔下的麦诺齐奥究竟能具有多大的代表意义呢? 金兹伯格认为:在一个普通人身上,即便他本身并不重要而又不具备代表性,但仍可作为一个缩影从中发现在某个特定历史时期里某一社会阶层的一些特征。一个个体,不论他有

---

① [美]萧邦奇:《血路:革命中国中的沈定一传奇》,周武彪译,江苏人民出版社1999年版。

② [英]艾瑞克·霍布斯鲍姆(Eric Hobsbawm):《非凡的小人物:反抗、造反及爵士乐》,王祥译,柯雄校,新华出版社2001年版。

③ [意]乔万尼·列维(Giovanni Levi):Inheriting Power: The Story of an Exorcist, University of Chicago Press。

④ [美]伊格尔斯:《二十一世纪的历史学——从科学的客观性到后现代的挑战》,何兆武译,辽宁教育出版社2003年版,第118页。

多么普通或是多么特殊，首先是从属于他所属的时代和自己的社会阶层的。一些违规者从政府或教会当局制定的标准来看也许是异己分子，但却往往是他们自身社会背景的最佳代表。[①] 他们既属例外又是普通人，他们的特殊性恰恰凸显了普通社会被推向极端条件时的运作状态。将个案的多样性和特殊性置于其共同性之下进行考察是解决由个别案例抽象到普遍规律的有效路径。[②]

　　每个个体和每个群体会根据自身条件与周围的环境形成互不相同的行为方式和意愿，于此对于社会发展产生不同的制约或促进作用，所以日常生活史"关注的重点不是整个社会的基本价值取向，而是每个人、每个群体的价值观以及这些人们公开或掩盖、实施或抑制其愿望的分配方式，最终说明社会压力与刺激怎样转化为人们的意图、需求、焦虑与渴望，说明人们在改造世界的同时怎样接受和利用这个世界"[③]。有一句话很经典："如果说传统的社会科学设定了一个客观的关系体系，那么现在应该站在组成该关系的男人、女人和孩子的角度来研究社会和文化世界。"日常生活史看似是对生活的探讨，但其真正关注的是活生生的生命体，或者说是有个性的生命体——人。日常生活的内涵实际上也是人作为物质性的肉体和精神性存在合二为一的身体的活动、思考、行为实践和生命体验。这样的视角给了我们反思的空间，即重视群体中个体的生存，重视由生命个体组成的各种群体，深化对"社会"这一概念的理解。从某种意义上，这是对"社会"这一以往我们所认为的同质性整体的解构。

---

　　① ［意］卡洛·金兹伯格（Carlo Ginzgburg）：The Chess and the Worms: the Cosmos of a Six-teen – century Miller, p. 20。

　　② ［法］让—伊夫·葛涅：《史书编纂与1980年以来的变革》，《浙江学刊》2004年第6期。

　　③ Alf ludtke, The History of Everyday life, translated by William Templer, Princeton University Press, New Jerey, 1995, p. 7.

　　不过，日常生活史并不放弃对宏观的理解和把握。列维就认为很少注意的征兆或个别的突发事件可以促使更普遍的现象的显现，但详细地研究个人行动不是目的本身，而是为了在观察人们的个人行为战略时，看到所研究时代的过去未被注意的发展趋势或现象。[①]戴维斯《马丁·盖赫返乡记》、金兹伯格《奶酪与蛆虫》、史景迁《王氏之死》等著作被认为是微观史的典型代表之作，也被学者归入后现代史学的研究当中，但作者们对此却坚决否认，如戴维斯坚持自己在认真对待地方性文化的同时，也关注经验和长时段的时间传统以及思想结构，而历史学家必须在高度聚焦的研究和更加宽泛的研究之间保持不间断的对话，并将对话所可能具有的意蕴充分发挥出来。[②] 这点也得到了伊格尔斯的承认，他认为无论是在德国的日常生活史还是意大利的微观史，都设定有一种综合性的民间文化的存在。[③]

　　尽管如此，日常生活史的研究还是招致了许多批评，特别是在一些著作的论述中过于关注细节和微观的场面，而没有将这些琐碎的事项与社会背景和政治机制、微观史研究与宏观史研究相互结合。正因如此，有许多学者就认为微观史无法取得超越于宏观研究的地位，而只能作为宏观性研究的一种补充和帮助，只能为研究过去的历史"增添了一种具体感"。所以微观历史学乃是对更古老的社会科学历史学的一种延伸而不是对它的否定，是重新发现了作为历史变化的代理者的那些人物与小团体的个性。没有理由说，一部研究广阔的社会转型的历史著作和一部把注意力集中在个体生存上

---

　　① ［意］乔万尼·列维：《微观史学问题》，转引自［俄］米罗诺夫《当代俄国史学》，陈启能译，《山东社会科学》2006 年第 6 期。
　　② ［英］玛利亚·露西娅·帕拉蕾丝－伯克编：《新史学：自白与对话》，彭刚译，北京大学出版社 2006 年版，第 74、76 页。
　　③ ［美］伊格尔斯：《二十一世纪的历史学——从科学的客观性到后现代的挑战》，何兆武译，辽宁教育出版社 2003 年版，第 121 页。

的史学著作就不能并存并且互相补充，历史学家的任务应该是探索历史经验在这两个层次之间的联系。① 在俄罗斯，微观史研究的局限表现为它的课题和概念都取自宏观史，这些课题和概念只能依靠与"宏大叙述"的隐含的关系才具有意义。② 德国社会史学家于尔根·科卡认为，日常史的目的在于生动地显示单个人的愿望与舍弃、苦难与创造能力，它十分接近当时人们的观察、经历与行为，因而具有吸引力。不过一个历史学家只有掌握了结构史与进程史才能精通解释经历史、行为史和日常史，所以必须寻求既适合制度史又适合研究生活世界史的理论即综合理论，而社会史两者兼备：它既是结构史又是经历史，只有通过两者的结合，它才能得到完全的实现。③

以此反观，在目前大多数的集体化乡村社会研究中，对乡村和农民的日常生活关注较少，也较少能够涉及农民的心理感受和行为方式等更为微观的层面。而且，人只是作为事情、事件、社会关系的附庸而存在，仍然偏重于"结构史"的研究，我们从中看不到这些鲜活的生命，虽在《林村的故事》《私人生活的变革：一个村庄里的爱情、家庭与亲密关系》中出现了个体声音的表述和对个体生命的微观描述，而且也触及了爱情、亲密等的私人空间，但此类的研究数量少，远不够充分和完善。《林村的故事》通过对村支书叶文德生命史的描述展现出新中国成立后的农村生活和社会的变迁，受到人类学界的广泛赞誉，但作者的论述多偏重于对村干部个人的考察，还不能完全代表其他的生命个体和群体。再如《私人生活的变革》一书，直白的文风和精彩深入的解读确实非常引人入胜。不

① ［美］伊格尔斯：《二十一世纪的历史学——从科学的客观性到后现代的挑战》，何兆武译，辽宁教育出版社 2003 年版，第 119、129 页。

② ［俄］米罗诺夫：《当代俄国史学》，陈启能译，《山东社会科学》2006 年第 6 期。

③ ［德］于尔根·科卡：《社会史理论与实践》，景德祥译，上海人民出版社 2006 年版，第 80—87 页。

过，作者以 1949—1999 年为论述时段，主要的目的在于呈现 50 年来乡村家庭和私人生活的变迁过程，所以对集体化时代这一时段的论述不够细致深入，同时作者的描述对象——黑龙江下岬村是一个移民村庄，在多大程度上具有代表性可能还是疑问。另外，作者论述的中心并不在集体化时代，这样似乎无法凸显当时"政治"的重要性和泛政治化的时代特征。所以有必要对乡村社会的个人、各种群体以及他们的日常生活进行细致的描述刻画，以期能深化了解在集体化时代里普通民众及其生活受到怎样的影响，他们的反抗、适应与调整又是如何改变了乡村社会的面貌。

四　资料内容与价值

本书对农村基层档案的发现与史学界对新史料的挖掘运用密切相关。

社会史的复兴，引发了历史研究自下而上研究范式的转换，也掀起了一场"史料革命"，不仅旧史料中被忽略掉的内容得到了显示自身价值的机会，以往不登学术研究大雅之堂的文艺作品、民间日用杂书、地方小报等也愈益得到学者的青睐，这些以往被丢弃到"历史垃圾箱"中的废纸片成为珍贵的历史资料。重新解读旧史料、挖掘利用新史料蔚然成风。随着社会史向区域社会史研究的转向，学者运用史料的变化比以往更为明显，区域性的、富有地域特色的、具体而微的新史料得到更加广泛的重视，反映普通民众日常存在领域的契约、碑刻、族谱、账簿、基层档案等地方民间文献成为学者竞相搜罗的目标。新资料的出现，不仅是资料范围的扩大、类型上的扩充和内容上的微观化，对史学研究的影响也不只是领域的拓宽和内容的丰富，更为重要的是对提炼新的问题意识、建立新的阐释模式，从而修正甚至改变以往的研究结论具有重要意义。区域性的材料构建的是一个具体地域的历史情境，研究者可以从这种微观的历史场景中去解读国家大历史的具体体现，从而从地方区域的历史来反思国家大历史。

可见，在目前的学术潮流中，没有更为细腻丰富的、具体到历史空间中的个人和地方区域的资料，学术研究的创新性便无从保障。正是这种挖掘新史料的潮流促使研究者不断发现利用新史料，山西大学中国社会史研究中心将抢救和发现农村档案作为己任，笔者也才能收集到一批丰富细腻的村庄资料，并从个人的、微观的、日常的、地方的视角展开研究。

新中国成立以来，随着国家政权的下移，乡镇和村庄保存了大量档案。1963 年，中共中央华北局发布关于在农村建立阶级档案的指示，要求对农村里每户的阶级成分及复议情况进行详细登记，以自然村或生产大队为单位编写革命简史和典型人物的家史，对于村庄或生产大队的重大事件及建设成就，以及各个重要时期的主要干部的任职变动情况也要写成专门材料，对主要反动分子的罪恶活动也要详细记录下来。[①] 村庄档案自此便得到了有意识的留存。

改革开放以来，乡村保存档案资料的意识逐渐变得淡薄，物换星移的人事更迭和现代化进程的加快使大量散落在农村社会的第一手文献在快速地消失和流散中，抢救性的收集整理工作亟待进行。在此情形下，山西大学中国社会史研究中心收集整理了一大批这样的集体化时代村庄档案，包括有乡村的经济活动、政治运动、文化生活、宗教信仰、人际关系、社会救助、人口家庭等各方面的内容，对于研究集体化时代的山西农村社会史具有极其重要的价值。[②]

---

① 《中共中央华北局关于在农村建立阶级档案的指示》，1963 年 12 月 6 日，山西大学中国社会史研究中心藏。

② 详细的介绍见行龙、马维强《山西大学中国社会史研究中心藏集体化时代农村基层档案述略》，《中国乡村研究》第 5 辑。Xing Long and Ma Weiqiang, Rural Grassroots Files From the Collectivization Era: Archives of the Chinese Social History Research Center of Shanxi University, Modern China, Volume 34, Number 3 July 2008, pp. 372 - 395.

　　本书主要依据双口村的档案资料，并辅之以同属杜松庄乡的路候村的宗教材料。① 双口村档案是继行龙教授在太原南宫旧书市场收集清徐高白公社东于大队档案之后，在乡村田野中收集到的第一批较为完整的村庄档案。幸运的是这批资料不仅数量较多，且完整系统，具体包含以下几方面的内容：

　　1. 个人档案。分为三种：一是村大小队干部个人档案，共 30 份，基本为 16 开纸大小，数量各不相同，少的有一页，多则上百页，其中不乏对某个人或某件事的详细记录。主要内容是"四清"及其他运动中对农村党员干部谋私、贪污、庇护四类分子等行为的审查鉴定，干部对自身经济问题的自我检讨和政治立场的个人鉴定，他人对于干部的个人问题，如记工分、利用职务之便谋取私利等的检举揭发和证明材料，其中主要涉及干部对于粮食和金钱的贪污，也有投机倒把和赌博行为。另有党员干部的履历表，主要为个人简历、家庭和主要的社会关系等内容。二是村一般人员个人档案，共 120 多份，主要涉及对个人投机倒把、偷粮食和赌博行为以及个人参加过日伪或国民党反动党团组织的个人检查和证明材料、他人的检举揭发材料。三是村庄里及在外人员被压回村庄的摘、戴帽专政对象个人档案，共 40 份，主要为专政对象登记表，被专政个人的历史罪恶（按当时的国家话语，包括雇佣短工、出租房子剥削农民、拉拢腐蚀干部、进行反攻倒算、恶毒攻击党和人民等）、管制情况（如没收地主财产、专政对象参加四/五类分子会议、打扫街道、外出请假等）、现实表现、个人历史、家庭情况和社会关系以及个人检查，五类分子评审呈批表，双口大队、县军事管制小组对于专政对象摘戴帽的申请和通知等。

---

　　① 行龙教授于 2004 年 9 月 26 日在全校作"走向田野与社会——开展以历史学为本位的田野调查"学术报告之后，邓宏琴于是年 10 月利用国庆长假在她的家乡双口村收集到比较完整系统的村庄档案，后来又分别于 2005 年和 2006 年的长短假期陆续收集到路候村及周围其他一些村庄的材料，目前均收藏于山西大学中国社会史研究中心资料库。

2. 各小队阶级成分登记表。以户为单位进行统计，正面记录了户主简历，家庭出身，本人成分，土地改革前、高级社时、现在家庭人口以及财产的占有状况，谋生方式以及家庭历史的演变情况等项；在背面登记有家庭成员简况及其文化程度、宗教信仰、政治表现等内容，反映出村民的婚姻圈和社交圈，不同阶级成分家庭占有土地和生存状况及变化，家庭人口和财富的变动情况以及农民的谋生方式及其变化等。

3. 大队成册档案，共 22 册。内容不仅涉及村党支部、革委、四清办公室、妇联会的各项活动，而且也包含有中央、省、地区、县级发布的各项法令政策。其中村一级的档案内容相对多样，除有关各种农业生产计划、分配、年报外，另有社员大会、贫下中农代表会议、揭批资本主义和官办资产风会议、支委检查和支委会议、群众汇报和各队揭发问题、学习中央各种文件的体会总结等记录，各种敌对分子、反动组织统计表及处理评审意见、请示报告，妇女干部座谈会、工作汇报、补课会、动员、节制生育等情况统计。另有县、地区、省、中央各机关对于各项工作的意见、指示、通知、调查报告等。

4. 大小队散件经济档案。主要为各种关于经济活动的统计表格，包括乡村农业生产、分配和消费活动的方方面面，如关于劳动力、土地、农具、牲畜、种子、粮食和经济作物的产量和分配，农作物估产，耕地面积存根、资产负债、劳动日处理情况、经济往来、现金计划和财务收支、公共食堂、国家征购任务等等统计表格。

5. 大小队其他资料。包括大队情况总结汇报、大队外调材料、干部履历表、普通民兵情况、应征青年入伍登记表、阶级成分内定表、驻大队工作组有关工作情况汇报、各队清出入库情况、查账材料、四清运动材料、各队缺粮情况及干群欠退款情况、土地转移过拨证、个人无名三定表、大队宗教信仰统计、干部交代问题记录、群众检举揭发党员斗私批修材料记录、检举揭发及意见、三清登记表（保存材料）、专政对象登记表、户口簿、农业税土地产量分户清册等。

双口村的档案原来就有编号，虽有些分类不清，但为了保持它的原貌，在整理时保留了原编号，即1、2、3、4、5、7、8号档案，原来没有编号的材料又根据其内容进行了分类，分别编入6号（以往来信件和外来调查材料介绍信等为主）和9号（主要为宗教档案、专政对象档案和各种揭发记录），还有一些无头无尾或遗失了部分内容的不完整的散杂资料，归入10号。路候村宗教材料归入11号。本书仿照档案学的全宗号、目录号、卷号、件号等的编制体系，将所使用的档案进行了四级编号，以 XYJ‑2‑66‑3 为例：一级 XYJ 是村庄的名称，二级 2 号是村庄犯了一般错误的小队干部和普通人员的档案，三级 66 号是某一村民个人档案的编号，这两个编号也是档案原有的编号。关于个人的材料常会涉及多件事情和多个方面，因此笔者根据材料内容又自行建立了四级编号。文中涉及的村庄名称、人名均为学名。

总体而言，这些资料涉及村庄的政治生活、经济活动、精神文化、民兵治安、人际关系、婚姻家庭等各个方面。从什么样的视角切入才能对这批资料进行充分利用，或者说这些微末琐屑的日常生活片段对于集体化时代的乡村研究有着什么样的学术意义，是简单复制以往的学术研究，还是能另辟蹊径，用新材料提出新问题，开拓一个不同于以往的学术空间？

这批资料与以往学者利用的史料相比，特点在于它更加微观，也十分琐碎，一些在今日看来是无足轻重的小事在当时都被记录下来，谁卖给谁一个锅盖，谁偷了大队多少粮食、在哪里偷的、被干部抓住后如何受到打骂，谁在结婚时摆酒席收礼，谁穿衣服派头大，谁说了什么话来谩骂"攻击"政府、"进行反党反人民的罪恶活动"，哪位干部私下帮助身为"专政对象"的邻居，民兵打骂群众被"对贫下中农没有感情"的言语回击，"四类分子"成为专政对象的过程和经历，人们在个人日常活动受到限制的情况下挤在某个村民的家里如何听说书到深更半夜等等，类似的材料比比皆是。村民只要踩进"雷区"，或者是偷杀了两只羊，或者是倒卖了一袋肥田粉，或者是赌博被逮住了，就得从出生到长大、从吃饭到娱乐、从思想到行为对自己的"灵魂"做出方方面面的检查。这样，一个个生动的人物形象便跃然纸上，许多"小事件"的现场场景和人物对话也都清晰可见，人物心理的变化让读者随着事情的进展而跌宕起伏，又随着相互的揭发和质问而紧张不已。

在许多自我检查和他人揭发的材料以及各种会议记录里往往把一些日常生活中的个人感受与思想轨迹、个人成长经历与社会关系、个人的"错误行为"和"罪恶活动"、家庭的日常生活、村子里发生的大事小情都被毫不厌烦地记载下来，甚至唯恐落下什么事情自己没有"交代"清楚或没有彻底"揭发"别人的"罪行"，似乎以此才能表示自己的"清白"和"重新做人"。日常生活中的闲言碎语在集体化时代的乡村社会里因上升为"文字"而具有了权威①，这又何尝不像是"一把躺在街上的装满了子弹的枪"？这是文本材料本身的产生机制所具有的政治意义。除此之外，这些材料的内容又透漏出怎样的社会意义？这正是本书要回答的问题。

这些材料是因村民违反国家政策的反其道而行所留下的活动记录。在集体化时代，对于"阶级敌人"的专政可以让我们看到"四类分子"的日常活动、思维心理和生存状态；对于"干部"的

---

① 费孝通先生认为："在乡土社会的亲密社群中，表情、动作在面对面的情境中有时比声音更容易传情达意，所以在这里不但文字是多余的，连语言都并不是传达情意的唯一象征体系。"（费孝通：《乡土中国》，上海世纪出版集团2007年版，第16—17页）从另一个角度来看，文字就成为乡土社会的一种稀缺资源，掌握了文字就等于具有了某种权威。

整改和群众对干部的揭发可以让我们看到干部群体的活动和普通民众的生活状况；对于村民不安心于农业劳动，跑出去做小买卖、搞副业或者进行偷窃的约束限制为我们了解村民除了农业劳动以外的其他谋生方式打开了一扇窗；对于农村一些娱乐活动的禁止和对村民日常思想言论和宗教信仰的约束为我们了解他们的娱乐活动和精神世界提供了信息。

总之，这些材料里蕴含着集体化时代乡村民众细碎琐屑而跌宕曲折的日常生活和生命体验，而对生活过程进行观察和体验，尊重有血有肉的个体行动者和具体而多变的生活过程本身就极富意义。[①] 且"历史学家可以力求在对行为、先后事件与生活经历的叙述中来说明大规模的结构与进程。因为——在某种程度上，并带有某些折射——历史结构与过程总是存在于人们的经历和行为中，可以通过它们表现出来"。[②] 所以，在这些人们日常生活经历的背后是国家权威对乡村社会变迁的影响，我们也可从中透视乡村社会结构的变化以及村民对于历史的改变。

日常生活史对于细节的处理极为擅长。被宏观史研究嗤之以鼻的细节在日常生活史的研究中往往富于意义，比如"人们曾在哪里入睡、如何洗浴、怎样便溺等问题是日常生活史学家格外用心的地方，因为这些问题涉及人们对人体及自身的看法"[③]。以讲故事的方式而闻名世界的著名汉学家史景迁就非常注重细节问题，他认为小小的细节往往会告诉我们人类精神上非常重要的一个方面，我们不应该将这些细节弃之不顾，而应该更仔细地研究

---

① 阎云翔：《礼物的流动：一个中国村庄中的互惠原则与社会网络》序言，上海人民出版社 2000 年版。

② ［德］于尔根·科卡：《社会史理论与实践》，景德祥译，上海人民出版社 2006 年版，第 86 页。

③ Jeffery L. Singman, Daily Life in Medieval Europe, introduction, p. 13. 转引自刘新成《日常生活史与西欧中世纪日常生活》，《史学理论研究》2004 年第 1 期。

这些细节，并由此组成一幅关于社会是怎样运行的广阔而深入细致的图景。①

不过，微观性的、细节的材料并不容易找到，而能够构成"个性"的材料就更难寻觅。在历史上，能够掌握话语霸权的总是官方和有特权者，他们所关注的基本上是政治的和权力的斗争，关于政治制度兴废和权力交替的记载就成为史料的重要部分。相对而言，普通民众在这些文献中处于失语的状态。区域社会史研究立足于对地域社会运行机制的探求，要了解这种运行机制，就必须立足于地方的社会环境和文化语境，就必须重视对地方文献的搜集和利用。这迫使学者不得不走向民间开拓新的史料天地，碑刻、族谱、契约、民间宗教科仪书、账册、小人物的日记和回忆录、秧歌、戏曲、竹枝词、民间传说、民谣民谚、绘画、漫画、民间故事、文学作品、社会调查、文史资料等都得到了日益广泛的运用。②

为历史研究服务的史料无论在性质上还是内容上均发生了革命性的变化，"什么都可以成为区域社会史研究的资料"。这些史料是关于普通人日常生活的记载，对于了解地域社会的状况有极为重要的作用，比如契约文书可以使人们了解乡村的社会秩序、村际和邻里的社会关系、经济网络，是研究社会经济史、乡村社会史、民间非正式制度的宝贵史料。再如从商号账册的经营物品种类、经营范围、经营数额与总价等可以得知当时人们的物质生活、物价水平和日常生活的地域范围。

但是，在这些史料中能有多少是民众自己的记录，有多少可以真切地反映普通民众的日常生活和生命体验？事实上，从这类材料

---

① 卢汉超：《史景迁谈史》，《史林》2005 年第 2 期。

② 关于各种区域性的、微观的史料种类、价值及学者的运用参见马维强《区域社会史研究的资料》，待刊。

中很难得到不同的细节以清楚地区分出不同的人们，即它们对人物的性格是不加区别的。① 更何况其中有些资料仍然不可避免地带有精英意识。王笛在利用竹枝词时就一再强调竹枝词里对民众的描绘是精英所看到和理解的大众、大众文化和日常生活。② 正因如此，当微观史研究在西方成为学术潮流之时，国内学界却因相关资料的缺乏而无法开展。具体到集体化时代的农村社会研究，目前已有不少成果，从其利用的核心资料来看，有的依据农村账册研究社会经济的变迁，有的利用阶级成分登记表论述婚姻家庭的变革，有的利用连续数年的工作笔记来探讨人民公社制度，有的干脆直接利用口述访谈资料进行研究。这些史料都是非常珍贵的，但普通百姓日常生活和社会关系的内容相对较少，无法满足学者深入民众的内心世界和个体生命历程来了解乡村社会的要求。在此角度上，双口村档案可谓是一种突破。这些材料多为村民本人的话语表述，虽然不免受到国家权威话语的影响，但却仍然是他们自己的表达，只不过出现了在公共空间和私人空间中话语表述的差异，更何况许多材料和他人的检举揭发常常可以使读者触摸到当事人的真实内心。所以，"把这些被时间埋葬的声音从匿名中拯救出来"成为这些资料的最大意义。③

马克·布洛赫说："一件文字史料就是一个见证人，而且像大多数见证人一样，只有人们开始向它提出问题，它才会开口说话。"④ 究竟提出什么样的问题才能把"资料"推向前台让它说话，才能发挥出这批资料的优势进行学术创新？既然双口村档案中包含

---

① 卢汉超：《史景迁谈史》，《史林》2005 年第 2 期。
② 王笛：《街头文化——成都公共空间、下层民众与地方政治（1870—1930）》，李德英、谢继华、邓丽译，中国人民大学出版社 2006 年版，中文版自序第 7 页。
③ ［英］艾瑞克·霍布斯鲍姆（Eric Hobsbawm）：《非凡的小人物：反抗、造反及爵士乐》，王祥译，柯雄校，新华出版社 2001 年版，第 453 页。
④ ［法］马克·布洛赫：《为历史学辩护》，张和声、程郁译，中国人民大学出版社 2006 年版，第 164 页。

着丰富的个人信息，呈现出更多的具有个性的人物和社会关系的网络，那么从"身份"的视角切入，以个体、群体为基点，从而对生命个体和民众的日常生活进行微观考察就是一个很好的分析路径。金兹伯格与卡洛·波尼曾共同撰文，指出名字是引导研究者走出档案迷宫的阿里阿德涅的线团，聚集到名字和从名字发散开的线索，交织组成了一张严密的网，为观察者提供了一个社会关系网络的图像，而个人便处在这个网络之中。① 此论与笔者在入手双口村档案的整理并思考如何进行研究时极为契合。

　　曾经有学者对集体化时代村庄档案的价值表示怀疑。关于史料的价值，除了从其形成的来源、过程、相对于历史事实的客观性等方面进行判断外，数量的大小、完整性、连续性以及其所反映的内容多样性等也是应该予以考虑的因素。双口村的档案在数量上是可观的，笔者对照了村庄档案原有的编号，发现除了因人为因素有少量个人和其他档案缺失以外，当时的材料基本都保存了下来。可以说，这些档案是反映集体化时代普通民众日常生活的第一手文献，是那个年代各种大大小小的政治运动、村庄事件和日常生活的真实反映。也许有人会质问这种"真实性"，因为在政治社会化的时代，国家的在场可能使普通民众"言不由衷"，对于他人的记述会有所偏离，对自身历史的记录更会小心谨慎，所以档案中的记载并不是真实的历史和记述者自身的真实想法。在此种意义上，这些档案是有虚假成分存在的，那么这些材料又能在多大程度上反映出历史的真实面貌？

---

　　① Carlo Ginzburg and Carlo Poni. "The Name and The Game: Unequal Exchange and the Historiographic Marketplace". Microhistory and the Lost People of Europe, Edward Muir and Guido Ruggiero, The John Hopkins University Press. 转引自周兵《微观史学与新文化史》，《学术研究》2006 年第 6 期。阿里阿德涅是古典神话中克里特岛国王米诺斯的女儿，她的母亲帕西法厄生了一个牛头人身的怪物，米诺斯把它幽禁在一座迷宫里，并命令雅典人民每年进贡七对童男童女喂养这个怪物。雅典王子忒修斯发誓要为民除害，他借助阿里阿德涅给他的线球和魔刀，杀死了这个怪物，然后沿着走进迷宫时的线路走出了迷宫。

　　关于"假史料"，罗志田认为对其不能弃置不用，因为不论史实的客观存在或历史真相如何，当其经由某种程序（而不是其他可能的程序）被记录下来后，即使"第一手"的史料也的确可能带有"偏见"。所以真史料和伪史料各有其用（造伪的需求、造伪者的动机、伪史料产生和造伪过程等都能揭示很多问题），且有些不"真"的史料却也并不"伪"，至少不是有意造伪。① 后现代史学也十分注重思考历史文献的产生过程及其背后的社会历史意义。这对本书的研究不无启发。笔者以为，在集体化这样一个特殊年代，或许存在着"表达性现实"与"客观性现实"的背离，但这种背离是有原因和意义的，对这种"虚假"产生的时空环境和机制背景的探讨正是本书努力追寻的目标之一，因为这也许反映了时代与民众之间的互动，这里的真实与虚假之间的距离也许正显示出这些资料的价值所在。不过，史料的辨伪考订依然是不可或缺的重要研究手段和方法。在本书中，笔者将充分注意这些档案文献形成的背景和过程，对于其所受到的主客观影响保持谨慎，尤其是揭发材料，将尽量通过文献与文献之间的相互印证对资料的真实性做出判断，避免被其"蒙蔽"，并注意寻找资料"虚假性"的意义所在。

　　无论如何，这些档案都详细记载了乡村普通民众的日常生活，直接或间接反映了历史主体的心态认知与生活经历，有助于研究者实现由"主位观"向"本位观"的转变，真正从民众自身的视角来理解他们，理解乡村社会。需要注意的是，这些档案无以摆脱"权力"的身影，我们所描述和呈现的也只能是在国家权力视角和影响下的乡村民众日常生活，因为"将他们从暗夜中解脱出来的正是他们与权力的一次遭遇……这几乎是把握无名者生活的唯一途径。……根本不可能重新捕捉它们处于自由状态时的本来

---

　　① 罗志田：《见之于行事：中国近代史研究的可能走向——兼及史料、理论与表述》，《历史研究》2002 年第 1 期。

面目，只有当他们落脚在权力游戏和权力关系所预设的滔滔雄辩、出于战术考虑产生的片面之词或者奉命编造的谎言中我们才能把握它们"①。也许，正是通过在乡村民众生活中体现出的权力运作机制和模式，我们才能够真正理解 20 世纪后半叶的中国革命发展的历史痕迹。

五　研究思路与路径

集体化时代的乡村社会，到处都充满着一个特殊时代的象征。面对着到处书写的"毛主席万岁""千万不要忘记阶级斗争"的标语，村民会作何理解？社员大会、洗手洗澡、揭发交代、政治学习等不断地冲击着人们原有的思想观念，安装在村委会、家门口或床头的大小喇叭时时传递着来自中央和国家的信息，各种手段、符号、仪式和场合把人们拉入政治生活中；一句生活中的戏言有时能成为反社会主义的言论；充满活力的年轻人总是不甘于被牢牢束缚在土地上，想方设法地逃离农田劳动，去做一些小买卖，但却犯了搞"投机倒把"的政治错误。人们的生产方式改变了，生活方式改变了，这是时代与民众的一种互动。具体而言，集体化时代的村民究竟有着怎样的经历，生活状况如何，通过什么样的研究视角和文章架构才能呈现出这些鲜活的生命及其日常生活的情形，才能了解国家的政策及其实践如何影响他们的生活，以及他们的策略和反应。

身份无疑是切入民众日常生活的一个很好的视角。身份是界定生命个体的重要工具和象征，作为人的标识，与个体生命息息相关，尤其在集体化时代，国家政策和制度安排对乡村社会普通人的日常生活和人生历程产生的重大影响，使"身份"的意义更加复

①　［法］福柯：《无名者的生活》，李猛译，《社会理论论坛》1999 年总第 6 期。

杂。这里的"身份"，狭义指个人的职业如教师身份、工人身份或地位如贵族身份、平民身份等，广义指个体的社会角色和行为及个体对自我与他人的感知、认识和界定。① 在这里，取其广义而为。"地位"一词，本书界定为在乡村社会中所处的或高或低的社会地位，与广义上的"身份"有较大差别，两者之间既不是一一对应的关系，也不可完全等同。

在集体化时代的特定时间里，在双口村的区域空间里，普通民众是作为男女老少的一种自然存在，也是经历社会化过程、谋求生存的社会存在和政治存在，还是具有信仰的精神存在。在此，笔者将国家划定的地、富、反、坏、右以及干部和群众的政治存在分别称为人的阶级身份和政治身份，将采取各种职业手段谋求生存的社会存在称为人的社会身份。除此之外，村民还具有宗教信仰的教徒身份，以及相对比较接近生命本色的自然存在。② 村民的这些身份只有在社会交往和社会关系中才能得到体现，也只有在社会交往和社会关系中才具有意义。

人们由于在日常生活中的交往和联系而构成了一张社会关系的网络，形成乡村的社会结构，这种结构"绝非像抽象的区域、民族结构那样，而是直接、具体的结构，是社会生活要素的真实勾连和运作"③。福柯说：在传统社会里，人们所经历和感觉的世界是经过

---

① 社会学中关于身份的概念和含义，更强调社会成员特定的权利、义务、责任、忠诚对象、认同和行事规则，以及权利、责任和忠诚存在的合法化理由。见张静《身份：公民权利的社会配置与认同》，张静主编《身份认同研究：观念、态度、理据》，上海人民出版社2006年版，第4页。笔者认为，这是对"身份"概念的一种外在规定，从社会史角度来看，不足以表达历史主体的主观体验与认识，因为在他们的日常生活中，并没有对权利、义务、责任等的明确意识，他们思考的更多的是自己和他人在社会中的位置及如何生存的问题，所以本书中使用的"身份"概念及含义主要从这一层面来界定。

② "身份"是社会学中的典型概念，被法律、社会、公民、职业、村民、财产等各种名词修饰后便具有了各种政治的、社会的、经济的含义。笔者从研究需要出发，依据乡村社会日常生活的各个面相，对普通民众的身份类型做出适合于本书研究旨趣的界定。

③ 小田：《江南场景：社会史的跨学科对话》，上海人民出版社2007年版，第93页。

时间长期演化而自然形成的物质存在。① 小田认为乡村社群传承在现代经济发展中的影响应该引起足够的重视。虽然与经济传统相比，地方社群的思想制度传统更多地受到上层社会意识形态的影响和控制，但外部世界的强制并不能改变社群传统的内部走向，改变的只是社群对于国家力量反应之后的展现形式。那么，在国家的强力治理改造下，在集体化时代特定的政治语境和凸显阶级与政治身份的关系网络中，那些长期形成的、内在于乡土社会的特征在政治权威的强压下会发生怎样的改变？也许，我们无法否认近代以来的革命与改革给乡村社会带来的影响和变化，但另一方面，我们还应该注意内在于乡村社会的那些也许无论是在传统还是在现代的历史时段里都具有的结构性特征。

在研究路径上，本书将从微观的"人"出发，最终指向人的生存状态、日常生活和乡村的社会结构，是一种由个人、群体而社会，由具体面相而深层结构的研究路径。社会学认为社会结构包括四个要素：一、人们在社会中占据的位置即"地位"；二、人们对占据位置者的行为期待即"角色"；三、在地位和角色的基础上，个人的集合体就变成了群体和组织；四、群体和组织之间遵循一定的行为规则和互动模式并形成制度。也就是说，可以将社会结构的四个要素简单地概括为地位、角色、组织和制度。

如此，通过对于乡村社会的民众个人、社会群体、组织和社会制度的探讨来揭示乡村的社会结构将是一条可取的研究路径。本书将以微观的个体和群体及他们的日常生活空间为出发点，从纵向的个人、群体、村庄、国家的各个层次和横向的"阶级斗争"、公共管理、生产生计、婚姻生活、日常的习俗和娱乐、思想言论、宗教信仰等方面解剖集体化时代的农民群体，通过对一个个具体的人

---

① ［法］福柯：《不同空间的正文与上下文》，陈志梧译，载于包亚明主编《后现代性与地理学的政治》，上海教育出版社 2001 年版，第 18 页。

物、一个个微观的场景、一桩桩微小的事件或者是人物之间的生动对话进行描摹，以明晰在国家和社会制度约束以及民众应对的互动中，乡村的日常生活呈现出了怎样的面貌，并在此基础上探讨集体化时代乡村社会的结构性特征。

另外，作为人的思想心理、行为活动同时也是历史过程、社会结构的具体载体和表现形式，"事件"将在本书中得到关注。历史学家常常将历史事件比作为一种反常的时刻，认为与平淡无奇的"日常"相比，反常的时刻更有助于人们对于社会的理解。对于集体化时代的乡村社会而言，那些互助组、初级社、高级社、人民公社、四清运动、"文化大革命"等的一系列"事件"只能说是一种外在的"大历史"事件，不能将其作为本书研究的内在历史序列。本书将从乡村内在的逻辑出发，去追寻那些对乡村民众个人的日常生活和生命历程真正具有影响力的"事件"。对于生命个体而言，偷东西被打以致十几天无法下炕，偷粮食不小心被电击，自己作为专政对象每天被迫打扫街道，在批斗会上被叫骂"历史反革命××× 滚出来""滚回去"，脖子上被挂上"历史反革命"的牌子、手里敲着锣游街，因为在房梁上画八卦图而被迫进毛泽东思想班学习，因为卖鬼票而在大会小会上反反复复地做检查，因搞婚外恋而被开除党籍，因倒买倒卖而被"讯问"，无意中的"胡写乱画"被认为是恶毒攻击社会主义，天气暖和时不去地里劳动而是赶集给人修理自行车、卖自行车零件"赚外快"等等，这些事件有些是"大历史"事件影响下的结果，带有时代的"印痕"，有些则没有明显的时代特征，但无论如何都是生命个体亲身经历过和体验过的"事件"。

六 本书框架

本书拟以乡村民众日常生活中各种身份的活动展现为研究内

容，从作为"红色身份"的贫下中农与"黑色身份"的地富反坏右，作为社会管理与被管理身份的"干部"与"群众"、作为"自谋职业者""投机倒把者"和"偷窃者"等来谋求生计生存的农民、作为个人生活中呈现出来的自然生命体和追求精神信仰的农民等多样的剖面展现集体化时代在国家制度安排下的农民生活面貌是怎样的，又如何反作用于国家制度，造成了怎样的制度破坏或者制度转换，从而迎来改革开放的巨大社会变迁。

本书具体包含以下内容：

绪论从选题和本书写作的学术积累、目前集体化时代研究的理论范式及其不足、日常生活史研究的学术潮流及其对本书写作的启发、本书所运用的资料内容及其价值、本书的研究思路与路径等方面阐明本研究的主旨及学术意义和创新。

第一章从生态环境与村民的生活、村庄的政治历程、村民的生活空间、日常生活的习惯与条件四个方面来论述集体化时代村民日常生活的居住空间。这是乡村社会关系形成的基础，构成村民个人生活与社会交往的空间格局，影响和决定了村民的生命体验，形塑和建构着村民日常生活的面貌。

第二章就"红"与"黑"的阶级身份进行论述。考察贫下中农如何认识并利用国家所赋予的权利和资源，四类分子如何在公共及私人空间中规范自身的言行或表达反抗，以及他们之间的社会交往，论述生命个体如何在实践中重塑自己的个人形象和搭建社会关系，并将外部强加的阶级身份通过行动赋予实在意义。

第三章就"干"与"群"的政治身份进行论述。探讨阶级话语对干群身份的界定，干部实践国家对自身既是勤务员又是管理者的政治界定的过程，以及他们对群众的态度和管理；群众对国家话语中"伟大的人民"这一身份定位的认识，在公共空间中发挥监督作用的方式和效果，以及干群之间形成的社会关系。

第四章就村民谋求生计与生存的社会身份进行论述。考察国家关于农业劳动的政治性界定以及村民的认识与实践，乡村集体劳动管理和安排的状况；村民在私人空间中的倒买倒卖、"地下"加工甚至盗窃活动以及国家的制约和村民的应对，论述村民如何将谋求生计生存的愿望置于政治性的"阶级斗争"之上。

第五章从村民的婚姻生活、日常的习俗和娱乐活动及思想言论等方面对村民的身体和私人生活进行论述。考察国家出于改造农村社会和巩固政权建设的需要，如何对私人空间加强约束改造，村庄传统、生活习惯和伦理道德如何发挥作用，村民如何利用各种空隙，使自己对生活的认识得以表达、需要得到满足。

第六章就村民的宗教信仰进行论述。探讨国家的宗教信仰政策及在乡村的治理，村民因何入教、在日常生活中有哪些思想及实践活动、如何因应国家的约束改造，论述由宗教信仰而形成的特殊"身份"对教徒的日常生活产生了怎样的影响，并反思国家治理的不足。

结语部分是对全书论述的进一步深入阐述，揭示特殊时代背景下的乡村民众所拥有的身份网络以及相应的社会地位对于其生命体验和社会交往所产生的影响，以及日常生活对于国家历史和乡村社会变迁的建构意义。

第一章

日常生活的空间

　　"区域社会并不是出于研究便利的人为拼凑，而是在生态环境、语言系统、风土人情、心理特征等诸要素之间存在着自然耦合的人文结构，并在实际生活的运作过程中体现出区域特质。这种区域特质对历史事实是有内在规定性的。"① 具体到一个微小的村落内，这种区域特质的内涵蕴含在人们日常生活的时空中，体现在人们的生存、邻里和社会交往、心态和视野中，影响着人们的精神状态和行为选择。在探讨双口村民众在集体化时代的生活状况之前，需要对村庄的生存条件和居住空间有详细的了解，以明了乡村传统的韧性，以及集体化时代的泛政治化特征究竟在怎样的区域社会时空背景中保留和改变了人们的日常生活。

第一节　生态环境与村民的生活

　　在地形图上，一条东北—西南走向的淡绿色带将平遥县的地形划一为二，上方呈绿色，是地形平坦的标识，这一带属于冲积平原区和冲洪积倾斜平原区；下方黄色偏红，这一区域的海拔超过了1000米，是构造剥蚀的中低山区；中间颇似缓冲带角色的淡绿色区

---

① 小田：《江南场景——社会史的跨学科对话》，上海人民出版社 2007 年版，第 3、7 页。

域属于切割强烈的黄土沟梁区。双口村所在的杜松庄乡正是坐落于上方区域放眼望去满是绿色的冲积平原地带上。[①] 全县土壤分布与地势相应，易于农业生产的淡褐土和浅色草甸土、浅色草甸盐土[②]主要分布在平原地带，因此杜松庄乡的土壤相对较为肥沃。除此之外，该乡的水利条件也比较优越，发源于晋西北宁武管涔山的县境内第一大河——汾河从杜松庄乡西北面穿越而过，这一区域的村庄因而受惠不少，杜松庄乡由此成为灌区典型的粮棉产地。1964 年时杜松庄乡杜松庄生产大队曾被命名为山西省粮食稳产高产"十杆旗"之一，20 世纪 90 年代杜松庄乡被列为省级商品粮基地。土与水关系着村民的生活和生存，束缚着村民的活动空间，同时也是他们生存希望的寄托，费孝通先生对"乡土性"和"不流动"的描述体现的正是村民在生生不息的生命之河中的情感流淌。相对于受到高低起伏的地势约束和交通阻隔，地势的平坦、土壤的优势及水利的充足使生活在这里的村民相对容易谋生，生活上也比较便利。

杜松庄乡距县城 7.5 公里，西北紧靠汾河，从南面经过白桦乡即可到达县城。1964 年杜松庄乡有 12878 人，人口密度每平方公里372 人，1975 年总人口达 17032 人，耕地面积 39500 亩[③]，1978 年时人均收入位居全县中上列。县境内属温带大陆性季风半干旱气候，平坦的区域优势使杜松庄乡很少受到局部山地小气候的影响，当地平均气温在 9.6 摄氏度左右，最高时可达 34、35 摄氏度，最低零下十几摄氏度，适宜于农业耕作和大秋作物的生长。

---

① 2004 年，乡镇合并，双口村现在属白桦乡。

② 淡褐土发育在黄土状母质上，土体下部不受地下水的影响，故成土过程以黏化、弱钙化及耕种熟化过程为主，当地村民也称为"黏土"。淡褐土耕作时间长、熟化程度高。参见平遥县地方志编纂委员会编《平遥县志》，中华书局 1999 年版，第 122 页。

③ 参见《杜松庄公社多种经营纯收入五五规划意见》《杜松庄公社 1975 年农业生产计划方案》，1975 年，双口村庄档案，编号 XYJ－8－10－1、XYJ－8－10－6。

　　这里四季分明，春季昼夜温差较大，雨少风大，冬季寒冷少雪，除非出于生计的需要或其他迫不得已的原因，否则人们宁愿待在家中。春夏交替之际天气逐渐转暖，随着农活的增多和播种季节的来临，村民逐渐在田地里忙碌起来，在劳动疲乏之余也能享受到温暖的阳光，这时人们的心情往往会比较舒畅，并随着气候的适宜持续较长一段时间。如果离家较远，田间地头在这时就可能成为村民休息的理想之所，这样就可以尽情享受大自然的恩惠。之后，夏季的炎热从上午一直持续到夜间，偶尔的阵雨、雷阵雨也会给处于酷暑中的人们带来清凉。这里的夏季多雨，到了秋季雨量逐渐减少。夏秋交替之际日光高照、神清气爽，清凉的早晨或雨季过后，乡村特有的泥土气息使长满庄稼的田野常常成为儿童们的游乐之地，当然在很多时候他们需要被迫帮助父母做一些力所能及的农活，以解决劳动力的不足。

　　从杜松庄乡向东南行走 3.5 公里即可到达双口村。双口村北与杜松庄、柳家庄接壤，东临东双口村，西与路候村、胡雷村为邻。汾河水在村庄的北面自东北向西南穿越而过，滋润着村庄 5550 亩土地①，为生活在这一区域的村民带来了至为关键的水源，双口村为滨河村庄中受益面积最大的村庄之一，水对当地农作物的生长可谓"一水定乾坤"。当地降水量少，是典型的"十年九旱"，若遇夏伏天降雨量过大时又会对农作物造成伤害。地下的水源在很大程度上解决了降水的不足，尤其是能够保证一年一次的春浇，为农业生产提供了很大保障。② 光绪十八年（1892 年），按水规水程，杜松庄堰只能隔一年浇一次，时间 7.5 天，后经不断筑堰，用水时程增加到 15.5 天，分散到各村庄，用水时程也只有 2—3 天。新中国

---

　　①　集体化时期村庄共有 6015 亩土地，面积大小比较稳定，从合作化到人民公社解体之前一直未有大的变动，所以村庄的绝大部分耕地都受益。后因为修路，占用村庄土地不到 500 亩，现剩 5611 亩耕地。

　　②　访谈对象：柳云峰，男，56 岁，平遥县双口村人。访谈时间：2004 年 10 月 4 日。

成立以后旧有水规被废除，但仍沿用打堰浇地办法，灌区按100—500亩分成地块，大水倒换地块漫灌。[①] 该县境内尹回水库的水源涌入济水河流经村庄，在村庄东面呈东南向西北的流向，与汾河水源形成交汇，成为农业生产的另一个重要水源。不过在很长时间内，由于地下水位高，土壤发阴，村庄的农田颇受盐碱害之苦，影响了农业生产，尤其是村庄沙河以南的田地几乎无法耕种。直到21世纪初地下水位下降，土壤质量提高，农业产量才逐年增加。[②] 集体化之前，村中仅有少量的人工挖掘水井，水量较少，男人们用辘轳、栲栳靠手臂的推力提水，或从村庄外的汾河中取水，以供日常生活的饮用，少量用来浇灌农田。新中国成立以后，国家大力倡导水利建设，引进新型打井办法，推广采用机械电动凿井，村民在村庄干部的带领之下维护修缮旧井，不断挖掘新井，并于1959年在全县较早地修筑了高灌，使2000多亩农田受益，也逐渐解决了人们日常用水的不便，同时用畜力水车提水浇地，使生产用水更加便利。

除了水源外，土壤的质量是影响村庄农业生产的另一个重要因素。双口村的土壤以淡褐土为主，是村庄也是全乡乃至全县较为理想的高产土壤。具体到村庄的耕地，东西南北各片又有具体的内部差异：村南是沙碱地，不宜种苗，地力弱，村北面卤土（盐碱地）与沙土混合，土壤肥力较强，东面淡褐土、卤土混合，西面沙土、淡褐土混合。[③] 淡褐土发硬耐旱，成苗能得到较好生长。沙土松软，幼苗易于成活，但有机物质较少。村民对土壤质量的认识来源于他们对土地的耕种和作物收获，土壤质量的差异在村庄组建初级社、高级社以及后来各生产队土地分配时成为引发人际矛盾的诱因。土

---

① 平遥县地方志编纂委员会编：《平遥县志》，中华书局1999年版，第251页。

② 访谈对象：阴永吉，男，72岁，平遥县双口村人。访谈时间：2004年10月3日。

③ 访谈对象：阎士正，男，65岁，平遥县双口村人。访谈时间：2004年11月14日。另见双口村庄档案，编号XYJ-8-5-27。

改时，村庄依据土壤质量的高低，划分了三等九级，以便在分配土地时尽量公平。

光绪版《平遥县志》记载："遥民农事种植以秋为重，麦十之三耳"，玉米、高粱、小麦、棉花等大秋作物是双口村也是平川地区的农业生产和经济的大宗。平遥小麦在当地主要粮食作物中为上品，价格常较他种粮食昂贵，家境较为贫寒的村民往往将之抛售市场，因此小麦在当时主要是作为商品化的农产品，而非日常食用。高粱由于在本地品种全、质地优，单位面积产量较高，成为当地主要的粮食作物。玉米有大小两种，大玉米一般在春天播种夏季收割，小玉米在夏季麦收后种植。村民一般间隔种植以养地利，通常一年一熟或两年三熟。新中国成立初期，国家提出"爱国家、种棉花"的号召，全县植棉面积大幅度攀升，并由平川扩大到丘陵地区。除此而外，黄豆、绿豆、豌豆、红薯、马铃薯、芝麻、向日葵、花生、蓖麻、甜菜以及各类蔬菜和瓜类等也间有种植或是利用地边、渠堰等小块田地种植，以供日常食用的调剂或出售换取现金。平川地区人口密集，在集体化束缚劳动力的情况下以及国家"农业八字宪法"① 的指导下，土地得到了精耕细作，"勤耕、深耕、多耙、细磨"成为村民的共识。村民在农业实践中根据本地干旱多风、蒸发量大、土壤类型复杂的特点，掌握了一套耕耙锄翻植及灭虫灭害的农业地方性知识。20 世纪六七十年代各种化学药剂如六六六粉、滴滴涕、赛力散等的推广使用以及病虫害情报监测点的设立等对农作物产量的提高起到重要作用，不过村民认为，由于在农作物的生长过程中掺入了很多的农药和化肥，虽然产量得到提高，但生产出的粮食质量没有以往高。现代化的要素在打破传统农

———————————

① 是指水、土、肥、种、密、保、工、管八字，"水"是指发展水利、合理用水，"土"是指深耕、改良土壤、土壤普查和土地利用规划，"肥"是指增加肥料、合理施肥，"种"是指培育、繁殖和推广良种，"密"是指合理密植，"保"是指植物保护、防治病虫害，"工"是指工具改革，"管"是指加强田间管理。

业技术的同时，也对村民的农业生产观念造成冲击。

马、骡、牛是平原地区传统饲养的家畜，驴比较少见。新中国成立之前，双口村只有少量的富裕之家拥有大型耕畜，在农忙季节除自家役使外，往往出租。新中国成立以后，拥有耕畜的家户逐渐增多，一般由男人负责喂养，以供耕田和运输之用。由于耕畜在农业生产中具有重要的作用，人们在役使耕畜的同时也对牲畜怀有爱惜之情。后来牲畜作价入社，成为集体财产，"吃大锅饭"和"搭便车"的观念和心理常常导致牲畜得不到很好的照料，无法与私人的精心喂养和情感沟通相比。除了役畜外，一般家户在院落中都垒有猪圈，妇女在照料家务的同时担负起喂猪的任务。1958 年时集体办有猪场，国家大力提倡养猪，并在 60 年代提出肥猪奖售政策，家户和集体养猪的数量得到很大增加。集体猪场由专门的男劳力喂养，获得与做农活同样的工分。鸡和羊也是本地传统的饲养家畜，一般人家养羊少则两三只、多则数十只，主要为满足婴儿或老年人补充蛋白质的需要。每家也会喂养有数量不等的土鸡，以换回食盐供食用之需。集体化时代猪瘟、鸡瘟、马鼻疽、羊布病等畜禽疫病时有发生，但医疗技术低下，无法满足需求，各公社到 20 世纪 70 年代才普遍设立兽医站，一些常见的流行疫病直到 20 世纪七八十年代才得到较好的控制。

"正如人既屈从于他所生活空间的自然环境同时也可以对其进行人为的改变一样，他的生活方式也在很大程度上是由自然环境所决定的，自然用时间的循环和气象创造了一些无法改变的条件。"① 土壤、水利条件的便利使双口村村民可以依靠农业生产求取生存。谋生的手段决定了"农业社会"中人的日常生活方式，即他们的生活节奏和活动空间与农作物的播种、生长、收割的过程是联系在一

---

① ［德］汉斯·格茨：《欧洲中世纪生活》，王亚平译，东方出版社 2002 年版，第 13—14 页。

起的，同时也受到动物的影响。同样，他们的精神状态、对自然与社会的认识和观念也与他们所生存的自然生态环境密不可分，进而影响着他们的人际关系与社会交往。

第二节　村庄的政治历程

在乡村社会中，村庄的名称往往是村庄内在特性的一种标识，并作为村庄文化的一部分留存于村民的记忆之中。考察村庄名称的由来，对于了解村庄的文化和发展历程具有重要意义。双口村的村名来源于民间传说，主要有两种说法：一种是据村中老年人的口述，相传唐朝时有吕家女在宫中为妃，御驾到此，解吕字之两口，取名双口，至今双口村附近一带还有皇妃一行当年饮马的村庄（今北良庄村）和住宿的村庄（今皇佑村）。① 但据县志记载，今县城东 7 里处北良庄村东原是汉朝县治所在地，原名京陵。另一种是据县志记载传说中的显赫人物被置换为西汉的吕后，因其出游中原御驾到此，为纪念吕后，故名双口。邻村路候村则因村民在道路两旁洒水清扫，做好迎接吕后的准备，故名"路候"。

关于村落的最初形成，目前已无确切的史料记载。村中吕、柳、王等几家为大姓，除此而外还有古、耿、杜等小姓。但是村庄历有"七柳八吕，后有两耿"之说，村民也对此持有相同的看法，即同是一个姓，但并不是本家，这说明双口村仍然是一个杂姓聚居的村庄。相传明末清初，吕仁、吕义两兄弟从河南到洪洞大槐树，然后迁移到平遥双口村，在今平遥县城东外环路修有两塔，意即建基立业。后来两兄弟分开，吕仁迁到大同，吕义留在了平遥。② 吕义曾在 3 次饥荒当中捐出赈谷 3000 石，以救济百姓，在当时被封

---

① 访谈对象：阎士正，男，65 岁，平遥县双口村人。访谈时间：2004 年 11 月 14 日。
② 访谈对象：阎士正，男，65 岁，平遥县双口村人。访谈时间：2004 年 10 月 6 日。

为义官。后吕义曾独自捐资疏通县城东南神池泉源河道，源祠、梁村均获其益，村民感其功德，画肖像于庙中与源神并祀。续修城内清虚观时，吕义四子慷慨施银两千两，人称总功德主。到了清朝中期，吕家兴旺，吕布英、吕泽雨父子俩在县城内经营票号和当铺，因为发迹，曾修筑村中南庙戏台。除了吕家外，柳家是村庄的另一大姓。清朝时柳世选、柳万选两兄弟从岳壁乡搬迁到双口村①，自此在村庄定居下来，生息繁衍，并在清朝中期时发展为村中的一个大姓。清朝中后期柳家同样因在城内经营票行而势力兴旺。新中国成立以后，联结村落人际关系最重要的纽带——血缘关系受到冲击，原本并不强的家族势力更加弱化。

在建置沿革上，清代时城内设坊、城外设乡里，共有东北、东南、西北、西南四乡，30 里、224 个行政村及 56 个代管村，当时双口村是独立的行政村。民国初沿袭清制。1917 年地方行政区划改制，县下设区，双口村属东北乡第三区。

抗日战争时期，全县的区划设置多有变动。1937 年 11 月 9 日，日军第一次进犯平遥城，24 日撤离。1938 年 2 月，日军从洪善村兵分两路，其中一路从双口村、胡雷村一线逼近城池，侵占平遥县城。双口村因距离铁路较近，虽没有成为据点，但日军在村庄建立了伪村政府，任命伪村主任和街长，利用本村的敌伪人员对村庄实施殖民统治。1938 年县抗日政府在今东泉镇一个偏僻的小山村——彭坡头村成立，并将全县划分为 5 个区，双口村属包括城关附近及铁（路）北平原一带的第 5 区。1941 年因日据点的割据，以同蒲铁路分界，南北为治，铁路以北划归平介（平遥介休）县（铁北）抗日政府管辖。当时双口村属于维持村，夜间八路军、伪军、日军

---

① 改革开放以来，赵壁柳家祠堂重新修建，双口村的柳姓与赵壁乡的柳姓相互联系，重修家谱。另有一说是从陕西迁到双口村。访谈对象：阎士正，男，65 岁，平遥县双口村人。访谈时间：2004 年 11 月 14 日。

三方面在本村都有活动，村主任梁永贵担任伪村主任，既要应对日本人的征粮活动，又要做八路军地下的情报传送工作，暗地里支援抗战。日军投降后，颇受阎锡山政权中的显要人物梁化之器重的尹遵党被任命为平遥县县长，尹极力贯彻阎锡山"肃清伪装、净白阵营"的反动方针，将距离双口村不远的北良庄村选为"自白转生""三自传讯"的全省试点①，双口村的许多村民或自愿或被迫参与了当时的"三自传讯"活动。

1948 年，徐向前率领华北野战兵团解放临汾后向太原进发，发起晋中战役，尹遵党奉令撤退，阎锡山政权在平遥的统治瓦解。当时为了保护古城，八路军从霍县绕过平遥直接攻打祁县，古城和文物古迹未遭破坏。7 月 13 日平遥县全境获得解放。之后，平介县撤销，城外设 8 个区，双口村属第 7 区，区政府驻邻村路候。1950 年，全县区划变为 1 个城关区及 7 个区，本村属第 3 区，区政府驻郝家堡村。1948 年 11 月，人民民主政权开始在新解放区开展土改运动，北良庄在当时被确定为新区土改试验村，12 月土改运动即在全县展开。从 1949 年开始到 1951 年结束，县政府共在 368 个村庄分两批进行了土改，双口村属于郝家堡第 3 区第 8 间，是第二批土改村庄之一。

1953 年 12 月，国家基层行政区划改为乡村制。1954 年平遥县变为县辖集镇乡，集镇乡率乡，乡率自然村，时双口村属凤凰集镇乡路候乡。后全县对乡进行多次调整，县下撤集镇乡直接设乡，双口村属路候乡管辖。新中国成立以后，村庄的家族势力和乡绅政权被打倒，但共产党政权组织却没有及时完善，直到 1955 年才建立了党支部。在土改中获得了土地和生产资料的农民虽然在生活上得到改善，但依然贫困。由于没有建立强有力的党政组织，农民组

---

① "三自"指自清、自卫、自治。

织——农会的力量也弱,双口村村民未能被组织起来,私有的小规模家庭经营弊端重重,生产工具落后,土地规模狭小,作物品种得不到改良,乡村市场依然不健全。双口村的发展相对缓慢而没有创新。

邻村胡雷庄在新中国成立初即 1950 年时就成立了互助组,到1952 年时已经有 8 个互助组,共有 40 户 165 人参加,并在 1953 年被选为试办农业初级合作社的试点。① 双口村却直到 1954 年才在乡政府的行政命令下成立互助组。互助组里的村民常常为了能优先耕种自己的土地而相互争执,并在使用劳动工具、评价劳动质量和记工上发生争吵。在未经过充分发展和巩固的情况下,互助组为执行上级命令,于 1955 年匆匆转入初级社,并命名为建丰农业社。地少而劳力多的农户相对积极,当时全村共有 30 多户加入,参加人数不到 10%。尽管如此,村民还是看到了组织起来的优越性,合作社的平均亩产量比单干户高,农业生产的效率提高了,各家各户都努力生产,没有拖后腿的现象发生。

正在初级社的发展逐渐步入良性轨道之时,在乡政府的一纸命令下,村庄的初级社在 1956 年转为高级社,称双口高级社管理委员会,社管理委员会掌握和行使村庄政权,政社合一。当时全村80% 的农户都加入了高级社,富与富、穷与穷、强与强、弱与弱相互自由搭配,组成生产小队。除自留地外,其他土地全部归集体所有。高级社共分 12 个生产小队,各小队设正副队长各 1 人,另有妇女队长、记工员、会计、保管、技术员等干部共 7 人。高级社分粮食,一是按人均发给口粮,二是按工分发给劳动粮,学生没有劳动力,只能吃口粮。

1958 年 9 月,全县撤销乡建制,实行公社、管理区、生产队三

---

① 《胡雷庄村基本情况统计》,胡雷庄村庄档案。

级所有，以管理区核算，双口村为双口管理区，当时全县成立 6 个
人民公社，本村属跃进公社（驻凤凰村）。大公社的成立使村民刚
刚迸发出的生产积极性受到打击，物资无偿调配使用，生产劳动不
记工，社员的自留地、自留牲畜和家庭副业被取消，他们被要求放
弃土地劳动去北义、兰村大炼钢铁，农田因缺乏劳动力而荒芜，这
一切使村庄一时陷入了混乱状态。同时村庄办起了公共食堂，村民
开始吃大锅饭，刚开始时是十几户的小食堂，之后扩大为全村的大
食堂，并在维持一段时间后再度将食堂的规模缩小。不限量供应一
段时间后，食堂的粮食出现了紧缺，开始时村民还能吃到一二两粮
食，到后来他们就开始挖野菜吃，不少人因饥饿而浮肿，尤其到
1960 年时异常困难，直至 1962 年后出现转折，粮食紧缺的状况逐
渐改善。1961 年 12 月，全县调整为 24 个公社，双口村属杜松庄人
民公社，之后一直属杜松庄公社（乡）管辖，直至最近几年乡镇合
并，双口村归属为白桦乡。

　　1962 年国家制定《农业十六条》，确定"三级所有、队为基
础"，在经济上逐渐放宽了政策，土地下放，将大队集体核算改为
小队核算，同时实行"三包一奖励"，即包产量、包成本、包工时、
超出有奖。全村以队为基础，将土地分为三等九级，非耕地（主要
指荒地）不计产量，不出税。村民生产劳动的报酬以登记的工分为
据，以按劳分配为原则，多劳多得，少劳少得。一般情况下登记工
分以劳动时间为统计标准，劳动一个小时可得 1 分，一个全劳力可
得 12 分，半个劳力得 8 分。村民如果不能劳动，就可能连基本的
口粮也赚不够，需要出钱买粮。村庄在给各生产队分地时尽量相互
协调，做到基本平均，政治权力再次为各个农户之间划出了一条平
均的起跑线，但继之而后会由于各生产队经营不同、个人家庭发展
不同而出现差异。由于以小队核算，各个生产队的劳动日价值不
等，1 分值 3 角至 5 角。在相对富裕的村庄如同一公社的古家庄村

和杜松庄村会达到 7—8 角。村庄每年的粮食分配以赚取工分为依据，每年的人均口粮为 360—380 斤，村民的工分不够就需要立账打欠条，向生产队借粮。如果基本的口粮和劳动粮分配完仍有盈余，一个劳动日就可多得半斤粮食。①

1963 年冬，全县 130 个大队开展了以思想清、政策清、作风清为内容的整风整社运动，也称"三清运动"，并在 1964 年转为清账、清库、清财产、清物资的"四清运动"，但在村庄中，两种运动其实没有实质的区别，都是对村庄中的房子、骡马、大型机械、麻袋口袋等集体财产进行清理，号称"洗手洗澡、轻装上阵、团结对敌"。② 与此同时，村庄还开展了"反贪污盗窃、投机倒把、铺张浪费、分散主义、官僚主义"的"五反运动"，农村中小商小贩的倒卖活动受到打击。1965 年 9 月进行"清政治、清思想、清经济、清组织"的社教运动，各生产大队和生产队长集中到杜松庄开会，主要以惩治干部的腐败为主，村庄的干部被彻查彻整，直到 1966 年转入"文革"运动。

同"文革"时期许多村庄的状况相类似，1967 年本村的一些干部也卷入了全县群众武斗的旋涡中，在政治上分裂为两派：联络站派与平遥中学串联，是拥护县委书记的造反派；另一派是拥护县长马子村的总司派，又称保皇派。两派都组织有武斗队，并不断发生肢体冲突。不过，双口村卷入派性斗争的成员只参加公社、县里的活动，在双口村并未引起村庄政权的大波动，相对比较平稳。③ 1969 年 8 月，中央发布《七二三布告》，解放军进驻平遥，收缴两派武器，实行全面军管，斗争平息下来，总司一派掌握了行政大权。两派的嫌隙虽然没有很快消失，但政治纷争逐渐平息。国家提

---

① 访谈对象：王刚毅，男，85 岁，平遥县双口村人。访谈时间：2004 年 10 月 4 日。
② 访谈对象：柳翠莲，女，63 岁，平遥县双口村人。访谈时间：2004 年 10 月 4 日。
③ 访谈对象：陈中智，男，73 岁，平遥县双口村人。访谈时间：2009 年 4 月 29 日。

倡通过教育和文艺来正确引导青年，村庄广播、板报和文化快报的宣传改变了并不十分紧张的派性斗争的政治气氛，主要精力逐渐转向了农业生产。

早在1963年，全县开展了干部参加集体劳动的"农业学大寨"运动。翌年，全县农村推广自报公议的评工记分办法。"文革"时期村民在村干部何魏的带领下学习大寨治山治水的"七沟八梁一面坡"精神，在思想上接受贫下中农再教育，组织了"民兵突击队"和"刘胡兰帮"，坚持吃苦耐劳，实行"一出勤、一送饭"，早八点出，晚八点归，小雪不停工、大雪不收兵，党员干部过节不休息。① 何魏是在"文革"中被提拔为村庄主要干部的，政权变动为他成为村庄的领导者提供了时机。与土改干部、四清干部相比，何魏可谓是"文革干部"，其苦干实干的风格使这一时期的村庄建设颇有成效。

在他的带领下，村庄的平整土地、兴修水利都获得很大成绩，单位亩产量得到提高，村庄还打了五十眼井，修建了双口小学、村庄的戏台以及12间大队办公室，买拖拉机、脱粒机各两台，并在1974年被评为地县先进单位。在传统的农业社会中，乡村领导者对于公共事务的奉献精神在村庄的发展历程中扮演着至关重要的角色。"文革"时期的村庄发展，改善了村民的生存环境，其日常居住空间也发生了变化。

近代以来尤其是从抗日战争时期开始，双口村的阶段性变迁就与宏大的政治事件紧密联系在一起，特别是新中国成立以后，国家的政治变动已经深深嵌入到了村庄的发展历程中。虽然双口村有其发展的内在逻辑，但从政治主线来看，双口村的历程在某种程度上可以被嵌入到宏观的编年史中，而且在村民的记忆中，尽管具体到

---

① 《满怀信心回答"四年五年总要以了吧"的问题》，1974年2月10日，双口村庄档案，编号 XYJ - 7 - 16 - 27。

不同的人和人群会有各自不同的记忆和认识，但他们对过往历史的认识同样是以历次政治运动为阶段标识的，其中，双口村距离县城和铁路较近，村庄干部个人的亦步亦趋与对国家政策的上行下效等都是村庄阶段性变迁与宏观政治相吻合的原因所在。1981年土地下放，开始包产到户，农村的经济制度和农业生产组织形式发生巨大转折，村庄发展进入了一个新的历史时期。

第三节 村民的居住空间

双口村在整个杜松庄乡历来就是一个较大的村庄。1949年时村庄有400多户，共1777人，耕地5564亩，1978年时人口增长到2675人，耕地达到6015亩。人均收入也居于中前列。

整个村庄是典型的北方村落格局，耕地包围着民居，形成两个相互区别而彼此依存的区域空间。田间地头是村民进行农业生产的空间，住宅院落是村民生活和进行社会交往的空间，也是人与家禽、牲畜共容的空间。住宅的格局非常简单，从正房中央的厅堂进去，左右各有一间房屋，靠近窗户的是大炕，屋内几样简单的家具倚墙而立。村民的饮食、居住、待客都在这一个空间里，长期以来的生活习惯使村民几乎没有保护隐私的观念和习惯，也无法保护。厅堂主要放置粮缸、水缸，一般没有人居住。通常情况下，父母住在房屋的正中间，结过婚的子女从东至西依次居住，无法容纳时就修建东房或西房。院落之内，除了放置农业生产用具的南房外，还为畜禽修建有牛马棚、鸡窝、狗窝和猪圈。家户与家户之间以土墙相隔，或高或低。低矮的土墙有时会成为两个家户之间交往的便捷通道。乡土社会的熟人性质使人们认为，这种空间上的"开放"并不存在危险性，反而更有利于相互往来，除非邻里之间因为宅基地或者其他的日常纠纷产生隔阂，否则人们很乐意保留这条"非正常"通道。

村庄以村供销社（先前的吕家祠堂）为村落中心，在地势上南高北低，东高西低，因此民居的修建与地势相应，形成村庄东长西短、南长北短的住宅布局。村中横贯东西、南北的两条大路将民居分割成四个区域，每个区域最初的形成都是依据姓氏而分布，而后随着人口的增长，各个姓氏间开始交错杂居。不计其数的小路穿插在各家户中间，毫无规律地四处延伸，在不经意中会对外来陌生者的行动造成制约。20世纪七八十年代，村南面的耕地逐渐被整齐的排式民宅占据，水平与垂直的各条小路与村中大路彼此贯通，成为现代化因素注入的标记。每一块区域都有不同的名称，如王家聚居的双后门地、柳家聚居的柳家街等。各姓氏居住区的形成及其演变说明了村民社会交往空间的变化。

作为村庄的大姓，吕家、柳家和王家都分别在村庄修建有祠堂。吕家的宗族活动一直持续到新中国成立前。当时祭祀的活动叫"社斗"，也即轮流值日，主要活动时间是新年前后（腊月二十三到正月初五），当年的轮值负责人负责打扫祠堂、摆好牌位，准备新年的上供、祭祖活动。相比较于南方的宗族，北方宗族势力弱小，除了族田财产薄弱外，宗族活动的规模和频率也远远不及南方。"文革"期间，在"破旧立新"运动中，各家祠堂被捣毁，被挪用为公共设施，家族性的祭祖活动终止，牌位失落不存。吕家祠堂由于位于村庄中央，先是成为村大队所在地。随着村落中心的南移，大队搬迁到南面五队的打场内，吕家祠堂便被用作供销合作社。集体化时代，供销合作社为社员提供各种生活日用品，并收购各家户的鸡蛋及农产品原料，成为村庄物资流通的重要渠道。供销社里面及门口，是社员聚集、聊天的公共场所，人们在这里购买各种所需的日用品，并互相交换私人的、村庄的各种信息。新中国成立后，吕家祠堂的部分空间被诊所占据，属于大队的集体产业。

村庄的四周外围分别有尧庙、西头庙、北庙、南庙，是村民的信仰空间。尧庙是清朝末期村民耿秃子因有娘娘托梦而修建，原来在村南，后搬迁到村东，里面供奉王母娘娘，对面修建有酬神的戏台。娘娘庙当时有四五亩地的庙产，并有照管庙宇的和尚。清明时节村民会去娘娘庙烧香许愿。西面的西头庙供奉的神像已无据可察。南面的南庙供奉阎王爷，所以又称阎王殿。北面的北庙里供奉河神、关帝爷和蚼蚄神。"文革"期间村庄各庙宇里的神像在打倒牛鬼蛇神的风潮中被以何魏带头的村干部砸毁（虽然何魏因吃苦耐劳受到村民的尊敬，但至今村民对何魏砸毁庙宇和摊平坟墓的行为仍表示不解），庙宇有的被拆毁成为饲养场，有的被占用做仓库和学校，或成为生产队的磨坊、粉坊、油坊、豆腐坊等生产空间，庙宇的功能及庙宇里的神像以后再未得到恢复。东南角上的风水楼被村民认为是整个村庄的风水所在。1959 年为了将北面的河水调到南面，以使村南的土地得到灌溉，村庄将风水楼拆毁，修筑了高灌。

双口村的耕地分布在民居四周。新中国成立以前，本村村民在路候、东双口村买有土地，同样本村的土地所有权也不完全属于本村的村民，各村庄之间土地的交叉使村民生产劳动的空间也发生了交叉。公社时期，公社一级可以对土地进行无偿调用，并按照生产大队的区划范围进行了土地调整，这使各村庄土地交叉的情况发生变化，位于本村地界内的土地基本都划归本村所有，各个村庄之间的居住和日常劳动空间从此具有了较为清晰的边界。与居住区域相对应，每一块耕地区域也有自己的名称，以姓氏命名的有柳家茔、王家茔、古家畛、杜家茔，还有以种植作物的名称命名的，如桑间、枣间，还有以地形特征命名的刀把地，以物像命名的羊道口、小池地、青杨坪等。新中国成立以前没有公共的农事活动场所，村民收获后一般在自家的院内或公共街道上进行粮食的干燥、脱粒等。20 世纪 50 年代后期 60 年代初实行"三级所有、队为基础"后，各生产队逐渐有了专门的打场，分布在耕地与民居之间，村民在场内进行晾晒、打场、扬场等活动，最后再将脱粒干燥后的粮食运回生产队的仓库内。

日常生活的需要常使村民活动的空间超越狭小的村落，去往距离并不远的县城。从双口村向西南走 10 里地，不到半个小时即可到达平遥县城，因此村民进入县城消费、娱乐以及进行商品贸易等相对较为便利。但去往县城的、穿插在耕地间的土路遇上下雨天特别是夏天多雨的季节便泥泞难行，常常为出行带来不便。明清时期的平遥城已经商号林立，各色货物商品应有尽有。商人们北上内蒙古、新疆、呼伦贝尔直至莫斯科、圣彼得堡，南下湖广、闽浙、川贵，颜料、桐油、干果、药材、丝绸、布匹等各类商品在平遥城交汇接转，北货南运、南货北移，成就了平遥城的富足与繁荣。同时，票号的建立带动了当地手工业的大发展，如针织、丝织、石灰煅烧、酿造、制鞋、制陶等，较为齐全。同时钉鞋、钉锅、钉碗、钉掌、磨剪刀等从事日常生产、生活用品加工的小作坊和个体工匠也遍布城乡。平遥城的发展带动了周围乡村乃至偏远山区的物资交流和人口流动。店铺、商号内的掌柜和伙计有许多来自近城的村庄，比如路候、双口、达蒲、喜村等。在双口村，除了前所述及的票号当铺老板吕布英、吕泽雨父子外，也有其他村民在城中票号和店铺内当司职伙计。① 他们在村庄与县城的往返之间进行经营，带动了村庄经济的流动，各种商品的转运贩卖也便利了村民的生活。

相对而言，村庄离杜松庄乡七里地，与距离县城相比更近。

---

① 访谈对象：阎士正，男，65 岁，平遥县双口村人。访谈时间：2004 年 11 月 14 日。

北面王洪公路的修筑时间在 20 世纪六七十年代，村民去往集市和乡政府大多通过此路。集市在集体化时代受到政府的严格禁止，虽然间有放宽，如在 1962—1964 年调整期间农村集市贸易有所恢复，但总体采取限制措施。通往县城和乡镇的道路将人们的视野延展到村庄以外，村民活动范围多以乡政府和古城为中心点，并向周围呈散点状。20 世纪 80 年代大运路从村庄经过，近几年来平遥城外环路的修建更加拉近了村庄与县城中心的距离，坚硬平坦的柏油路从村口一直延伸到县城，这使村庄的现代化发展加快了步伐。

村民的生活空间以及他们在空间中的活动形成决定了他们日常生活的结构。住宅、院落与村庄的祠堂、庙宇、大街与小径、供销社、学校、大队、保健站、油坊、磨坊、豆腐坊、粉坊、文化室（俱乐部）、打场、耕地、县城、乡镇、集市等形成了村民或远或近、或公共或私人的交错活动范围。集体化时代国家改变了乡村原有的经济制度与生产组织模式，并通过户口政策、政治约束、经济活动限制等将村民牢牢束缚在土地上和村庄里，于此更加造成了乡村社会的封闭与隔膜。但是，乡村生活绝不是如一潭死水般沉寂，从村民的内心体验与国家治理激起的村庄应对来看，村庄内部涌动的是无处不在的"喧嚣"。

第四节　日常生活的习惯与条件

明清时期，商业、票号兴起后，平遥县除了少数的商号财东、掌柜乃至一般的入股伙友之外，大多人过着贫苦的生活，收入微薄而不得温饱。① 据统计，1937 年时，全县人均平均消费购买力 15

---

①　当时即使是普通职员收入也较高，达 150 两白银，为当时知县年俸 45 两的 3 倍多。

元，其中农民人均 12 元。新中国成立以后，1949 年人均年消费
61.13 元，1957 年提高到 225.1 元，1965 年为 237.55 元。① 由于土
地不足耕种和租金、水费、税收等日常生活开支，以及需要上交公
粮，新中国成立前除了少数富裕人家外，一般家庭的温饱难以保
证。新中国成立以后贫下中农的生活水平得到较大提高，但仍然只
能勉强维持。

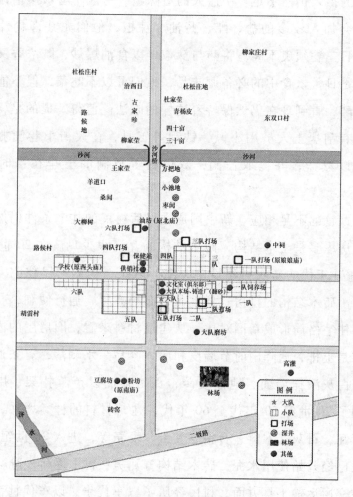

双口村村庄平面图

20世纪80年代之前小麦的价格较为昂贵,一般家庭多将其出售以换取现金或是其他商品。高粱的单位面积产量较高,是农家的主要食粮。20世纪80年代后期,随着经济发展水平的提高,小麦逐渐成为寻常人家的主食,高粱、豆面、玉米面等五谷杂粮变为人们日常生活中的辅助食物和调剂。当地主要以面食为主,人们创造出了多种多样的吃法,所以在饮食上花样较多,不过蔬菜、蛋白质和脂肪的摄入仍然不足。平遥人的口味重,一般不喜饭菜清淡,在饭食中会加入较多的盐、醋、酱油、辣椒,他们尤其喜食辣椒与醋,一日三餐须臾不离。将醋与辣椒伴以食油爆炒,既浓香又价格低廉,是日常饮食中的必备调味品,人们可以不吃菜,但不能没有辣椒和醋,直到现在仍然保持着这样的吃法。值得一提的是,民国年间常有刮盐土人员用小镢、铁刮等工具,在大街小巷刨掘地面土,用以熬盐,并提取芒硝,双口村等熬制的土盐在当时比较有名。①

与饮食的不足相应,新中国成立以后村民的住宅条件仍然十分简陋,房屋多是土木结构,砖木结构的瓦房很少见。在20世纪60年代至70年代的新农村建设中,生产队统一规划村民住宅,在村南新建了砖木结构的排房式住宅区,布局齐整,通行便利,与村中原有的住宅格局形成新旧对比。从建筑材料来看,旧房屋的内部和顶棚多是土排,遇降雨时节墙皮和房顶容易渗水剥落,有条件的家户多用白灰涂抹墙面、地面墁砖,瓦房顶棚以芦苇扎架、用纸装裱。到了20世纪50年代至60年代,建筑材料的种类增加,有青砖、青瓦、石灰、木料、石料、黏土、麦壳等,进入20世纪70年代村民已经开始使用水泥,砖木结构青瓦房在村中逐渐普遍。

在交通运输工具方面,村民经历了以车代步、以车代牲畜的过

---

① 平遥县地方志编纂委员会编:《平遥县志》,中华书局1999年版,第275页。

程。清末民初，马、骡是平原地区的主要交通和运输工具，牛是主要的役畜，平遥县亦不例外，不过当时只有富裕农户才能在运输和走亲戚中使用牲畜，普通家户一般用独轮车或肩挑背负进行运输。自行车在 20 世纪 20 年代已经传入本县，但非常昂贵，数量极少。新中国成立以后自行车逐年增多，取代了步走和短途肩挑、驮运，但一般人家仍然购买不起，而且也不容易买到，直到 20 世纪 80 年代才成为人们普遍的交通和运输工具。1958 年"大跃进"中，木制双胶轮车——平车逐步取代了以往的木轮车，成为农户运肥、运庄稼等的主要工具。20 世纪 70 年代后汽车、拖拉机逐步取代马车进行长途运输，客运汽车的使用也逐渐增加。

　　乡村集市是村庄日常用品的集散地，在人们的生活中发挥着重要的联结功能，不仅为人们的生产生活提供便利，而且是人际交往和村际联系的纽带。从 20 世纪 50 年代起，国家对部分紧缺商品如粮食、布料等实行凭票定量供应，人们只能用粮票、布票去购买日常用品，乡村集市被勒令关闭，大多数村民的活动被限制在村庄里。虽然国家在 20 世纪 60 年代初期的调整期间，曾允许开放农村集市和粮食自由贸易市场，但政治上的紧缩使这些活动在集体化时代始终与投机倒把相联系，并由此而具有了政治意义。各种潜藏的包含以物易物、票证买卖等的自由市场是人们在生活密闭箱中的一种挣扎，它虽便利了人们的生活，但始终具有"黑市"性质，受到国家的严厉禁止。棉花、棉布以及棉织品在 20 世纪 80 年代逐渐满足供应，1984 年布票停止使用，1992 年粮票停止使用。在国家实行统购统销的 20 世纪 50 年代初，双口村设有供销社的代销点，以满足村民的日常生活需要。60 年代双口村供销社和生产队还兴办了粉坊、醋坊、油坊、砖厂、磨坊等，并开始用电磨、电碾进行粮食加工，在集体调配下供应村民的日常需求。

　　新中国成立以前，个体经营便利了村庄的商品流通。零星的挑担货郎常常带着满目琳琅的商品在村庄的大街小巷游走叫卖,吸引着妇女和儿童的目光。除此而外,村民还能从不远的县城里买到日常用品。近城的优势使各种商品容易在村庄内形成供与销的通畅循环,便利民众的日常生产与生活消费。打铁匠、磨剪子匠、锔碗匠不定期地来到村庄。与一般的陌生人相比,村民对这些提供服务的小贩非常热情,他们异样的号声并没有成为村庄的不和谐音符,而是给过于单调的乡村生活带来热闹与新奇。① 在 1955 年的"一化三改"中,国家对个体小商贩提出"弃商转农",除城镇保留少数个体商户外,乡村小商户全部停业,改行参加农业生产劳动,个体经营受到管制。1958 年"大跃进"期间,个体商贩销声匿迹,村民的生活受到很大制约。在 1962 年至 1964 年调整时期,个体手工业一度出现,已入社的个体户退出来从事个体商业活动。1970 年,随着"农业学大寨"运动进入高潮,全县"大割资本主义尾巴",城乡个体商贩受到限制。

20 世纪 50 年代末乡村在国家"大办工厂""大办工业"的号召下,兴办了为农业服务的农机修造和农副产品加工等社队企业,为村民的生活带来便利。1962 年地方贯彻中央"调整、巩固、充实、提高"的方针,社队企业有的合并,有的停办。1966 年,根据中央"五七"指示精神,社队企业又有所发展。双口村各生产队办有油坊、醋房、粉坊、豆腐坊、木厂、翻砂、铁厂、砖窑、皮车运输等企业。

电力在日常生活中与人们时间观念的形成密切相关。新中国成立以前,各家各户在夜晚多用煤油灯或点食用油照明,许多农户因为缺乏燃油而早早入睡,这在很大程度上局限了人们活动的时间与空间,对日常生活产生了重要影响。1959 年在双口村邻村承庄建立

---

① 访谈对象:阎士正,男,65 岁,平遥县双口村人。访谈时间:2004 年 11 月 14 日。

了全县最早的变电站，近水楼台的便利使双口村的村民较早使用上了电灯，到 1965 年时电力已经在全村被广泛使用。人们逐渐告别了使用煤油灯的日子，不过日常用电仍然不便。当时由于电力资源稀缺，为了保障农业用电，日常照明隔日供电，遇大电网紧张时，一周只能有一到两天供电。

农业生产中的用具是村民维持生存的必备工具，也决定了农业生产的发展水平。明清以来直至新中国成立以后，乡村的农具仍然是传统的木制、铁制工具，如耕耙、犁、铲、镰刀、打场用的连枷、棒槌、碌碡、木杈、铁筛、簸箕、扫帚、刮板、木锹，运输工具如扁担、箩筐、独木轮手推车、木轮马车，灌溉提水用的辘轳、水桶、线绳以及石磨、碾槽、铡刀。20 世纪 60 年代后，农业生产逐渐步入机械化的轨道，部分传统农具被电动工具取代。1961 年，平遥县购进 24 台国产履带式拖拉机，10 台进口轮式拖拉机，1970 年时再次下放大中小型拖拉机多台到各公社农机站，用于耕耙土地，虽然分配到各个村庄的机械化资源极为有限，但毕竟对农业生产产生了巨大推动。本村在 20 世纪 60 年代末购置了拖拉机、脱粒机各两台，解决了农业机械动力不足的问题，后来又相继购置了排灌用的电动机、水泵，运输用的农用柴油汽车，植保用的喷雾器等。

医疗条件对人的日常生活具有重要意义，关系人的疾病治疗。新中国成立之前，双口村有个体医生，但药品数量有限，治疗器械落后，无法满足人们日常对医疗服务的需求。集体化时代，乡村的医疗卫生条件逐渐得到改善，一些日常需要的药品基本具备，简单的感冒、痢疾等疾病都能够得到治疗。随着农业合作社的建立，全县大多数乡镇成立了联合诊疗所，到 1958 年相继发展为集体性质的公社卫生院和保健站。1971 年时全县推广合作医疗，保健站统一改称为卫生所，由生产大队集体筹办，为社员免费针灸、诊断、手术和注射。双口村的诊所变迁概莫能外，只是村民习惯并一直沿用保健站的称呼。20世纪80年代后合作医疗制度自行消亡。

＊　＊　＊

生态环境、生活空间、生活的习惯和条件以及村庄的政治历程共同构成了集体化时代双口村村民日常生活的时空背景。

双口村是一个非常普通的平原村庄。如果说具有什么优势，那就是村庄的土壤和水利条件比较便利，适宜于农业耕作，人们的生活相对不致太差。相对于村民日常生活的半径，村庄距离乡镇与县城既不太近，也不太远。无论是明清至民国时期的经济积累，副业和商业的经营，农业生产等的经济发展水平，还是文化教育与医疗条件，双口村都不突出。

生态环境与村民的日常生活密切相关，农业文明的特点决定了乡村社会结构的形成以人与水、土、植物和动物等的密切关系为基础，进而形成人与人之间的社会关系。村民日常生活的时空范围受到动植物及其活动节奏的制约。村落的内外空间构成了村民私人生活与社会交往的空间格局，是村民形成公共历史记忆的载体，也是其现实生活与生命历史的延展空间，衣食住行用和教育、医疗、卫生等日常生活的条件影响和决定了村民的日常生活体验，也形塑建构了人们日常生活的面貌。

集体化时代国家对乡村的强力控制使村民的生活与国家大历史紧密相连，糅合较多的政治因素。受此影响，村民日常活动的公共空间和私人空间以及生活的习惯与条件既发生了一定程度的改变，也保留了一部分原有的面貌。村民的日常生活在乡村传统得到保留与改变的时空背景中展开。

第 二 章

"红"与"黑":阶级身份与
日常生活

在集体化时代,每个生命个体都拥有标识自身地位高低的阶级身份。这种身份的标签在乡村伴随着个人的升学、就业、参军、入党,影响着人们的生活生产、邻里往来、婚姻家庭等各个方面,直到 20 世纪 80 年代的改革开放。对于贫下中农而言,"红色"的身份是可以利用的政治和社会资源,并通过此来获得经济利益。那么,在日常生活中,他们如何认识和利用自身"贫下中农"的阶级身份? 他们是否成了村庄和社会的"主人",拥有了更多的权利,是否会由此而形成相应的阶级意识? 对于四类分子而言,"黑色"身份是束缚自身的难以摆脱的枷锁,不仅政治权利被剥夺,日常言行和社会交往也受到诸多管制和限制。那么他们有着怎样的人生经历,对于自身的身份和社会地位有着怎样的理解认识,又如何规避自身的言行或表达反抗与不满。事实上,无论是贫下中农还是四类分子,都是充满感情和个性、各有差异的生命个体,而远不是能用"阶级""阶层"来代替的机械社会符号。本章主要考察阶级身份带给个体生命的影响,展示集体化时代的农民在红黑成分的影响下有着怎样的意愿和行为选择,如何对国家的身份界定进行适应、调整与策略应对,又如何改变了国家的愿望及历史走向。

第一节 划分成分：阶级身份的界定

划分阶级成分是中国共产党早在根据地时期就开始实施的获取政权合法性、治理改造乡村社会、动员民众的重要方式与手段，并一直持续到20世纪80年代初。阶级路线的确立，不是将政治斗争转换为社会对抗以致乡村社会自我破坏，[①] 也未能以阶级团结来化解社区内部和社区之间存在的血缘、地缘冲突并达致乡村社会的整合，[②] 而是使大多数人产生为避免受到打压、尽力保持与国家意志步调一致的心理，落实贯彻国家政策和服从国家的需要，从而达到稳固政权、提取资源、有效治理乡村社会的目的。集体化时代的每一个村庄几乎无一例外地与国家历史大变革紧密联系在一起，国家成为乡村日常生活变动的重要外在因素，划分阶级成分是国家治理乡村社会的重要途径。

1948年晋中战役后，阎锡山在平遥县的政权土崩瓦解，1948年7月13日全县获得解放。是年底土地改革在全县展开，工作队进入双口村发起运动，1949年秋后又进行了土改复查。从那时起，村庄内各家户开始"站队"，其阶级成分通过张榜公布和登记造册成为乡村公开的个人信息。以后又有1953年复查阶级成分、1955年改造农村落后面貌运动、1966年四清运动阶级复议、1971年清理阶级队伍运动等。这些运动对各家户的阶级成分进行重新审定，一些遵守国家的政策法令并能积极参加农业生产劳动的村民逐渐摘掉地富帽子或解除管制，有的作为漏划的地富被戴上了帽子。这些被戴上帽子的村民，如刘清媛、马心怡、苗招娣、马桂英等人原因

---

① ［美］刘瑜：《为何如此热情高涨——政治动员和中国的农业集体化》，罗嗣亮译，《现代哲学》2007年第5期。

② 李里峰：《阶级划分的政治功能——一项关于"土改"的政治社会学分析》，《南京社会科学》2008年第1期。作者这一结论主要用来评述解放战争时期的土改。

各有不同，但有一个共同的特点是其中的几家男户主都已经去世，留下的遗孀"没靠"，又是与村民不容易相处的"杂眼人"，至于富裕是谈不上的。① 道德的好坏和家户势力的强弱在此成了这些村民被划分为阶级敌人的依据。王彪则是由于惹怒了工作队干部，触犯了作为国家权威的代言人而被戴上了地主帽子，由地主子女变为地主分子。② 在这5次阶级成分划分和审核中，1949年和1955年的成分划分及复查已经基本形成了双口村村民的红黑阶级身份格局，③在以后的20多年里没有再发生大的变化，大部分人的家庭出身和本人成分从此确定下来，具有政治意义的阶级成分开始对村民的日常生活和社会交往发挥作用。

党一直强调对成分的划分要"就低不就高"，避免对更多的人造成打击，引发更多的反抗与不满，以维持社会稳定，但在现实操作中一般"就高不就低"。在成分划定后的复议变动中，少数村民的阶级成分有由低变高的现象，也有由高变低的现象，但对于后者而言，成分的降低似乎并不能对他们的日常生活产生实质的影响。当时国家有这样的规定："凡地主成分，在土地改革完成后，完全服从政府法令，努力从事劳动生产，或作其他经营，没有任何反动行为，连续五年以上者，经审查批准后，可以按照其所从事之劳动或经营的性质，改变其地主成分为劳动者的成分或其他成分。"④ 但事实上，那些因为表现好而被摘掉帽子或解除管制的村民，其成分

---

① 访谈对象：王荣，男，76岁，平遥县双口村人。访谈时间：2009年5月4日。
② 《王彪个人档案》，1966、1973、1979年，双口村庄档案，编号XYJ-4-8-8至4-8-15。
③ 1955年，双口村有六户村民被戴上地富帽子，1966年有三户村民被戴上地主帽子。这两次阶级复议中也有村民在1955年摘掉了帽子，1966年解除管制，但阶级成分并未得到改变。从村庄材料来看，摘戴帽子直接关系着有无选举权，但摘掉帽子并不意味着被解除了管制。
④ 《政务院关于划分农村阶级成分的决定》，中共中央文献研究室编：《建国以来重要文献选编》（第1册），中央文献出版社1992年版，第406—407页。

依然是摘帽地主或富农，^① 即使有的个人成分改为农业劳动者，也难以彻底摆脱黑色身份的影响。政治压力已经使"宁左勿右"成为村民在社会交往中秉持的原则，而且村民有时也利用阶级身份作为争取个人资源、对付他人的工具。至于那些总是违背国家政策和超越乡村道德边界的四类分子更难以摆脱掉黑色身份的枷锁，直至改革开放初期，国家逐渐淡化阶级斗争观念。还有被错划的地主和富农，无论表现好坏及有无进行申述，其阶级成分直到1979年后才得到纠正。^②

　　阶级身份对集体化时代的生命个体有着十分重要的影响，但划分阶级成分的运作过程中却存在着许多随意性和偶然性。按照国家政策的规定，家户的土地人均数与财产的多少，是否有劳力参加劳动，是否雇佣长短工、放债或兼营工商业进行"剥削"的程度等是划分阶级成分的主要依据。虽然工作组基本以这些内容作为划分成分的主要依据，但对这些家户和个人信息的收集与界定却充满着主观性，他们所依赖的村庄贫协会成员有些是娶不到老婆、被村民称作"二百五"的光棍汉，这些人在划分成分中起着重要作用。^③ 比如吕向文被错划成地主一例。吕向文在新中国成立前有27.7亩土地，家中有7间房屋，7口人，犁、耧、耙、扇车等大型农具齐全，没有牲口及大车。吕向文农活技术好，也爱劳动，没有雇佣过长工，农忙时进行换工，没有出租过土地和房屋，也没有放过高利

　　① 参见《专政对象登记表——柳成栋》，1966年，双口村庄档案，编号XYJ-2-53-1；《关于吕向文成分的调查报告》，时间不详，双口村庄档案，编号XYJ-3-5-9；《专政对象登记表——柳浩君》，1966年，双口村庄档案，编号XYJ-3-10-2；《关于韩广琛的个人简历》，1966年，双口村庄档案，编号XYJ-3-15-1。

　　② 参见《关于吕向文成分的问题》，双口村庄档案，编号5-5-4；《关于耿学岸成分的问题》，双口村庄档案，编号5-5-9；《关于邢木兰成分的申诉》，双口村庄档案，编号5-15-15。

　　③ 访谈对象：王荣，男，76岁，平遥县双口村人。访谈时间：2009年5月4日。访谈对象：柳云峰，男，61岁，平遥县双口村人。访谈时间：2009年5月2日。

贷，在 1949 年土改时被定为中农成分。1955 年土改复查补课中，在公布成分的大会上，吕向文没有参会，而是与已经畏罪潜逃的伪村长柳福金的爱人在一起。这时土改农会成员吴文济便揭发吕向文家有大驴、大型农具，还雇佣长工，说吕向文大搞男女关系，具有流氓作风。当时吕向文还被村民从柳家揪到了大队。村民对柳福金十分愤恨，吴文济的"揭发"更激怒了村民，大家叫嚷着要把吕向文定为地主成分。土改工作组比较信任吴文济，组长当时没有表态，既没说同意也没说不同意，自此以后就将吕向文划定为地主成分。事实上，吴文济由于与吕向文同时看上了柳福金的爱人而产生了矛盾，吕还向吴索要新中国成立前合伙开盐坊的几十元钱，所以吴就乘机报复了吕。①

同样的情况也发生在耿学岸家。耿的父亲抽大烟，而且比较刻薄，村民向他借用工具，他都不答应，给他家砍碱熬盐的光棍老汉二牛向他预借一两元钱他也没有答应，这事惹火了二牛。划分成分时二牛是贫协会成员，村民认为耿家被划为富农成分与二牛有很大关系。② 二牛究竟在耿家划分成分中发挥了怎样的作用不得而知，但耿的父亲不与人为善显然成为其被划分为富农的原因之一。③ 当时也有村民反映说给耿家的成分定高了，但一直没有给予纠正，直到 1980 年才将耿的身份改为中农。④ 私人的恩怨、村庄的道德标准如为人善恶、婚外恋情以及土改工作人员的偏听偏信成为村民被划

① 《关于吕向文的个人档案》，1976 年 7 月，双口村庄档案，编号 XYJ - 3 - 5 - 1 至 XYJ - 3 - 5 - 10。

② 访谈对象：王昌勇，男，65 岁，平遥县双口村人。访谈时间：2009 年 5 月 2 日。访谈对象：柳云峰，男，61 岁，平遥县双口村人。访谈时间：2009 年 5 月 2 日。

③ 耿家被划分为富农，还应考虑到耿家人均土地较多并开设有盐房，虽以自己劳动为主，但有雇工，尽管时间不长、人数不多。见《关于耿学岸的成分问题》，双口村庄档案，编号 XYJ - 5 - 5 - 9。

④ 《关于耿学岸成分问题的材料》，1980 年，双口村庄档案，编号 XYJ - 5 - 5 - 9，访谈对象：王昌勇，男，65 岁，平遥县双口村人。访谈时间：2009 年 5 月 2 日。访谈对象：柳云峰，男，61 岁，平遥县双口村人。访谈时间：2009 年 5 月 2 日。

定阶级成分的重要因素。

　　除此之外，社会关系和村民的利益观念等也会影响阶级成分的划分。土改时徐广元家共 12 口人，内外院两处，11 间房，13 间棚，大小牲畜、大车及大小型农具全套齐备，房内摆设样样俱全；徐家共有 102 亩土地，人均土地 8.5 亩，远远超出了双口村每人 3.1 亩地的平均数。另外徐家还给其姑父代耕 37 亩，从中牟利。徐家雇佣两个长工长达 11 年，在春秋大忙季节雇佣短工十余人，还在冬春之季卖煤给村民。按照国家划分阶级成分政策的规定，徐家被划为富农是与政策相符的。但是，徐广元的父亲在村中有较好的人缘，从不克扣长工，并常常救济穷人，有一年发生饥荒时还把村东 6 亩成熟的谷子让给穷人。① 而且徐广元能说会道，人称"香油嘴"，土改时他给了当时的雇工——农会小组长王福盛 1 只羊和 6 亩土地，并给农会干部王峰等送过东西，而且经常与农会干部一起吃喝，他家拉回来的煤炭也零零星星借给村民使用，因此在土改时徐只分出 39 亩土地给村民，其余财产全部保留，并被划为富裕中农。② 人情网络、"礼物"的交往在此左右了阶级关系，在划分成分中发挥了重要作用。

　　从政策层面看，国家规定划分成分的标准已经非常详细，而且明确了地主与富农、富农与富裕中农、上中农与下中农之间的区别和界限，但事实上这些规定本身就内容繁杂，在实践中难以界定和具体操作。再加上复杂的乡村财产、雇佣、租佃关系、劳力计算、分家、过继、童养媳、人口流动等情况，土改工作队员对许多村民占有生产资料的多少和进行"剥削"程度的判定实难把握，这就为错划、误划阶级成分埋下了伏笔。阶级成分的划分在乡村的实践中

---

① 访谈对象：柳翠莲，女，63 岁，平遥县双口村人。访谈时间：2004 年 10 月 4 日。
② 《大队漏划富农徐广元的相关材料》，1965 年 12 月 25 日，双口村庄档案，编号 XYJ - 2 - 71 - 1。

相对混杂，只有宁左勿右、宁穷勿富、宁服从勿抵抗、宁与人为善勿与人交恶、宁受人剥削勿剥削别人、老老实实参加农业劳动才能保证站在阶级安全线内。在双口村，有一些人对自己的成分提出了质疑，但却无法从当时材料中看到工作队和村庄干部对于这些质疑的答复。

不过有一点土改工作队员是非常明确的，即需要划出一定数量的地主和富农，这种政治压力致使许多人为的不确定因素影响和决定了阶级成分的划分，给村民的家庭和本人生活造成巨大影响。王彪家在1955年被错划为地主，1979年大队出具证明，认为将王彪家划为地主是为了完成任务，不考虑实际情况，抬高了王彪家的富裕程度和剥削情况，应该更正。[①] 王彪曾经就自己的成分问题找过土改时的负责人，他询问地主的标准是什么、富裕中农的标准是什么，为什么自己家不够标准却打成地主，他得到的回答是"那时自己也对政策不明，人家喊一声说是就是"[②]。在1979年纠正成分时，时任党小组成员的王刚毅和韩银富也承认苗招娣家本来土改前有4口人、1个男半劳力、1个女半劳力（当时，农村劳力分为全劳力和半劳力。半劳力分为非成年人、老年人或体弱多病者）、7间半房、19.55亩土地，主要依靠自己耕种，农忙时会雇佣短工，全年收入约30元，当时将该户划为中农成分。在1955年改造落后运动时，为了完成任务，工作组将土改前苗家亲戚约19亩土地加在苗招娣名下，结果苗家土地总数计为37亩，划为地主成分。[③] 同样拔高土地数量和"剥削"程度的情况还可见对柳官君成分的划分，当时给他家增加了7亩土地，并

① 《关于双口村改造落后划分阶级成分材料情况》，1979年2月20日，双口村庄档案，编号 XYJ-4-8-5。

② 《王彪关于划分成分的申诉书》，1966年3月30日，双口村庄档案，编号 XYJ-4-8-14。

③ 《关于苗招娣的成分申述》，1979年4月，双口村庄档案，编号 XYJ-5-5-19。

捏造了他家雇佣长工的事实，这样就将他的富裕中农成分改为富农。①

目前一些学者的研究表明，党试图运用行政手段使阶级关系介入乡村社会，使之超越和支配乡村中的各种社会关系，与乡村原本的社会状况并不完全相符。有学者也对此做出了总结。② 在双口村，村民认为邻村的地主在外有买卖，本村则没有这样的大地主，或者说都是些穷地主。③ 无论国家意愿与乡村实际形成了怎样的悖论，也无论成为国家的"敌人"与"朋友"对于村民有多么重要，对个体成分的划定却是在瞬间和极为主观的信息采集中而形成的，且这一身份在长时期内是固定不变的。直到 20 世纪 70 年代末 80 年代初，许多人的"黑色身份"才得以申述并得到纠正。在阶级关系介入之前，村民的社会地位在外部自然环境、社会环境，以及个人经营、家庭财产继承、婚姻等方面的影响下会发生很大变化，具有较强的流动性；而阶级关系介入之后，村民个人的阶级身份以及与此相应的社会地位呈现出一定的封闭性，个人不再能单纯通过自身的努力就可以完全改变自身的成分和社会地位，而只能在长时期内笼罩在"黑色身份"的阴影之下。

相对而言，贫下中农的社会地位较高，他们的红色身份在很多时候能够成为个人的保护伞。四类分子和贫下中农表现出同样的言行，在前者是现实的反动表现和历史罪恶的延伸，在后者则无须过

---

① 《关于柳文增成分问题的申诉》，1979 年，双口村庄档案，编号 XYJ - 5 - 5 - 11。
② 如黄宗智、弗里曼、秦晖、卢晖临等学者的论述，可见李里峰在《阶级划分的政治功能——一项关于"土改"的政治社会学分析》（《南京社会科学》2008 年第 1 期）中的归纳。有学者认为阶级的分类在当时非常必要，是社会动员不可缺少的基础，也是治理社会的主要方式，而且并不完全脱离农民的日常生活。阶级性的社会分化尽管不是全部也是部分真实。见郭于华、孙立平《诉苦：一种农民国家观念形成的中介机制》，《中国学术》2002 年第 4 期。相同的观点也可见［美］李丹《理解农民中国——社会科学哲学的案例研究》，张天虹、张洪云、张胜波译，江苏人民出版社 2009 年版，第 183—184 页。
③ 访谈对象：阴永吉，男，76 岁，平遥县双口村人。访谈时间：2008 年 12 月 6 日。访谈对象：吕茂亮，男，70 岁，平遥县双口村人。访谈时间：2009 年 5 月 3 日。

多追究，这使阶级观念成为影响乡村内在运行机制和日常生活的重要因素。不过，生命个体的阶级身份既是一种即时性的产物和结果，也是一个被建构的过程。[①] "拥有一种身份并不意味着身份的确定或中介，它只是一个开始，还需要不断实践才能趋近该身份所固有之内核。"[②] 贫下中农与四类分子的阶级身份经过日常生活的实践，形成了多样的内容，对于村民的社会地位和社会交往所产生的影响也是复杂的。

第二节 红色身份：村庄的主人？

在集体化时代国家权威的话语表述中，贫下中农是国家政权最可靠的同盟者和支持者，他们也是最革命的力量，这从国家对贫下中农的界定中就可以看出："土地改革时候的雇农、贫农和下中农，占农村人口的60%—70%，是农村中的无产者和半无产者，他们是社会主义道路、集体经济最积极的拥护者，是无产阶级专政在农村中的坚强支柱，是党在农村工作中的依靠力量。依靠贫农、下中农，团结其他中农，是中国共产党在农村中要长期实行的阶级路线。"[③] 在党的革命理论和对农村阶级话语的灌输中，革命意识与贫穷画等号，贫下中农的贫穷就是由地主、富农的剥削造成的，所以贫下中农对地富痛恨至极。贫下中农实际上并不具有相应的革命意识，贫农吕清刚就扬言说"谁给我吃，让我吃饱，我就给谁干活"。干部认为吕没有一点阶级观念，并反问"如果蒋贼回来给你吃的，

---

① ［美］萧邦奇：《血路：革命中国中的沈定一传奇》，周武彪译，江苏人民出版社1999年版，第5页。

② 张静主编：《身份认同研究：观念、态度、理据》，上海人民出版社2006年版，第120页。

③ 《中华人民共和国贫农下中农协会组织条例（草案）》，1964年6月，《建国以来重要文献选编》（第18册），中央文献出版社1992年版，第583页。

你也为蒋干活？"① 事实上，生存理念而非阶级意识又何尝不是其他贫下中农的真实心理？

　　不管贫下中农的贫穷是因何而致，也不论他们是否有强烈的革命意识，国家将贫下中农界定为国家政权的依靠对象，这使他们在新社会里获得了相对较大的政治权利和社会地位。中共中央华北局于1963年12月下发《贫农、下中农协会组织条例（试行草案）》，华北的广大农村普遍成立了贫下中农代表小组和贫下中农委员会。② 1964年6月，中央颁布在农村普遍建立贫农下中农协会组织的正式文件，从中央到地方也逐渐成立贫协组织的领导机构。③ 在双口村，除了大队建立贫下中农协会外，各个小队也都建立了贫下中农小组，由组长、副组长和委员组成。这有利于最大限度地调动贫下中农的积极性，以使其成为国家政策的积极实践者和参与者，也有利于确保其"社会主人"的地位。

　　根据规定，贫协组织成立以后，村庄里有关生产计划、分配方案、劳动定额、发放救济和补助口粮等重大问题，必须通过贫下中农组织。④ 贫下中农协会的会员，要起到协助和监督农村人民公社的各级组织和干部办好集体经济的作用，也要积极对地主、富农、反革命分子和坏分子进行监督和改造。⑤ 无论"四清"工作队是否

---

　　① 《关于吕清刚说二话的证明材料》，1970年7月16日，双口村庄档案，编号 XYJ‐2‐15‐4。同样的例子还可见林村的贫农"田鸡吴"。村里的人讥讽他是"三朝红"，穿梭在日本人、国民党和共产党之间。他对国共双方的政治理念没有半点兴趣，随便哪一边，只要肯给他好处，他就靠到那一边。参见黄树民《林村的故事——1949年后的中国农村变革》，素兰、纳日碧力戈译，生活·读书·新知三联书店2002年版，第37—38页。

　　② 《中共中央华北局通知》，1964年7月10日。在此之前，中国共产党曾在解放战争期间和新中国成立后的土改运动中组织过贫农团和农民协会作为临时组织，并在土改完成后解散。

　　③ 《中华人民共和国贫农下中农协会组织条例（草案）》，1964年6月，《建国以来重要文献选编》（第18册）。

　　④ 《怎样做好阶级队伍的巩固提高工作》，1963年6月22日，双口村庄档案，编号 XYJ‐7‐11‐26。

　　⑤ 《中华人民共和国贫农下中农协会组织条例（草案）》，1964年6月，《建国以来重要文献选编》（第18册）。

进入村庄,贫协组织的成员都可以对干部在公共管理中的不正当行为甚至对其个人生活以及四类分子的"反动言行"予以揭发,并通过贫下中农社员提意见会和各种村庄会议形成公众性话语。贫协副组长吕红兵就给分管双口村的公社干部丁保国提意见:"在公社的常务委员劳动天数中,公布丁保国是劳动了240天,我在县里就说他连两天半也没有劳动,并且吃了小炊饭(而不是到村民家吃派饭)。后来丁保国来到双口村说贫下中农有问题。他对我恨之入骨,就因为我给他提没有劳动两天半,他的目的就是打击贫下中农在运动中的作用,所以说丁保国不仅反对贫下中农,而且也反对共产党。"① 在吕红兵看来,贫下中农就是国家权威在村庄的代表。贫下中农通过各种途径塑造着自己的身份意义,同时也塑造着一种政治认同。除了对派驻村庄的公社干部进行监督,吕红兵还俨然以贫下中农和国家权威的代表自居,在1977年揭发双口支部问题的大会上,对公社干部和村庄大队干部大加评论:"我给几个支委画了个像,三个干的,三个看的,三个乱的。干的何魏、王刚毅、柳云峰;看的柳翔宇、尹枣花、韩春平;乱的尹杰、陈中智、柳武金。何魏同志是实干的,不搞阴谋诡计。王刚毅性格直爽,也不搞阴谋诡计。柳云峰是新干部,也实干。柳翔宇、尹枣花是动摇不定。陈中智、柳武金最近请客吃饭,搞非(法)组织活动,柳武金在各个角落手伸得特别长,这个人乱在顶点上。尹杰认为自己的问题不大,但他支持陈中智、柳武金搞分裂。"②

　　贫下中农对于干部的谋取私利行为也能形成约束。陈中智经常在所在的六队里拿菜拿肉不掏钱,这种行为受到了贫协组长雷耀鸣的制止。后来他又想拿自家的麦麸换小麦吃,贫协组长和成员都不

---

① 《揭公社党委盖子会议记录》,1977年1月28日,双口村庄档案,编号XYJ-7-12-2。县里公布丁保国的劳动天数,是根据双口支部给丁虚报的劳动天数即240天统计的。

② 《继续批判揭发支部问题》,1977年1月30日,双口村庄档案,编号XYJ-7-12-4。

允许他这么干。陈中智看到自己在六队"吃不开",也无力可取,便离开六队跑到了一队。① 在对阶级成分的评定,对党员违反党规的处分,对干部谋私利己、贪污、铺张浪费等不当行为的揭发,对村民的投机倒把、偷窃、传播迷信等违反政策规定的行为的处罚,对四类分子及有各类历史问题的人的审查与处理中,都吸收了贫下中农代表参加。在"四清"运动中,工作队特别委任支书王刚毅抓学习、抓思想教育、动员贫下中农组织召开各种小型座谈会,征求贫下中农的意见,让他们提出建议和批评,同时总结他们在历次运动中的作用,从政治上充分发挥他们的主人翁精神,树立贫农的优势。② 许多贫下中农对干部以及对其他人与事的检举揭发使村庄日常生活中隐而不显的琐碎事务表面化和公开化,形成了公共舆论和道德约束,对干部群众起到了监督约束的作用,从而成为牵制和影响村庄权力格局和社会秩序的一支重要力量。

不过,一方面贫协会和贫协小组对干部行为有监督与制约的权利和义务,通过给干部提意见形成对干部的约束,但他们并没有行政上的权力。因为贫协会只是群众性的组织,对村庄的公共管理只能监督建议而没有决定权,这使贫下中农的权利受到限制。另一方面,在村庄实际的日常运行中,规定范围内的贫下中农的民主监督权利并不能被有效保障,例如他们对粮食的监督。生产队的库房是储藏粮食的主要地方,粮食的多少直接关系到社员的分配所得,无论是干部还是普通社员对这一重要的经济资源都极为关注。为了防止任何人私自从库房拿粮食,村庄规定选贫下中农作为监督员对库房进行监督。双口村生产小队库房的锁有两把,保管掌握着一把锁的钥匙,贫下中农组长掌握着另一把锁的钥匙,只有两人都同意,

① 《柳起元的自我检查》,1965 年 11 月 10 日,双口村庄档案,编号 XYJ - 1 - 24 - 13。
② 《双口党支部关于在大队生产队开展四清运动的工作计划和初步意见》,1963 年 12 月 20 日,双口村庄档案,编号 XYJ - 8 - 6 - 8。

才能取走粮食,而且贫下中农组长还掌握着给粮食盖章的木印,如果有人私自拿粮食会被发现。[1] 但在实践中,贫下中农组长的权力并不能得到保障,而且往往被剥夺。"个体村民的社会地位在很大程度上是由人际关系来界定的。因人成事是社会实践的常态,制度原则不过是防君子不防小人的锁头。"[2] 无论是阶级路线还是制度规则,都无法改变因人成事的潜规则。第五生产小队选贫农雷思敬监督库房,但队长吕超不同意,雷因此始终没有拿上库房的钥匙。开队务会时,贫下中农本应到会参加,但也被队长阻止。[3] 八队同样如此,仓库由他们任意开,在工作队来清库的时候,有些人早早领了粮,根本不和贫下中农商量。[4] 六队的社员就对队长王昌勇漠视和剥夺贫下中农权利的做法极为不满,他们质问王为什么自己挑选贫下中农组长,而且还散布贫下中农组长的坏话,分配时也不通过贫下中农组长。[5]

给干部提意见和揭发四类分子的反动言行虽可以使贫下中农对干部的谋私徇私起到监督作用,并行使其对"敌人"进行专政的权力,但揭发人常会招致被揭发干部的"倒打一耙",这给贫下中农造成压力,使他们的政治参与积极性受挫。陈中智和丁保国就通过两次政治夜校会议打击给丁提意见的老贫农吕红兵。[6] "为人一条路,惹人一堵墙"是许多村民在与人交往时秉持的原则。"提意见"的监督形式容易引发村民之间的冲突对立,甚至给贫下中农带来身心的伤害。如果给干部提意见,他们就会认为贫下中农是对自己有意见,有意给自己难堪,进而会报复对方。尽管在公共空间话

---

① 访谈对象:陈中智,男,73岁,平遥县双口村人。访谈时间:2009年4月29日。

② 阎云翔:《礼物的流动:一个中国村庄中的互惠原则与社会网络》,李放春、刘瑜译,上海人民出版社2000年版,中文版自序第1页。

③ 《三队四不清干部摸底汇集》,年代不详,双口村庄档案,编号XYJ-2-9-1。

④ 《柳绍军检查》,1964年12月12日,双口村庄档案,编号XYJ-9-4-2。

⑤ 《关于王昌勇的揭发材料》,年代不详,双口村庄档案,编号XYJ-1-8-1。

⑥ 《揭发公社党委会议记录》,1977年1月26日,双口村庄档案,编号XYJ-7-12-1。

语的表述中,他们态度诚恳地"欢迎"贫下中农给自己提意见,但在他们看来,乡村邻里之间的私人关系显然超越了陌生的公共关系。双口村的材料显示,一些干部利用自身的身份在劳动安排、粮食分配等公共事务中对揭发人予以排挤压制,有的还采取"拳脚相加"的方式进行报复。白崇义就因为吕小平在生产队的贫下中农社员提意见会上说自己把专业队搞得乱哄哄而与吕小平发生了肉搏战,并且升级到用铁锹戳刺太阳穴。① 由此可窥见村庄保障贫下中农权利的制度缺失。"传统的农民生活方式似乎比共产党指望的更具有弹性,生活方式方面实际发生的变化也与他们的初衷大相径庭。"② "提意见"导致村庄冲突的发生和人际关系的断裂,党力图戒除的暴力这一乡村常见的干部解决矛盾的方式,却借助"提意见"的形式得到了恶性延续。

国家一方面从政治上赋予贫下中农"社会主人"的地位,使他们参与到对村庄的公共管理中,行使政治参与权力并监督干部,尽管这一权利有时会因为缺乏制度保障以及非正式制度的制约而无法保证;另一方面,国家也使他们享受到相对较多的经济资源和社会资源,如广大贫下中农获得了最基本的生产资料——土地,其后代也拥有了受教育的权力。贫下中农的子女拥有优先上学和参军的机会③,有许多人毕业或退伍后优先入党,成为村庄的准干部,或直接成为干部。这一点可以从身为贫下中农的大小队干部中有许多人的个人成分是学生和军人的材料中得到证实。村庄干部不是向国家领薪水的国家干部,但却成为村民日常生活的管理者,成为掌握权

---

① 同样的例子还可见陈中智对梁庆生的暴力打击。见《一封检举信》,1976 年 1 月 3 日,双口村庄档案,编号 XYJ - 1 - 24 - 1。

② 〔美〕赵文词:《共产主义统治下的农村》,《剑桥中华人民共和国史:中国革命内部的革命(1966—1982)》,中国社会科学出版社 1998 年版,第 647 页。

③ 1972 年和 1977 年高中毕业的双口村学生中,家庭出身除了一名中农外,其他都是贫农和下中农。见《1972 年双口村高中毕业生档案》,年代不详,双口村庄档案,编号 XYJ - 5 - 2 - 1 至 XYJ - 5 - 2 - 7。

力的人，能为家庭包括自己争取权益和谋求更多的资源。因儿子、儿媳成为教员而在生活上发生巨大变化的刘海平对党充满感恩："我要向子孙后代把我家在旧社会的苦和新社会的甜一代一代传下去，这是我的责任。我要他们永远记住我家在旧社会是怎样苦的，在新社会是怎样甜的，是谁给了这个甜，这是我家的传家宝。"① 这种感激党给予恩惠的话语是国家意识形态影响的结果，也是他们真实情感的表达。同样受惠的梁庆生正是由于此，在遭到了干部的暴力打击后仍然坚持对党和毛主席的信任。他认为自己受到的干部捆打是社会上的阶级敌人和别有用心的人对贫下中农的迫害打击。他说："乌云不能遮住太阳，我感到党和毛主席总会给我们派来亲人，受难人有朝一日会扬眉吐气。工作队的干部正是这样的亲人。现在我把痛苦化为力量，来向亲人们诉说。"②

除此之外，国家还通过颁布各种文件、规定向乡村持续灌输阶级话语，并通过政治夜校、干部会议、社员大会等形成公众性的阶级语言。由于贫下中农的主人地位得到国家意识形态和权威话语的肯定与支持，因而贫下中农的身份会使人感到自满，有时能成为一顶保护伞。民兵连长柳武金就有"自来就红"的思想，认为自己出身好、年轻有为、思想纯洁，没有什么污点。贫下中农的家庭出身成为个人的一种社会资本。正因此，柳武全虽因各种原因与马宝香不和，但没敢随便对她进行打击，因为马是贫下中农。他在组织主持批判学校教师会议前的小会上，咬牙切齿地说："哼，是她的成分好，要不早吊起狗日的了。"③

乡村集体的粮食和财产经常被盗，如果偷盗者是贫下中农，大队对偷盗行为的认定和处理会有所宽容。齐少虎在村中是一个惯

① 《刘海平退教情况》，1965年12月，双口村庄档案，编号 XYJ-5-3-1。
② 《一封检举信》，1976年1月3日，双口村庄档案，编号 XYJ-1-24-1。
③ 《柳武金个人检查》，1972年7月26日，双口村庄档案，编号 XYJ-1-13-1；《关于柳武金插手学校表决的证明材料》，1977年1月30日，双口村庄档案，编号 XYJ-1-13-5。

偷,干部曾经对他进行多次处理,但他无丝毫悔改之意。即使如此,工作队仍然认为他是贫农社员,对他以前的错误不再追究,在多次对其进行教育,并让其表决心写了检查之后,将扣压两年多的自行车还给了他。齐少虎受到了红色身份的保护,但他并未因此而有所改正,还是继续偷盗。后来,干部对齐丧失了信心,大队支部认为:齐少虎虽然出身贫农家庭,但根据其所做事实,齐少虎已经成为一个顽固不化、屡教不改、经常盗窃集体财产、破坏集体经济的坏分子,一个不接受教育、违法乱纪的坏分子。他背离了贫下中农的本质,已经成了无产阶级的叛徒和贫下中农的败类。① 当国家的阶级理论与乡村现实出现背离时,受到国家意识形态与话语影响的村干部用阶级属性的改变来解释这种矛盾,从而进一步强化了国家的阶级理论。

在面临生存威胁和干部滥用权力的情况下,贫下中农也常常借国家权威的阶级话语来争取自身权益。吕茂才认为自己遭受了诬陷和迫害,并多次找大队要求澄清自己的问题,但大队对自己的问题既不作结论,又不予以平反。多年后他又上告到县里,但由于时间拖得太久,一直无人过问。吕茂才在控诉书中申诉为什么自己身为贫下中农要遭受这样的不白之冤,连续申诉多年,竟无人理睬?② 遭到陈中智报复的梁庆生也同样质疑为什么在党中央和毛主席领导下的社会主义国家里,贫下中农的子女还会受到捆吊和惨打?③ 1960 年大队在太原搞副业,十队队长柳起元用大队的车拉了 500 斤高粱,以每斤 3 元的高价卖掉,社员却都没有吃的。社员说:"他这是要到资本主义社会,不让我们贫下中农

---

① 《关于给齐少虎戴坏分子帽子的申请书》,1966 年 9 月 24 日,双口村庄档案,编号 XYJ - 2 - 48 - 4。

② 《吕茂才的控诉书》,1978 年 3 月 10 日,双口村庄档案,编号 XYJ - 6 - 1 - 5。

③ 《一封检举信》,1976 年 1 月 3 日,双口村庄档案,编号 XYJ - 1 - 24 - 1。

说话。"①

以上例子实际上反映出作为普通社员的大多数贫下中农的真实生活状态。不能否认贫下中农在新社会里相对享有了更多的政治参与权、监督权、受教育的权利，以及享受到参军、入党等更多的社会和政治资源，但对于大多数非干部的贫下中农及其家庭而言，这些并不能对他们的生活产生实质性的影响，更何况这些资源本身就很稀缺。在日复一日的日常生活中，在人情网络的束缚中，在非正式制度发挥重要作用的社会秩序中，他们依然是无法掌握权力的被管理者，依然是社会资源分配不均的承受者。乡村社会分化和矛盾的关键依然是干部与群众的管理与被管理，而非社会的主人与社会的专政对象之间的阶级矛盾，私人关系的亲疏远近超越了"红"与"黑"的阶级身份意义和阶级关系。

第三节 黑色身份:村庄的贱民?

在国家的权威话语和意识形态中，与贫下中农的"主人"地位相对应，被统称为四类分子的地主、富农、反革命、坏分子以及后来的右派分子，都是被专政、被管制的对象。② 在农业合作化的过程中，农村闹社、退社风潮迭起，集体生产与个体积极性、生产资料所有制与个体私有制之间始终存在着尖锐的矛盾。党将此看作是敌我之间的斗争而非人民内部问题，开始重新强调阶级斗争。③ 20 世纪六七十年代，"阶级斗争"和"专政"的政

---

① 《关于柳起元的检举信》，时间不详，双口村庄档案，编号 XYJ - 1 - 12 - 10。

② 关于对专政对象称谓的演变，参见李若建《从赎罪到替罪："四类分子"阶层初探》，《开放时代》2006 年第 5 期。

③ 薄一波：《若干重大决策与时间的回顾》（下册），中共中央党校出版社 1993 年版，第1097 页；《中共中央关于目前农村工作中若干问题的决定（草案）》，1963 年 5 月 20 日，中共中央文献研究室编：《建国以来重要文献选编》（第 16 册），中央文献出版社 1997 年版，第309—330 页。

策与话语始终是影响村民日常生活、社会运行和个人人生历程的重要因素。

通过各种大小或长期和临时性的干部、群众会议，广播以及毛泽东思想学习宣传活动等途径，村庄形成了一套压制四类分子的公共性大众话语体系。双口村公开宣布对四类分子的管制要求:(四类分子)要对自己的罪恶不隐瞒、不回避，供认不讳，低头认罪，改恶从善，遵守政策法令，执行监改制度，不拉拢干部，不腐蚀青年，不挑拨离间，不破坏团结，接受群众监督，积极参加集体劳动，自食其力，彻底背叛反动的阶级立场，劳动中不投机取巧，不抢争工分，积极参加义务劳动，主动打扫街道。[①] 这些要求同时也是对四类分子改造是否合格的评审标准。村庄由此在管理制度的规定和农活的分配上对四类分子形成诸多约束。例如，1973 年大队规定全劳力出勤天数为:男 336 天，女 300 天，如出不到者扣劳动粮 20%，超额者奖劳动粮 30%，但是四类分子即使超额也不能得奖。[②] 吕向义 1961 年被压缩回村庄后，大队治保主任告诉他，他被划定为地主并要受管制，说每年要扣除工分 150 分。[③] 甚至在日常的私人活动和空间中，四类分子也要受到诸多管制。梁岱盛说:"我在回来的那几天，因为家中没有吃的菜，就到我姑姑家拿了一次菜，几天后我又去姑姑家拿了一次面，当时没有向队长请假，这是我犯的最大的错误之一。当时我是劳动完走的，因为我知道白天劳动请假，不知劳动完还要请假，所以犯了这个错误。我已经向领导做了检查，并且从那两次以后再没有犯过不请假的错误了。"[④] 在村庄对四类分子的管制要求界限模糊不清的情况下，梁岱盛秉持宁

① 《双口村五类分子的评审标准》，1974 年 2 月 28 日，双口村庄档案，编号 XYJ－8－5－6。

② 《双口大队劳动管理制度》，1973 年 12 月 1 日，双口村庄档案，编号 XYJ－8－5－23。

③ 《关于邢木兰的成分申述》，1977 年，双口村庄档案，编号 XYJ－5－5－15。

④ 《梁岱盛的个人检查》，年代不详，双口村庄档案，编号 XYJ－3－20－2。

左勿右的原则，避免受到更多的约束和管制。

在阶级话语体系的影响下，地主和富农需要认识到自己过去的雇工行为是"剥削"行为，自己已经对人民犯下了极大的罪恶，这些需要在检查书中做出坦白。对于四类分子的子女来说，尽管"剥削"不是他们的过错，但却必须承担父母的"罪恶"，从自己的"根子"上即家庭中寻找错误根源，代父受过。① 阶级在此成为一种可以传承的、具有种姓色彩的社会分层标准，带有明显的血统论色彩。② 王彪说："封建的地主家庭，剥削劳苦群众，罪恶滔天。自己是靠父母剥削长大，十恶不赦，价值本性不变，做下了反党反人民的罪恶事实，本应该受到严厉的处罚，而党中央、毛主席以及各级领导同志以无产阶级伟大精神，给我留下了悔过自新、重新做人的一条光明大道，再没有给我大的处分，让我戴帽改造，我要痛改前非，诚心地向人民低头认罪。"③ 在泛政治化的社会背景下，个人的阶级身份被逐渐定型，"并被适应和陈规化为指定的社会政治范畴，从而使改换身份与解释变得不大可能"④。王彪曾对自己被划定的地主身份提出异议并进行争辩，但却使自己后来面临更大的困境。

在强调阶级斗争的年代里，敌我对抗的意识形态是弥漫在村民日常生活中难以消散的沉沉烟雾。国家权威的强大政治压力使得由上而下的政策传输几乎畅通无阻，而由下而上可以反映民意的渠道却被牢牢堵死，尤其是对受到专政的四类分子而言。个别四类分子

---

① 其实这种黑色身份有时不只限于父子相传。王兰芸与柳文吉在 1971 年 2 月结婚，5 月她被通知停止学校的教学工作。当时王兰芸并不知道原因，后来才听人说是因为成分问题。《关于柳文吉的成分问题》，1976 年，双口村庄档案，编号 XYJ - 5 - 5 - 18。

② 吴毅：《村治变迁中的权威与秩序——20 世纪川东双村的表达》，中国社会科学出版社 2002 年版，第 59 页。

③ 《王彪的个人检查》，1974 年 3 月 9 日，双口村庄档案，编号 XYJ - 4 - 8 - 19。

④ ［美］萧邦奇：《血路：革命中国中的沈定—传奇》，周武彪译，江苏人民出版社 1999 年版，第 244 页。

对自身受到的不公正待遇产生激烈的反抗，这往往被认为是否认自己过去所犯下的罪恶，不认罪伏法，是贼心不死，企图变天，反而会使自己受到更加严密的控制和更加严厉的打击。被错划为地主的吕鲲鹏在1980年的申述材料中写道："多年来我虽然知道自家的成分有出入，但我自己既不敢向政府申诉也不让家人申诉，为的是避免被人说是不服改造、搞翻案活动，由此带来对我家人更加严酷的斗争。就这样在苦闷中，我度过了从1955年至1980年漫长的25年时间，也就是说在苦闷中度过了我的半生。"①

从王彪和吕鲲鹏的例子中也能看出，在交给上级的个人检查即公共空间话语的表述中，四类分子运用符合国家意识形态的阶级话语来表述个人的决心，作为争取生存空间的应对策略。"在面对一个强势国家时，农民扩展自己资本和资源的最有效的手段就是接受和借用国家的象征资本，包括阶级斗争、政治权力和国家意识形态，去生产、转换和增值他们自己的资本"②，苗招娣在个人检查中检讨道："在遵守制度方面，自己有时候对打扫做得不够，虽然身体有时候有点病，但也应尽力去劳动、不后退，应立功赎罪。我认为自己是有罪于人民的罪人，以后在各方面要听共产党的话，听本队干部和社员的话，向人民赎罪，重新做人。"苗的言辞不可谓不真诚，但在私下里，她却经常不打扫街道，还骂分了她房子的贫农刘香秀是"野雀占了凤凰的窝"，并且在开四类分子会议时让贫下中农葛建业用平车拉她去，雇佣贫下中农耿仲良给她挑水、擦泥糕和推磨等。③ 可见，苗招娣丝毫并不认为自己的财产是"剥削"所得，反而想要进行"倒算"，而且依然怀念着过去那种被人"侍奉"的舒适和优越，而非真心实意地"赎罪"。

---

① 《关于吕鲲鹏的成分问题》，1977年4月19日，双口村庄档案，编号XYJ-5-5-3。
② 张小军：《阳村土改中的阶级划分与象征资本》，《中国乡村研究》2003年第2辑。
③ 《苗招娣的个人检查》，1972年12月3日，双口村庄档案，编号XYJ-3-21-1；《双口大队专政对象》，1976年1月7日，双口村庄档案，编号XYJ-7-15-7。

　　除了在言语表述中要老老实实低头认罪外，四类分子还要在现实中服从管理，按时参加农业劳动，接受改造，于此才能向党证明自己真心悔过。也只有如此，四类分子才能尽量摆脱掉自己黑色身份的无形枷锁，去适应个人无法扭转的社会环境。被划为"历史反革命"分子的许成与老农一起将除草机改装为玉茭开沟播种机，解决了劳动力的不足，使生产队按时完成了下种任务，另外还在劳动空隙为贫下中农修理机器。许成由此赢得大家的尊重，逐渐消除了反革命身份带给自己的不利影响，在1973年摘掉了"历史反革命分子"帽子。[①]

　　国家鼓励四类分子之间相互揭发，认为这样可以从内部瓦解阶级敌人的团结，利于分而治之。于是，能否揭发其他四类分子的反动言行成为四类分子争取宽大处理的一个筹码。这一政治策略非常奏效，再加上专政环境下的管制和社会舆论，双口村的四类分子几乎不敢搞"小集团"，甚至相互之间都不接近，反而彼此揭发。地主分子吕向义常常找机会与其他四类分子接近，以寻找和引发共鸣，但始终未得到对方的回应。"历史反革命分子"刘洪富就揭发吕向义："1967年冬天集中四类分子劳动，吕向义说'咱们的问题，必须第三者来可以证明'等的意思。谈话当中记得许瑞庭在跟前坐的，我们都没理他，后来就集体劳动去了。"[②]刘洪富在此不仅揭发了吕向义的反动言行，也说明了自己拒绝与对方"勾结"的意图。刘洪富的揭发得到了朱育方的证实，朱也历数吕的不轨行为，还打了柳兆飞的报告。[③]双口村四类分子的这种"内耗"堵塞了相互之间同病相怜、释放压抑的渠道，但在某种程度上也争取到了更多的政治生存空间。

---

　　① 《许成的自我评审》，1976年1月7日，双口村庄档案，编号 XYJ-3-13-2；《大队关于许成摘帽的请示报告》，1973年5月9日，双口村庄档案，XYJ-3-13-3。

　　② 《刘洪富的检举》，1970年3月9日，双口村庄档案，编号 XYJ-4-1-4。

　　③ 《冀培新的检举》，1970年2月4日，双口村庄档案，编号 XYJ-4-7-4。

　　笼罩在受歧视的社会环境下，有的四类分子难免会因为自己是有"问题"的人而产生卑微和自闭的心理。吕向义和安玉花是多年的邻居，一次偶然机会，吕向义得知安玉花有一个已成年的儿子吕丽成，见面后，为避免对方多心，吕向义向吕丽成主动说明自己在土改复查时被划为地主，不料吕丽成听罢便起身就走，吕向义只好失落地离开了。① 四类分子在参与村庄的公共事务中受到不公正的待遇，在日常生活中也成了不被信任、受歧视的人。在与他人日常的生活交往中，黑色身份始终是一道难以逾越的障碍，强调阶级斗争会使融洽的人际关系产生紧张和断裂。由于与四类分子的交往会被认为阶级路线不清，所以有的村民就避免与四类分子交往，以防受到牵连和影响。葛大伟与富农王耀宗的儿子王继飞年龄相仿，性情相投。葛大伟认为王继飞与自己是好兄弟，便经常到他家玩耍，王耀宗常讲故事给他听。1963 年的"三清"运动使这种融洽的关系发生了转变。葛大伟听说敌人会用和平演变的手段拉拢人民下水，与敌人敌我不分就会蜕化变质，于是到了王耀宗家就不再和王耀宗多说话，也不听他讲故事，王耀宗生气地说自己家是黑马店，葛大伟便离开了王耀宗家。

　　由于黑色身份而产生的心理压抑有时也会给血缘亲情和婚姻家庭带来矛盾。王彪共兄弟 5 人，1949 年土改时他家被划为富裕中农，1955 年王彪的大嫂尹秀蓉的父亲当时是农会主席。由于王彪的母亲马心怡不太容易相处，再加尹秀蓉的丈夫并非马心怡亲生，尹秀蓉在平时就与婆婆不太和睦。尹秀蓉的父亲为了给女儿出气，同时也为能将女儿的成分划低，于是将王彪家划为两种成分②，老大

---

　　① 《吕向义的检查》，1970 年 2 月 25 日，双口村庄档案，编号 XYJ - 4 - 2 - 13。

　　② 访谈对象：王荣，男，76 岁，平遥县双口村人。访谈时间：2009 年 5 月 4 日。王荣即是老四。王荣认为当时的划成分说啥是啥，错就是错了，没啥政策，干部说了就算。他对自己被划为地主（子女）有些不满，但认为也不能看着老大往井里跳。嫂子也不赖，兄弟姐妹们免不了会恨点；有的根嫂嫂的父亲，却不根嫂嫂。

家由富裕中农下降为中农,其他四人及父母亲上升为地主。虽然有关工作人员也感到将一家人划分为两种成分有明显矛盾,但这一问题始终没有得到解决,老大家希望自己家能维持中农成分,但这样一来就会使王彪及其他兄弟三人滑入地主出身的危险境地。王彪认为自己家受到了黑材料的蒙蔽,造成骨肉矛盾,苦难深重,罄竹难书。[1] 柳文吉也因成分问题与妻子矛盾重重,柳文吉在1971年与王兰芸结婚,柳文吉的家庭出身是地主,王兰芸对此有所考虑。当时柳文吉劝慰她说只要咱们好好工作,不犯错误,不会有什么大问题。当时柳文吉的工作很好,信心也足,王兰芸也就不再担心成分问题了,尽管柳文吉的内心里是惶恐的。未料两人刚结婚不久就开始了清理阶级队伍运动,柳文吉再次受到压制,心情更加焦灼不安,王兰芸也受到影响,两人常为此吵架。王兰芸申述道:"党的政策是重在政治表现,出身不由己,革命在自己,他的表现大家是知道的。因为成分问题,我俩经常闹,有时我还骂他,为此我的思想不高兴,他的思想不愉快,每天无精打采,话也不多讲了。这样时间长了我俩几乎闹得要离婚。究竟党对出身不好的子女们的政策是怎么样的,致使我俩从各方面思想上精神上无信心,甚至于无感情了。"[2] 对于四类分子而言,黑色身份所带来的负面影响始终压在心头难以摆脱,分散在个人成长历程的各个环节内,分散在每日的生活实践中,成为一种心灵上的折磨。[3]

　　一方面,四类分子及其子女相对受到较多的控制和限制,其地位低下是不争的事实。是否承认"罪恶",是否发表有"反动"的

----

① 《王彪关于自己由地主改划为富裕中农的个人意见》,1979年3月15日,双口村庄档案,编号XYJ-4-8-7。

② 《柳文吉妻子王兰芸关于被学校赶下问题的申诉》,1977年,双口村庄档案,编号XYJ-5-5-18。

③ 小田:《江南场景:社会史的跨学科对话》,上海人民出版社2007年版,第120—121页。

言论,是否有破坏社会秩序、不服管束的行为等,是黑色身份的附加值,可以加深或减轻四类分子的"罪恶"。另一方面,如果四类分子能够安分守己,并且因拥有生产生活中所需要的技能和特长而在乡村得到认可,就会在某种程度上为自己增添正面的舆论,减弱黑色身份带来的负面影响。除此之外,很多四类分子都想方设法搭建社会关系,摆脱自身被压制的命运。结婚时候的请客吃饭成为四类分子与干部建立良好关系的重要机会。一些四类分子在子女结婚的时候会请村干部到家里吃饭,如富农刘清媛、地主柳浩君、"历史反革命分子"柳汗青、"内专"对象梁永贵等都请过支书、大队长和治保主任,结果干部们应邀吃饭,对四类分子就重用照顾。①梁永贵虽不在四类分子之列,但因为有当过伪村主任的"罪恶历史"而成为"内专"对象②,同样被村民当作四类分子来看待。他儿子结婚时,支书何魏、民兵营长陈中智、革委主任古建民都在他家吃过饭,梁的行为被看作是拉拢干部的表现,但梁永贵却为自己争辩,他认为陈中智给自家上了礼(钱),就应该在自己家吃饭。二子与三子都是古建民的结婚介绍人,请古建民这个介绍人吃顿饭,那是他们自己生活中的事情,没有什么不正常。③可以看出,传统的私人关系比嵌入到农村里的政治关系具有更深的土壤和更强大的影响力。

有的四类分子由于与干部建立了庇护与被庇护的关系,反而比

---

① 《相关问题的揭发》,时间不详,双口村庄档案,编号 XYJ - 8 - 5 - 13。

② 内专对象由党内部掌握而不公开,他们不属于四类分子,有选举权没有被选举权。担任过敌伪村主任、三人小组组长、分队长或参加过一贯道、同志会等的人属于内专对象。访谈对象:柳云峰,男,61岁,平遥县双口村人。访谈时间:2009年5月2日。访谈对象:阴永吉,男,76岁,平遥县双口村人。访谈时间:2008年12月6日。访谈对象:陈中智,男,73岁,平遥县双口村人。访谈时间:2009年4月29日。

③ 《关于对吕清曦的揭发材料》,1964年,双口村庄档案,编号 XYJ - 1 - 2 - 3;《梁永贵向公安局领导反映情况要求查清相关问题》,1978年12月,双口村庄档案,编号 XYJ - 2 - 72 - 3。

一般的贫下中农能取得更多的经济和社会资源,尽管他们的身心和
言行仍然会受到约束。实际上,血缘、地缘的社会关系与私人关系
是乡村传统的一个重要方面。在华尔德看来,传统在集体化时代已
经演变为了一种共产党社会的新传统主义,即传统经过与现代因素
的结合具有了新的形式和内容。这种新传统主义强调下层对上层、
干部对国家、民众对干部的效忠与服从,而连接这种效忠与服从的
是上与下之间的庇护与被庇护的关系,这是一种工具性的私人关
系。[1] 大队长柳绍军和支书王刚毅曾在大忙季节抽出人力、畜力给
柳浩君建房子。[2] 一般的村民是得不到这样的"照顾"的,更何况
是被专政的地主。村庄对一些"灵活"的四类分子根本不严加管
制,许多甚至被安排到砖窑、木厂等可以赚高工分的副业"肥差"
上。比如戴"投机倒把分子"帽子的许瑞庭就被安排做砖窑的采
购。[3] 大队干部常常让四类分子的子女为私人办事,比如修房子,
并让他们赚高工分。[4] 此类行为虽在当时被斥为是四类分子用和平
演变的手段拉拢干部下水,干部立场不坚定、阶级路线不清、被腐
蚀,但由于符合乡村传统而无法杜绝。

不论四类分子与其他村民的交往是否主动,在村庄的日常生活
中,村民之间在很多时候并不是以阶级而仍然是以传统的人际关系
作为社会交往的标准和规则,四类分子依然有着很大的生存空间。
邻里关系、四类分子自身的能力都成为消解柳云峰在个人检查中检
讨自己阶级路线不清的"错误":"柳兆飞既是富农又是右派,还
经常和大队干部闹架,并经常告状,但我对他的这些行动毫不理

---

① [美] 华尔德:《共产党社会的新传统主义——中国工业中的工作环境和权力结构》,龚小夏译,(香港)牛津大学出版社 1996 年版,第 275—279 页。需要说明,尽管华尔德论述的是工业组织中的体制和结构,但在某种程度上也同样适用于乡村的社会结构和组织特征。

② 《专政对象登记表——柳浩君》,时间不详,双口村庄档案,编号 XYJ - 3 - 10 - 2。

③ 《批揭支部存在的资产问题》,1976 年 1 月 23 日,双口村庄档案,编号 XYJ - 7 - 12 - 16。

④ 《何魏代表支部检查》,1976 年 1 月 20 日,双口村庄档案,编号 XYJ - 7 - 12 - 13。

眯,认为他已经是 70 多岁的老人了,再胡闹也是老鼠的尾巴粗不了,和自己是本族,又住在一个院子里,低头不见抬头见,不理他说不过去,而且人家儿子是为革命牺牲的,好坏也是个烈属呀。历史反革命吕广灵是个瘸子,我在某些情况下照顾过他。比如其他人在远处劳动,就把他安排在村附近,我认为他行动不便照顾一下是很有必要的。吕光良是地主的儿子,我对他的赶车评价很高,1965年春天,我队没有赶车的,经过小队干部研究要调光良到我队赶车,当时大队不同意这种做法,而自己对大队十分不满,认为大队对我们二队有偏心,一个好赶车的还不让我们用。"①

对于柳云峰来说,他实际上徘徊于国家阶级政策、乡村人情网络和乡土观念的矛盾之中。虽然在公共空间的话语表述中,柳云峰认为自己的这些行为是和"敌人"和平共处的表现,但柳云峰在检查中的这种话语表述并非个人内心的真实想法。柳云峰始终认为国家认为的那些有历史问题的人不一定就是坏的,国民党员也有爱国的,虽然许多村民不与四类分子交往,但如果他善良、友好,自己就将其当作正常人一样对待。② 这种言与行的背离正说明了在乡村社会中,阶级关系处于乡村传统的地缘和人情关系的依附地位,乡村传统而非阶级关系在村民的相互交往中仍然发挥着更大的作用。雷思敬的行为更是一个明证。贫农雷思敬与吕轶祥关系不错。但雷思敬在四清运动的斗争会上指责吕轶祥说:"好你个吕轶祥,你自己卷纸烟卖,贫下中农白大勇欠下烟钱你还向他要钱?"可后来雷思敬却在私下里对王雨霖说:"那天我表面上是斗轶祥,但实际上是说你白大勇欠下烟钱,为什么不给人家,还要在会上批斗人家哩。"③

---

① 《柳云峰的个人检查》,1965 年 11 月 17 日,双口村庄档案,编号 XYJ - 2 - 66 - 3。
② 访谈对象:柳云峰,男,61 岁,平遥县双口村人。访谈时间:2009 年 5 月 2 日。
③ 《王雨霖的个人检查》,1965 年 11 月 17 日,双口村庄档案,编号 XYJ - 2 - 31 - 5。

公共空间与私人空间中个人话语表达的巨大差异和言行的背离表明，在集体化时代的乡村里，无论是公共管理还是人际交往，都超越了阶级意识和阶级关系。乡村传统在集体化时代远没有消逝，仍然发挥着重要作用，国家意识形态与村落传统文化相互交织在一起，影响着农民的行为处事方式。[1] 无论是干部还是普通民众，常常把四类分子当作普通人而非阶级敌人。四类分子由于背负着黑色身份的枷锁，唯恐别人不愿与自己接近，在日常生活中相对更容易与人交往，而许多干部都认为四类分子好用、听话，贫下中农则不听话、不好领导。[2] 至于日常生活中四类分子与非四类分子之间的经济往来、互帮互助、相互交往等更是司空见惯。干部公共管理的出发点不是阶级关系，而是乡村的人情网络，村民的个人交往更是频繁。"尽管中国共产党 20 年的宣传，农民仍生活在以家庭为中心、基本上是在有道德观念的世界里，不适应社会主义要求的集体纪律。"[3] "远亲不如近邻、近邻不如对门"的邻里地缘关系以及"善恶有报"观念影响下的人性善良依然是村民交往的准则。在乡村实际的日常生活中，阶级话语并不能深入到村庄的社会关系和人情网络中，从而成为他们的真实心理和实际言行，也不能支配人们的社会地位和社会交往。

第四节 "抗争"：生存愿望的表达

在集体化时代，生命个体的经济活动、社会活动以及思想言论受到较大的限制，即使是得到国家认可、相对有着较大

---

[1] Richard Madsen: Morality and Power in a Chinese Village, University of California Press, 1984, pp. 245 – 247.

[2] 《邱星霖的自我检查》，时间不详，双口村庄档案，编号 XYJ – 2 – 80 – 1。

[3] ［美］赵文词：《共产主义统治下的农村》，《剑桥中华人民共和国史：中国革命内部的革命（1966—1982）》，中国社会科学出版社 1998 年版，第 694 页。

生存空间的贫下中农稍有不慎也会犯政治错误，被迫接受政治教育，更何况是已经被标上了黑色身份标签的四类分子，他们的错误只会加深自己的罪恶，有的被迫延长受监管和戴"帽子"的期限。因而大部分四类分子都避免犯错误，或委曲求全，或积极主动地参与到公共管理和社会交往中，以扭转命运、改变被约束和被压制的困境。但并不是所有的四类分子都甘于接受命运的安排，社会压抑使个别四类分子产生激烈反抗，对于他们而言，这段生命史也许是一段刻骨铭心的历史记忆。

被划为地富的主要原因在于自己不劳动，不劳而获地享受剥削，但在许多被划为地主和富农的村民看来，自己根本谈不上剥削别人。柳兆宏在他的"检查书"中写道："呈敝人10岁上学，读书8年，俟后经商太谷县西大街富泉涌钱行，每日上街兑票点票。6年以后回村王家门前'三和兆酒坊'，与二哥兆旺轮流，一递（tì）7日，一月14天。雇长工赶车……烧酒师傅……推磨倒麸，推磨侄子柳光明。半商半耕，春作耕田，秋冬商业。自民国十六年酒房歇业，改糟（此处意为酒糟）务农为业，二子务农为业。长子病故，次子从周（从周为人名），阎锡山抽兵保安队，与日本人打仗阵亡到太平县峰坡庙地，二子俱亡。我等自力耕种，雇外村车马、人力，亲孙儿遇小上学读书，夏秋收获雇人，车马拉扑耕种，割田锄苗，亲身劳力，终养我家5口人。衣食丰年宽裕，家传国科，早先村差以粮补救，余年穿衣买布多点，患年旧衣修补御寒过日、忍饥缺食。待至37年日本人到村乱打，村民大众推我以受庙为司，情因我年老有须，应付白天、保护村民治救济全村治安亦是好事。……兵农合一时，我与村民一样按劳分粮助耕，受户劳工不竭。出钱补助，便卖居家分粮食用。卖果后场正编一间木料，又卖楼岔厨房木料，邻家同知。有择坏模样，便卖度日，穷即不了。柳兆宏即表书。"①

在这份"检查书"中，柳兆宏详细描述自身的个人履历及生活经历和家庭状况，他并不避讳自己的雇工行为，也不认为这是剥削。既然自己过得也是衣食不保的生活，只不过在丰年稍微宽裕一些，为了活口还变卖过家产，又何来剥削？自己虽雇佣过长短工，但那是因两个儿子都过世、家里没有劳力之故，而且自己也付出了辛勤的劳动②，还在日本人侵略期间保护村民做过好事，又如何能被划为地主？柳兆宏在此并未用任何言辞来表达对自身被划为地主成分及受管制的不满，但这封"检查书"显然并非是"检查"，而是一种"无言的反抗"。这使柳既表述了自己的不满，又避免了与村庄干部发生正面冲突。之后柳兆宏也没有发表过反动言论，但他以自己的实际行动默默地抵抗着国家对自身的"专政"。他将自己在土改时送给侄子柳光明的一些财产包括房子、棚子及其他生活、生产用具等分别于1951年和1963年全部"倒算"回去，并在门上贴出对联"且走且看，种甚收甚"，"青天白日满地红，遍地红花各争春"，这被认为是"含沙射影地骂党和人民，有变天思想"。1966年他到本村供销社要买一根筷子，当时售货员没有卖给他，此行为被解释为柳兆宏想表示共产党的独木桥难过，以此来比喻他自身的困境。81岁的高龄和相对隐蔽的反抗方式使柳兆宏没有受到过多的管制，但他始终戴着地主"帽子"，直至去世。

虽然许多人对自身的地富成分无法接受，但无论是否被错划，一旦被划定就不容易改变。尽管被错划的一些村民有的不断申述，但一般都是到20世纪70年代末80年代初才得到纠正。王彪

① 《柳兆宏的检查书》，时间不详，双口村庄档案，编号XYJ-3-9-2。
② 该地以1944年之后家户的土地、财产、劳力及剥削情况作为划分阶级成分的依据，以此来看，柳兆宏当时已达60岁，可能已经没有了劳动能力，只能完全靠"剥削"雇工，因而被划为地主。

对自己划错成分的申述不仅没有得到纠正，反而使自己的处境更糟。在 1955 年的土改复查中，王彪的哥哥被划出大家庭之外，成为中农，其父母亲被划成地主，这使王彪及弟弟们难以接受一家划成两种成分、自己成为地主子女的事实。远在北京的老三写信给老五说:"……这次搞四清，大部（分）地区均有老革命参加，问题是会搞清的，不过由谁来主动追（问）这问题，我弟兄需要好好商议。我是这样想的，你和我都在外面工作，本来领导对我们就已经按地主的子女看待，他们又不了解我们家的具体情况。万一成分就是改不了，那处境就更困难了。我们比不得在农村劳动，如果冒回乡劳动的险去追此问题，我想是否必要很值得商讨。我想此事最好让二哥出面，当然他是否能想得通，为我们的后路着想，不宁为私心而顾全全家，我是不太知道，你最好和二哥说说，他不至于不答应这点。"① 在"追"之前，老三明确认为自己家被划为地主与实际不符，但他依然预见到了"成分就是改不了"的可能性。

这里的二哥指的是王彪。在此前的 1958 年肃反运动中，王彪被认为在新中国成立前参加过反动组织——国民党三青团，并担任分队长，实际上他当时只担任过三个月的小组长，为此他被认为"不老实对党交代自己的问题"。他曾与当时的调查负责人产生过争执，并由此而加重了处分，被撤职开除、压缩回农村参加农业劳动。1964 年，在弟兄们的协商下，身为二哥的王彪再次为改变自己及全家被错划的地主出身而抗争。未料，王彪的反驳也再次给自己带来了"噩梦"。由于他出言不逊，与工作队长发生争辩，并将其激怒，被认为是想要进行反攻倒算，再加上个人有传教活动，因此而被戴上了地主的"帽子"，王彪个人从此也成了地主，受到参加

---

① 《王彪的家信》，时间不详，双口村庄档案，编号 XYJ－5－5－6。

四类分子会议、打扫街道、来客汇报等的监督管制。① 王彪的一次次反抗使自己愈来愈滑向阶级敌人的危险边缘，与调查组长争辩、惹怒工作队长是他由城市职工转变成农村农民、由地主出身转变成地主分子的主要原因。

国家通过控制基层党组织和行政组织来扩张权威，使地方权威和地方社会利益的一致性逐渐弱化，与原有的地方秩序不可避免地产生矛盾，对地方社会造成侵蚀，也使地方权威改变了依赖的方向，形成了单轨政治的局面。② 在与国家的权力博弈中，地方社会处于相对弱势的一方，国家意志及其意识形态主导着乡村村民的社会地位和乡村的社会舆论与社会交往。在强调阶级斗争的年代里，敌我的阶级对立是弥漫在村民日常生活中难以消散的沉沉烟雾。国家权威在村庄的在场和难以反驳的政治压力使得由上而下的政策传输相对顺利，而由下而上可以反映民意的渠道却难以畅通。尤其在运动来临时的极"左"与政治紧张的环境中，即使是干部也会面临较大的政治压力，行事也需要处处谨慎小心，避免犯任何错误，以免授人以柄。四类分子无论在划分、确定个人的成分中有着怎样与现实的错位以及由此而造成的压抑，都不容易得到纠正和纾解。

由于无法脱离日常生活的村庄空间，绕过村庄干部向更高层管理者的诉说与求救成为一些四类分子的无奈选择，但这将会使自身面临更大的困境。因为这种与国家的代表——村庄的工作队（或调查组）或是村干部的直接对抗不仅是对干部权威的挑战，更重要的是对他们工作的质疑与否定，这会给干部们带来危险。为了弱化这种危险，村干部会对四类分子的越级行动采取严厉的压制手段，反抗者因而常常使自己身陷囹圄。吕向义和柳兆宏的弟弟柳兆飞就都采取了非常激烈的反抗方式。两人曾在 1938 年搭伴出走甘肃，并

---

① 《王彪的个人材料》，1966—1979 年，双口村庄档案，编号 XYJ－4－8－8 至 4－8－15。
② 张静：《基层政权：乡村制度诸问题》，上海人民出版社 2007 年版，第 30 页。

在当地长期担任教员，彼此间联系较多，很可能商量过并且在实际行动中采取了相同的"抵抗"方式——越级上诉。

柳兆飞曾经担任过山西省孝义县（今孝义市）第三区区长和中学校长，在 1949 年土改时被划为富农①，但他并未受到像其他富农分子那样的管制，土地也未被没收，而是一直被按烈属来对待。1957 年他因发表"社会主义社会走得太快了，初级社农业社（成立）不久即成立高级农业社；（寿阳中学）校长张恒荣处事不公，地理教员薛惠清能力平庸，工资最高"的反动言论而被戴上右派分子"帽子"，并被要求回到农村。四清运动中，工作队未履行法律手续，只填写了一份专政对象登记表，柳兆飞就被当作富农分子对待，财产房屋被没收，并被抄家，烈属待遇也被取消。② 他当时做出种种努力，但无果。

为解决问题，改变自身的命运，1968 年柳兆飞写了一封发往全国各地革委的《呼吁书》：

> 因生活困难，无法维持，恳请支持及救济事。
>
> 以我系红军烈士家庭，我儿自 1932 年参加红军，到 1937 年到 115 师工作，以后逐渐升级任纵队长，解放东北四平时光荣牺牲，乃称烈士，称我为烈属家庭，每年救济补助，拨给劳动日以资生活。

---

① 土改时柳兆飞家有四口人，本人、妻子、儿子、儿媳，柳兆飞在外当教员，儿子参军并已于 1944 年牺牲。当时有房子 7 间（呈南北套院），土地 15 亩，家中只有儿媳一人教书兼劳动，土地全靠雇短工耕种，按家中两口人计算，划为富农成分。1979 年原贫协会副主任证实：当时柳兆飞的儿子已经参军，本应计算劳力，但因当时无证明，就没有计算其子的人口和劳力。土改以后上级发来其子牺牲的证明，但没有给重定成分，现在回想不计算其子的劳力是不妥当的，应该给予重新落实。1979 年 1 月 10 日，见双口村庄档案，编号 XYJ - 5 - 5 - 22。

② 没有材料可以说明柳兆飞为何被取消烈属待遇，并被当作富农分子来看待，可能是工作组基于上级要求划定一定比例的阶级敌人的政治压力所造成，也可能与柳本人不容易与人相处的性格有关。

到 1964 年四清组组长刘延廷不救济补助我家,生活困难,笔难尽述。我到县人委、县委提意见多次,不予处理,又往各省及中央寄意见多次,竟无一答。上级立法,有人民来信处,有人民接待室,只徒有其名,而不生实效,这是有理无处说,有苦无处诉。

去年八九夺权(1967 年)系傅建将所领导,指望能解决人民痛苦。上月卅日,我到平遥民劳办公室,面见老安,说及我之穷状,用好言再三请求,但其始终不允。我继续和老安摆事实讲道理,说的老安理屈词穷,无言可对,目瞪口呆,而老安恼羞成怒,玩瞪眼睛,又发态度,他就信口开河,我要枪毙你,动手就打,拳足相加,幸亏当场吕某用力拉住。吓得我毛发森竖,两手乱颤,眼泪夺眶,晕倒在地,不省人事,休息多时,精神恢复。细想我在主席的英明领导之下,光天化日竟有此恶魔,频出怪事。看见老安,生性野蛮,目无法纪,暴戾恣睢,凶恶已极,应予撤职以为筹委会以儆效尤,若徇情姑息,后患不堪设想,此应请求支持严惩安全文,此一也。

再次我系烈属,现无经济来源,又无劳动力量,现不救济,又不补助,再不发给劳动日,政府称我系光荣之家,这光荣在哪里?政府有改变农村六十条,内有烈属之家要优待生活,要比一般人民高一点,从我家看来,优待在哪里?高点在何处?反不如五保户及贫困户,言之心痛,思之泪下。我年已 73 岁,看来活不了几年,照此不讲道理,昼思夜想,实难生活,我儿身任纵队长,比一般军人出力较多,应予特殊优待,以慰灵魂,由上看来,我拉一个光荣烈属之虚名,反不如贫苦户,此应求支持证明,此二也。

更有言此,看见街上贴的标语,世界上最怕讲究认真二字,共产党最讲认真二字,就是提意见不予处理,这认真二字讲到哪里？烈属家不救济，这认真二字又讲到何处？此应请求支持解释认真二字，此三也。

忖思公理为国家元气，政府灵魂，若国家不维持公理，国不称国，政府不维持公理，权威有所损失，群众信仰削弱。中共山西省平遥县民劳办公室安全文不讲道理，尚要打人，又要枪毙人，对于烈属家，不救济，不补助，不发给劳动日，只挂光荣烈属之虚名，认真二字是不讲，又不讲公理，以致毛主席思想权威在群众当中有所削弱。政府号召烈属家要优待，而安全文一味压迫，对于人民充军有没有影响，此应请求支持惩办安全文，此四也。

我的意见寄到本县核心小组两三次，组长傅建将置之不理，又寄到省及中央的核心小组，我希望秉公处理，不料均把我的信转回本县民劳办公室。安全文接见我的信，恨之入骨，既不予处理，又仇恨甚深，结怨既高，记仇越多，拨给我的劳动日及救济补助等实在绝望。我的生活愈加困难，我是上天无路，入地无门，告天不应，呼地无声，此应请革命仁人贤士慷慨解囊予以救济及支持，此五也。

柳兆飞情词恳切地将自己所受之种种委屈及事情来龙去脉予以详述，言辞表述显然超越了一般村民的能力，虽不无夸大之嫌，但读者仍能从中明了和感受到柳兆飞如何为自己的无数努力得不到结果而愈加气愤难平；老安又如何因柳兆飞的"胡闹"及上告而给自己带来的政治压力变得暴跳如雷；两人之间又发生了何种激烈的冲突。这些都源于柳兆飞不肯委曲求全的极力抗争。

当时贵州省革委曾予以回复："你（柳兆飞）给贵州省革命委员会的信已收来我处，我们已于1968年6月15日转给山西省革命委员会处理，请你直接与他们联系，特此函复。"柳像抓住救命稻草一般想将事情进展向前推进，为此他做出进一步努力，再次回信给贵州省革委："捧读之下，感愉之至，为此我省革命委员会事务比较繁忙，无暇顾及处理，以我愚见，既蒙贵会支持，祈求将我的原信加以考虑，深望加紧处理，直接转给毛主席或中央革命委员会，能否批准，如所请办理，恃爱渎求，热忱盼望，笔随泪洒，并请赐复，是祷。请批：见义勇为，当仁不让。"

在问题得不到解决的情况下，柳兆飞逐渐将事态扩大，直至升级到向中央申述。最终，柳的上诉使自身关乎人生命运的奋力争取变成公共管理视角下的"无理取闹"之举，从而越来越陷于被动。柳兆飞向中央及各地革委的"呼吁"给平遥县革委会造成诸多困扰。当时县革委需要不断处理从全国各省、市转来的柳兆飞写的呼吁，由是，县革委于1970年7月通过公社革委通知双口大队革委："柳兆飞以烈属遗老之名，经常无理取闹，写信给全国各省市，要求声援解决他的问题，影响极坏。据此，经研究，今后凡属该所发信件，一律转到县革委接待室，不予其投递，并希望大队加强管制，注意此人的破坏活动。"这使柳兆飞在村庄的生活也面临着更大困境，他常因为自己暴烈的性格和不服管束而成为被揪斗的典型，但依然丝毫"不服软"。红卫兵在下雨时推搡他进入雨中，他骂自己的儿子道："柳焕然，你为革命牺牲为啥让你祖爷（指自己）因为你受难活？"柳兆飞在此借骂儿子来反驳政策对自己的不公。红卫兵斗他说你剥削了多少钱，柳回嘴道你老师剥削过你多少钱？[1] 由于反抗，柳兆飞的"苦衷"终被"压制湮灭"，直至全国政治气候的转变，柳兆飞才被恢复了烈属待遇，改变了富农成分，此时他已经84岁。[2]

---

① 访谈对象：王昌勇，男，65岁，平遥县双口村人。访谈时间：2009年5月2日。
② 《柳兆飞的个人材料》，1966—1976年，双口村庄档案，编号 XYJ-4-10-3 至 XYJ-4-10-5。

　　吕向义与柳兆飞有同样的遭遇。1937 年日寇攻占太原时吕向义出走甘肃，因家中妻子柳润梅不能生育，便于 1939 年在甘肃娶邢木兰为妻并生有一双儿女。当他 1960 年被压缩回村庄后就成了地主。①

　　为了证明自己并没有任何反党的反动思想，1966 年 3 月 9 日，吕"真诚"地公开"交心"："值此全国大搞四清之际，在我队队长领导之下，吕将自己对共产党执行的各项政策，以自己的真情认识，分条详细地撰写于后：一、共产党领导有方，最显著的成绩，要数国际地位的提高，算是第一；二、发展工业；三、为兴利除弊……八、政治方面，我们共产党执行的是无产阶级思想……我认识的无产阶级思想，是勤勤俭俭，唯恐受困……"吕向义从国际地位、工业、水利、交通、教育等八个方面分别陈述了新中国成立以后党和国家所取得的各项成就。除此之外，他还多次表示自己对党和毛主席的钦佩，认为领导得法，干部出力，社会发展迅速，以此来表明自己对党的高度认同，而非反党反社会。

　　但是这似乎丝毫不能减轻吕的"罪恶"。吕对自己在土改划成

---

　　① 从口述访谈中了解到，吕向义成为地主，从根本上与他继承了父辈的较多财产直接相关，国家政策与乡村实际相结合的模糊性、干部的随意性和报复心理以及他的反动言行也是他无法逃脱成为地主厄运的重要因素。1949 年土改时，工作组认定吕向义家中 3 口人（当时向义的原配妻子过继了一个儿子），28.5 亩地，15 间房子，吕在外为国民党教员，家中雇佣长工一个，完全靠剥削为生，由此而将其划为地主。1960 年，吕携在甘肃娶的妻子及孩子回到家中，甘肃省公安部门给开具证明并寄往双口大队，证实吕全家四人为贫农成分，吕是职员成分。但是大队负责人直接表明凡在外省寄居的人口都不算在内，但却将吕作为家庭的人口计算在内。吕认为如果将甘肃的妻子及两个孩子算在内，加上原配柳润梅及过继的儿子，全家共 6 口人，则自己家决不能被划为地主；如果不算在内，就不能把地主成分加在这些人的身上，自己就应该是贫农成分，而不是地主。更何况，在土改划分阶级成分时，自己是教员，按照国家的相关规定，教员也是算作劳力的，怎么能算做完全靠剥削生活？双口大队认为土改时，吕当国民党教员，不能算作劳力，在外省寄居的人口不计在内，当然更不能算作劳力，所以应该划定为地主成分，土改之后依然不变。至于邢木兰及两个孩子，大队没有明确表示他们的成分。向义为此曾在 1970 年向县政府详细询问，经负责人调查后告知"没戴帽子，不能管制"，并让吕找公社、大队，但始终没有得到村干部的处理。这样就造成了客观的结果，这些人生活在村庄中，被按地主成分来对待。见《吕向义个人材料》，1966—1977 年，双口村庄档案，编号 XYJ - 4 - 2 - 1 至 XYJ - 4 - 2 - 15。

分时被作为独立家户看待而非将自己与原配妻子及养子作为一家划分感到十分冤枉，因此始终不肯承认自己是地主，也想不明白为什么自己的房子被别人占据却不能要回，一家人只能拥挤在一间房子里。回到村庄后，他在劳动中消极怠工，为了改变自己的地主成分、要回自己的财产不断告状，同时不仅几次三番向他的养子索要房契、地契，指着自己被没收的房子和土地对儿子说这都是咱们的，而且还公开向吴九坤索要自己的房子并进行修缮，说自己的儿子结婚要用，还对吴说"你要好好爱护房子，不要给我弄坏了"。

为了要回自己的房子，吕还与养子发生了冲突。吕陈述道："1960 年 10 月 1 日我被压缩到村中，生元则（养子吕全贵）关锁门户，不让我住，结果经全村办公人员会议决定让我住了一间房子。生元则财迷转向，认为土改时给我留下的房子、家具、衣物等等都是他的，与我无干。为此我就到公社和生元则讲理，最后王刚毅跑到公社，不让我在公社和生元则讲理，说着把我推出门外，说那些东西是给生元则留下的。为此我就到县里，人委会给我写了一个指示让我送到公社，公社主办人将此信转给了驻双口的四清干部，恰逢四清干部被调回开会。事情未办之际，生元则突然借口磨子是他绞起的，不让我儿轶祥使用，并拿磨杆向轶祥头部打去，轶祥当时卧倒在地，磨杆被打成两截。我将此事报告村大队，办公人员推诿，不肯前来一看。待我诉至法院，支书王刚毅给法院去信，要求将打伤一案私下办理，法院自然停顿起来，村中也不肯前来一问……"这虽是吕的一面之词，却可以看出他确实在村庄里面临着孤立无援的困境，也使矛盾逐渐恶化并扩大。由于自己的问题得不到解决，吕便辱骂干部是鬼弄的，骂党支部书记王刚毅由奴才一跃而成为支部书记。谩骂是对人的一种侮辱和鄙视，会给受攻击对象带来心理上的伤害，在乡村的日常生活中会破坏人际关系的和谐，严重的可引发社会秩序的动荡。不过，在此时谩骂却发挥了"政治"的作用。因为谩骂直指作为国家代表的村党支部书记王刚毅,否认和上告成为对社会不满、对干部不满、诬告干部的体现。村庄大队干部和工作队员因而在四清运动中决议:"吕向义有变天思想和反攻倒算行为,民愤极大,经四清委员会和贫下中农讨论,确定吕向义为对敌斗争对象。"①

1971 年,吕已经 77 岁,自己感觉精神衰退,气虚怕中风,但仍需出勤打扫街道。地主成分的错划给他带来了无尽的烦恼,始终不肯"低头认错"、时时想着"翻案"更使他如坠深渊,但他仍然丝毫不肯退让。在清理阶级队伍中,大队干部和工作队员让吕从四清工作时起,把自己的罪恶事实写出来。吕写道:"我昼夜不息地想自己的言行动作,想了一日一夜,也想不出一件自己的罪恶事实来,自己感到奇怪。直至今日清早,忽然想起来了,有两个原因:一、自己年纪大了,记忆力衰退了,清早吃了的饭,到晚上就记不起来吃了啥,每在吃饭后就睡着了,常感精神缺乏,连出勤也支持不下去了,常是需要被人来唤走,不然就误了出勤了。二、自四清后,自己为了要遵守最高指示'规规矩矩不乱说乱道',从内心下功夫,每天虽在众人面前劳动,只是各做各的活,不发生其他事情,间或有些无耻之徒,或孩童们,有意辱骂着要与我发生口角,我拿定主义不和这等无知或半知识人一般见识,不是装聋就是装哑,总之退让吃亏,不肯促成事端,所以就写不出罪恶事实来。我现在学张公忍耐、板桥糊涂。"② 看来,除了无奈,吕向义要死扛到底了。

在一番挣扎没有任何结果后,吕从 1973 年开始加快申述的频率,他先后向中央、省民政科、县政府、公社、村庄写信数封,但

---

① 《吕向义的个人材料》,1966—1977 年,双口村庄档案,编号 XYJ - 4 - 2 - 1 至 XYJ - 4 - 2 - 13。

② 《吕向义的个人材料》,1966—1977 年,双口村庄档案,编号 XYJ - 4 - 2 - 1 至 4 - 2 - 15。

始终如石沉大海般杳无音信。这些行为被认为是对现任政府不满，反攻倒算企图变天，重新压迫劳动人民。吕向义的地主成分始终没有得到纠正，而且从 1962 年开始一直受到管制，妻子邢木兰和两个孩子的成分则是一笔糊涂账，在日常生活中受到了吕地主成分的影响。1974 年腊月吕向义病故，之后邢木兰继续代他向大队、山西省革委和中共中央国务院上诉申告。在数年的努力之后，1977 年吕的成分终被改为自由职业者，邢木兰改为贫农。

自从回到村庄，吕向义一家人的命运和生活便急转直下，几个儿子到了谈婚论嫁的年龄也未能娶妻生子。大儿子吕轶祥因为成分问题在村庄中受到无尽的打压，后来因涉嫌偷听敌台广播而被判刑，因心理上难以承受而变得精神恍惚，发了疯。[①] 吕及家人长期生活在外地，一时难以融入村庄的人际网络中，无法像前述被漏划的富农徐广元那样"左右逢源"。吕向义始终不肯承认和接受自己的"地主"成分，又加之自己不善交际，与村干部发生冲突，不仅日常生活难以自保，而且心理上的压抑和苦闷无处诉说，只能含恨终了一生。就吕的"历史"来看，他在 1936 年担任伪村主任时曾用绳子扯吊过王耀宗，并且在已经成婚的情况下又娶了一房老婆，还有"利用土地剥削和压迫过劳动人民"，但这些与其他被划为四类分子的人相比，吕的这些所谓历史罪恶不可谓大，但是他的人生命运和家人的生活却相对凄惨。

在集体化时代社会制度的约束下，"红"与"黑"的阶级身份使生命个体在生存空间上有较大差异，四类分子相对受到较多的控制和限制，"那个时候四类分子不挨打又让谁来挨打？"[②] 四类分子的地位低下是不争的事实。大部分"老实安分"的四类分子在日常

---

① 访谈对象：王昌勇，男，65 岁，平遥县双口村人。访谈时间：2009 年 5 月 2 日。访谈对象：吕成英，女，53 岁，平遥县双口村人。访谈时间：2009 年 5 月 2 日。

② 访谈对象：阴永吉，男，76 岁，平遥县双口村人。访谈时间：2008 年 12 月 6 日。

生活中会感到压抑,但他们安全地生活着,尤其那些善于利用乡村传统搭建社会关系的四类分子常常可以争取到较大的生存空间,甚至超出了一般的贫下中农,而像王彪、柳兆宏、柳兆飞、吕向义等有知识和有思想的村民因为不能适应社会环境、向政治权威挑战而屡遭挫折、伤痕累累。

*   *   *

生命个体被划定的"红"或"黑"的阶级身份是集体化时代的特殊产物。阶级成分和专政罪名的界定使每一个民众像待售的商品一样被贴上了象征个人政治背景和身份的标签,并且在那个时代无时无刻地对他们的政治经济生活、社会关系和日常交往产生影响。这种强行介入农村的政治象征意义或者成为民众生存的可利用的资源,或者成为被强加于自身的枷锁,贫下中农被认为是"根正苗红",是国家依靠的对象,被划定为地主、富农或者其他专政对象的人员则成了被专政、孤立和打击的对象。而且,国家期望通过前者对后者的疏远、监督、对立、敌视,实现乡村社会的内部治理和秩序的安定,这就在客观上把村庄农民划分为两类对立的阶级群体,并赋予贫下中农和四类分子高低不同的社会地位,给原本政治经济地位相似的民众带来了扭转乾坤的各不相同的历史命运。

国家将"社会主人"与"阶级敌人"相对立的政治思想意识灌输进农村的公共管理与空间话语的表述中,"通过制造一小批'敌人',让大多数人与'敌人'处在敌对状态之中,就可以让大多数人感觉到自己只要依靠上级的旨意,不要进入敌对群体就是安全的"。① 但事实上无论是贫下中农还是四类分子,都是充满感情和

---

① 李若建:《从赎罪到替罪:"四类分子"阶层初探》,《开放时代》2006 年第 5 期。

个性各有差异的生命个体。也无论是在日常的邻里交往还是在村庄的公共事务中,四类分子与非四类分子之间的界限远非那么鲜明。贫下中农不"香"、阶级敌人不"臭"的现实使得"红"与"黑"的阶级身份在乡村中有着极为复杂的意义和内容。

对于生命个体而言,无论自身被标识为怎样的阶级身份,他们都在努力争取自身生存所需要的政治、经济、社会等资源。"激剧的革命变迁造成的相当的政治与人身不安全使得个人必须面对身份问题,在某些情况下甚至还须建构或重构身份。……生命个体的阶级身份"既是一种即时性的产物和结果,也是一个被建构的过程。[1]国家虽划定了生命个体是敌是友的阶级身份,但在国家的集权之下,农民并非是完全沉默的个体,他们通过自身的社会活动来冲淡或加深自身阶级身份的影响,重建阶级身份对于个人生命和日常生活的意义。可以看到,在先验性的政治关系嵌入乡村社会后,在社会环境拒绝身份流动的情况下,生命个体如何重塑自己的个人形象与社会关系,又如何将国家赋予的阶级身份通过行动赋予其实在意义。

虽然"红"与"黑"的阶级身份对村民在乡村中的社会地位和社会形象产生了重要影响,但阶级斗争的意识形态与乡村社会传统的价值判断、社会交往原则不相符合,他们原有的生存伦理、道德观念和对社会地位高低的判断标准并未被政治性的阶级观念和标准所取代,乡村传统的道德与经济理性依然更多地决定着村民的日常交往,并消解着国家意识形态的影响。

---

① [美]萧邦奇:《血路:革命中国中的沈定一传奇》,周武彪译,江苏人民出版社1999年版,第5页。

第 三 章

"干"与"群"：政治身份与日常生活

　　集体化时代乡村干部是党的各项政策在基层的具体执行者，拥有管理村庄和社员的劳动生产与任务安排、现金与粮食分配等日常公共活动甚至私人活动的权力，在乡村主要的社会关系——干群关系中占据支配地位，是决定乡村秩序的重要力量。同时，群众作为乡村社会的主体在集体经济体制和村庄公共管理中同样扮演着重要角色。① 干部们会如何看待国家对自身既是勤务员又是管理者的政治界定，他们是按照国家的要求和政策规定在村庄的公共管理中发挥应有的作用，还是违背国家政策以公肥私，或者两种情况兼而有之？群众如何看待干部？如何认识国家话语中"伟大的人民"这一对自身身份的定位，干部如何管理群众？在村庄日常的实际运作中，无论是党员干部还是普通群众，与国家权威话语中对各自身份的要求和表述都有较大距离，小农秉性和村庄社区的人情网络影响着干群身份的含义及形成。本章主要讨论阶级话语如何建构干部与群众的角色、地位及其关系，又如何在乡村日常的生存理性和生活

---

　　① 这里所指的群众是指与担任乡村公共管理职务的干部相对的普通百姓，但不包括地主、富农、反革命、坏分子、右派分子等被列为专政对象的村民。如果说集体化时代的乡村社会形成了纺锤形结构，那么干部和被列为专政对象的村民就分别位于锤子的上下两端，位于中间的就是群众。参见李若建《从赎罪到替罪："四类分子"阶层初探》，《开放时代》2006 年第 5 期。另本书所提到的民众是一种泛指，是指包括干部和群众甚至专政对象在内的农村村民。

逻辑中被演绎、传播和消解；乡村干部如何在公共管理事务中谋求自身利益、满足自身需求，群众监督机制是否发挥了作用，他们是否不再是权益无法保障、社会资源分配不均的承受者，实践中的干群关系又如何影响了乡村政治的运作。

第一节 阶级话语里的干部与群众

依据话语理论，话语作为意识形态符号，是意识形态的特殊形式，也是意识形态的重要表述方式。党通过掌控话语权也即葛兰西所言的隐性的文化领导权或文化霸权，形成持续的政治说服，"重建群众对精英执政能力及其服务公共利益的决心的信念，进行合法性的再生产并缓和社会矛盾"[①]。党的意识形态于此改造和整合民众的观念与思维方式，对其行为选择产生引导支配作用，并获得民众对于党的政权的信赖支持。由此，"话语不止反映和描述社会实体与社会关系，还建构或构成社会实体与社会关系，不同的话语以不同的方式构建各种至关重要的实体，并以不同的方式将人们置于社会主体的地位"[②]。阶级话语对乡村的社会关系和社会结构的变革具有较大影响。

集体化时代，承载党的意识形态的阶级话语在村中主要由干部和群众通过各类会议进行实践，如党员大会、干部大会、群众大会、大小生产队会议、贫下中农提意见会、整党整风会议、揭发大会、揭盖子大会、批判斗争会等。除此之外，干部和群众还通过书写检查书、检举揭发材料、诉苦书等加深对阶级话语的认识和运用。这些是党向乡村传播意识形态的有效途径，也是干部群众的思

---

① ［德］玛利亚·邦德、桑德拉·希普：《意识形态变迁与中共的合法性：以官方话语框架为视角》，《国外理论动态》2013 年第 8 期。

② ［英］诺曼·费尔克拉夫：《话语与社会变迁》，殷晓蓉译，华夏出版社 2003 年版，第 3 页。

想意识和行为实践向党的意识形态靠拢的过程，国家阶级话语对于个人思想意识的引导和转变发挥了重要作用，对于乡村中占支配地位的干部的约束改造尤为突出。

乡村干部是党的意志的直接执行者，需要贯彻实施国家政策，主导乡村集体经济制度的运作，并在组织管理公共事务中发挥积极作用。但是，由于根植于乡土社会，乡村干部的小农意识、伦理道德观念、经济理性突出，而其政治和工作的素养却不足，无法满足村庄公共管理的要求，也与国家的意识形态不相适应。通过公共空间中阶级话语的表述对干部进行思想教育，约束其工作和生活的作风，加强对干部的管理和改造就成为党治理乡村社会的重要路径。

在阶级话语的表述中，干部首先应该听从党的指挥领导，按照党的规定办事，自觉地进行革命，做一个真正的革命战士，这主要体现在工作中的积极主动，认真负责，而不是应付、不作为，否则就需要进行检查。大队干部吴永胜认为自己对工作有消极态度，麻痹大意，不负责任，怕麻烦，怕费脑筋，"做一天和尚撞一天钟"。① 八队会计王玉盛检讨自己对生产队的事情采取了"事不关己、高高挂起"的不负责任的态度，总怕得罪人，更没有提过什么合理化建议，根本没起到参谋的作用，对不起所在生产队的干部及社员，对不起党、团对自己的培养与教导。② 二队的妇女队长霍嘉秀认为自己作为一个团内组织委员，对青年们不关心，没有做好青年的知心朋友，对团员教育不够，没有严格审查而马马虎虎给别人当介绍人，致使坏人很容易钻进组织内部，造成组织不纯。③ 国家以能否贯彻党的政策、在工作中能否积极主动对干部做出政治判

---

① 《吴永胜的自我检查》，时间不详，双口村庄档案，编号 XYJ－1－5－1。档案藏于山西大学中国社会史研究中心，下同。

② 《王玉盛在四清运动中的检查》，1964 年 2 月 7 日，双口村庄档案，编号 XYJ－2－38－1。

③ 《霍嘉秀的自我检查》，1965 年 12 月 17 日，双口村庄档案，编号 XYJ－1－30－1。

定，干部也以符合国家意识形态的阶级话语在公共空间中衡量评价自身的工作，并为此表示羞愧、进行检讨。

党要求当干部就应该具有无私奉献、勇于牺牲的精神，不计较个人得失，个人利益服从集体利益。大队干部柳武金就被质疑当干部思想不纯，目的是为己，谋求的是升官发财，自担任支委以后不劳动，高人一等，好吃懒做。① 如若为个人打算就是"自私自利"，尽管有时争取的是正当利益。二队的妇女队长霍嘉秀认为自己有严重的错误思想意识，总是工分挂帅，在自家的烈属待遇被取消后消极怠工。霍嘉秀检讨道："过去我家里享受着国家的待遇，享受到烈属的工分补贴，但四清后取消了我的烈属补贴工分，这时我的思想变了，我错误地认为我的父亲革命数年，年轻轻就死了，（他）为革命死去，抛下的子女（却）无人照顾，新疆政府承认我家是烈属，可是当地的政府说我是冒充烈属享受国家待遇，好的名誉没有，却落下了冒充烈属之名，烈属工分也被取消，叔父年老，带动不起我姐弟两个来，干工作误工大，还不如多劳动一点多争（赚）几个工分呢？于是我在工作中消极怠工……（我）心想，父亲干革命连个名誉都没有了，功劳也被抹去了，我干革命工作还有什么利吗？于是资产阶级个人（主义）在我思想上占先，为争名夺利而工作的思想占了优势，使我变成了一个落后的共青团员和干部，我没有想到祖国、想到人民，而处处为自己打算，计较个人得失，争名夺利，这是我严重的思想错误。"② 19岁的霍嘉秀在国家阶级话语的影响之下对自己争取利益、忘记祖国和人民的"自私自利"深感愧疚。资产阶级、争名夺利、落后、计较得失等的阶级话语及其所隐含的意识形态在此引导和规范了霍嘉秀的思维逻辑，可见红色思想和阶级话语对年轻一代的忠诚及自我牺牲思想意识的塑造作用。

---

① 《对柳武金的揭发材料》，时间不详，双口村庄档案，编号 XYJ－1－13－26。

② 《霍嘉秀的自我检查》，1965年12月17日，双口村庄档案，编号 XYJ－1－30－1。

乡村干部作为党和国家权威的代表,除了在村庄公共管理工作中需要尽职尽责、大公无私、乐于奉献外,更应以身作则,在农业生产和私人生活中发挥模范带头作用,如在农业生产中勤恳干活,奋战在农业生产第一线,而不是拈轻怕重,投机倒把,逃避劳动;在个人生活中要勤俭节约,而不是奢侈腐化,如在婚丧礼中大摆筵席,大吃大喝。普通群众也以此来衡量和质疑干部的言行。与葛春花同住在一个大院的邻居由于二队队长古建民总是在葛春花家待到深更半夜,影响自己的日常休息和财产安全而大为不满,他质疑古建民作为一名党团员应当模范地执行党的各项政策、搞好党的工作,而不是给自己造成损失,给党团组织造成不良影响和麻烦。[①]邻居认为,既然党团干部应该起到模范带头作用,就不应搞婚外情,破坏党的形象,这显然不符合党团干部的行为标准,乡村传统的道德观念和经济理性在此套用了阶级话语。

无论犯了怎样的错误,干部们的话语表述都是悔恨不已,而且将其上升到革命伦理的高度,认为自己没有听党的话,没有把工作搞好,对不起党和群众,辜负了党多年的培养和人民的信任。在"四清""文革"时期,这些"错误"更被认为是性质问题,路线问题,被归咎于受到资本主义思想的影响,走上了资本主义道路。改正的目标是站稳无产阶级立场,与资本主义一刀两断,坚决走社会主义道路。改正的路径是学习毛著,用毛泽东思想武装头脑,同时结合整党、整风、"四清""一打三反""清理阶级队伍"等政治运动对犯了错误的干部进行"挽救"。

在党看来,干部犯错误是难免的,只要认真交代,经过揭发教育能认识到自己的缺点错误,就依然是国家和人民信任的好干部。这样的逻辑推论通过阶级话语的表述在村庄的公共空间中得以传

---

① 《一封对古建民搞男女关系的检举信》,时间不详,双口村庄档案,编号 XYJ-1-1-5。

播。除了"洗手洗澡"外，国家还设置了"揭盖子""大鸣大放"
"治病救人""拔根子、栽根子""甩掉包袱、轻装上阵""陷入泥
坑""跳出泥坑"等"挽救"干部的阶级话语。九队会计吴文龙因
私自提高生产队劳动日的分值而被要求做出检查："……我激动
地感谢党和主席的光辉教导，感谢革命群众和革命干部的热情帮
助，要不是他们的帮助和（照办）的既（及）时，我已经陷进了
资产阶级的泥坑，越陷越深，拉也拉不出来，直至死亡，无法挽
救。"① 可以看出，党和国家通过阶级话语的设置，以救命恩人的
姿态和角色展现在村庄的公共话语空间中，建构了威严的形象；
同时，也对干部行为进行规范和约束，形成了干部对于党的教育
和挽救应该持感恩态度的逻辑推论。通过阶级话语的表述，国家
塑造着干部在村庄中的社会角色和社会地位，规范着干部的思想
及行为。

　　除了对干部的引导改造外，党和国家还着力于对普通群众的教
育动员。群众是农业集体经济和生产劳动的主体，对于国家实现农
业支援工业化建设的发展战略至关重要，但其封闭狭隘的小农意识
和分散的特点显然无法与集体化的体制运作相适应。国家设置了统
购统销、城乡户籍管理等的制度安排，希望将农民束缚在土地上进
行农业劳动，同时通过阶级话语的宣扬传播对其进行思想意识改
造，以使其认同接受党的意志和政策。

　　在国家的意识形态中，作为农民主要谋生手段的农业劳动具有
高度的政治意义，农业劳动光荣、劳动者伟大的阶级话语表述贯穿
在整个集体化时代。如劳动是崇高的，不劳动依赖别人生活就是剥
削，是可耻的；地主和富农正是由于自己不劳动，"压迫和剥削劳
动人民"而成为国家专政和村庄管制的对象。因此，作为一名普通

① 《吴文龙检查书》，1970年4月5日，双口村庄档案，编号XYJ-2-26-4。

社员应安心从事农业生产,服从干部的领导安排,在干部的指挥下积极劳动,这是成为一个好社员所应具备的条件。大队在管理制度中规定:每个社员一定要以认真的态度爱国家、爱集体,以队为家。社员必须服从大小队干部的正确领导,听从指挥,积极完成大队交给自己的任务,否则就要进行批评、个人检查、大小会批判等项教育,严重者或认识不好者要严肃处理。社员还应积极参加集体劳动,与坏人坏事斗争,爱护集体财产,敢批修正主义,敢斗资本主义。①

这是大队在公共管理中对普通群众的要求,群众也以此作为在公共空间中批判自我、检查自身错误的话语表述。许多因不安心于生产劳动搞"投机倒把"而犯了"错误"的群众常用"好好劳动"的一套话语来表示自己的"决心"。吕荣强因卖肥田粉而做出检查:"……以上问题是很严重的,根据三个照办对照,自己是违反了国家法律,有意破坏社会秩序,挖(瓦)解集体经济,反对社会主义,维护资本主义。通过这次学习,坚决不投机倒把和破坏社会秩序,一定要改正。今后一定要遵守法令,毫不为个人打算,处处为集体着想,老实地参加劳动,坚决服从领导。"② 在此,倒卖肥田粉不仅是不安心于农业生产劳动,不服从干部领导的表现,更是瓦解集体经济、破坏社会主义秩序的行为。

从以上吕荣强的阶级话语表述还可以看出,党不仅要求干部,而且也要求群众将集体利益摆放在个人利益之上,不计私利地维护集体利益,并主要体现为热爱和积极参与农业生产劳动。国家至上、社会主义至上、人民至上成为村民在公共空间表述中表示自己改正错误的话语表达。在农业未实现机械化生产之前,制度化管理

---

① 《杜松庄公社双口大队管理制度》,1977年3月10日,双口村庄档案,编号 XYJ-7-16-25。

② 《吕荣强在毛泽东思想学习班上的检查》,1970年4月11日,双口村庄档案,编号 XYJ-2-1-2。

难以在农业生产中发挥很好的效力，再加上农民松散的思想意识和生活方式，导致劳动秩序混乱，群众厌恶、逃避集体劳动。国家将此归为个人利益与集体利益的矛盾，并通过阶级话语规范群众的观念和行为，维护集体利益，以此克服群众劳动积极性的不足。

国家强调无产阶级的思想和文化，烧纸敬祖、算卦看风水等会被斥为资产阶级和封建思想的流毒，这在"四清""文革"时期尤为突出。因此，除了农业劳动外，国家还从言论、习俗、娱乐等方面通过阶级话语规范群众的言行，尤其在社会生活被政治化的背景下，阶级话语广布在日常生活的各个角落。吕清刚因唱秧歌而被要求做出检查："……今后不说些坏话，不骂人，重新做人，希望干部贫下中农革命群众把我狠狠教育一下，叫我重新做个好社员。"[1]看菜偷菜、看瓜偷瓜且屡次被抓、"屡教不改"的吕广盛做出检查："我……没有起到贫下中农作用，实在对不起党、对不起人民，今后我一定鼓足干劲站稳立场，保持革命家庭的光荣传统，再不作（做）偷偷盗盗不合理之事，要革命到底，（以）由社会主义到共产主义为目的。"[2] 遵守国家的法令政策，并服从国家的意志安排和道德要求，成为党和国家的"好社员"是群众在公共空间话语表述中的做人标准。演、唱旧戏，发表不满言论，偷盗、赌博等都不是一个贫下中农、一个好社员所应该做的事，不仅罪大恶极，而且损毁了贫下中农"光荣""革命"的积极形象。

阶级话语对于普通群众树立热爱劳动、服从干部领导、热爱集体、不计私利、维护社会主义的观念具有重要意义，对于他们违背国家意志的思想和行为也具有约束限制的功能，成为国家传播意识形态、制止和消除群众"反动"言行的有效途径。可以看出，阶级话语不仅影响到行政层面，而且深入普通群众的日常生活中。

---

[1] 《吕清刚的个人检查》，1970年7月19日，双口村庄档案，编号 XYJ-2-15-4。

[2] 《吕广胜的自我检查》，1965年12月21日，双口村庄档案，编号 XYJ-2-7-4。

　　阶级话语对于良好和谐的干群关系同样具有积极的建构作用。干群关系是乡村社会关系的重要构成部分,在乡村社会结构中占据支配地位,关系到党在乡村的权威性、合法性以及对乡村社会的有效治理。党强调作为干部,必须具有"俯首甘为孺子牛"的精神,走群众路线,和群众同甘共苦、打成一片,为群众办好事,做群众的好干部、勤务员,而不是官老爷。不听取群众意见,对群众嚷叫、埋怨、施加暴力等不是干部应有的作风,与党的群众路线工作方法相违背,是走上了资本主义道路,忘记了自己的阶级兄弟,有与群众分手、脱离群众的危险。这是党对基层干部政治思想和工作作风的要求,也是在村庄公共空间中定位干群关系的阶级话语表述,成为评判干部对待群众的工作态度和伦理观念的重要尺度。许多干部据此在政治运动中进行自我反省。

　　一些干部在日常的工作和劳动安排中常常态度蛮横,甚至打骂群众,这被认为是当"老爷"而非"公仆"的工作作风,严重违背了党的要求。二队队长白崇义因吕小平给自己提意见而对吕大打出手。他自我检查道:"……一点,自己身为共产党员而对党的作风学习不够……对同志们提出的意见,对的应该接受,错的引以为戒,作为参考,不应该同志们提意见就当面质问,先动手打人。二点,自己身为共产党员,不能先动手打人,严重地违反了三大纪律八项注意,(背)叛了党的性质,(远)离了党的路线、方针、政策,给鲜红的党旗抹上了黑……"① 作为干部就应该认真听取群众意见,虚心接受或引以为戒,而不是怒不可遏和暴力相向。党通过阶级话语,对干部粗暴的工作作风进行约束,以挽回受损的形象,缓和干群矛盾。

　　作为被干部管理的对象,群众并非完全处于被动地位,党赋予

———————

① 《白崇义的检查》,1976 年 1 月 14 日,双口村庄档案,编号 XYJ－1－27－3。

他们监督制约干部的权利。根据规定,贫协组织成立以后,村庄里有关生产计划、分配方案、劳动定额、发放救济和补助口粮等重大问题,必须通过贫下中农组织。① 党认为群众也应对干部谋私利己、贪污、铺张浪费等不当行为进行揭发,以维护村庄公共事务的良好运行。犯了错误的干部必须在学习班上、在贫下中农提意见会上向党员干部及贫下中农代表作检查,深刻剖析自己的错误缺点,认真听取群众意见。干部的审查、处理、批评、监督等需要经过群众的监督,有时还需要经过有贫下中农代表参加的党员大会、干部会议甚至是群众大会进行讨论决定。

群众运用阶级话语监督干部是实现其民主权利的有力工具。有的群众运用阶级话语来反抗和舒缓干部带给自身的压抑。因在四不清干部调查会上给支部副书记陈中智提意见而遭到陈捆打的梁庆生在上级工作队进驻村庄后写了一封检举信:"……你们是党和毛主席派来专为我们贫下中农撑腰做主解决问题的好干部。……乌云不能遮住太阳,我感到党和毛主席总会给我们派来亲人……有朝一日(我能)扬眉吐气。工作队的干部正是这样的亲人。"② 梁庆生在此借用阶级话语控诉陈中智带给自身的暴力伤害。群众运用阶级话语监督约束干部,这得到了党的支持:"群众使用意识形态话语与一切错误思想和错误行为作斗争,特别是与基层权威在一定范围和一定程度上存在的腐败和官僚主义作斗争一直是受到鼓励的。"③ 党以此来约束干部的以权谋私和暴力施压,缓解干群之间的紧张冲突,维护和修复干群关系。

---

① 《怎样做好阶级队伍的巩固提高工作》,1963年6月22日,双口村庄档案,编号XYJ-7-11-26。虽然大部分干部属于贫下中农成分,但从村庄材料的表述来看,村庄对贫下中农的称谓不包括干部在内。

② 《一封检举信》,1976年1月3日,双口村庄档案,编号XYJ-1-24-1。

③ 戴长征:《意识形态话语结构——当代中国基层政治运作的符号空间》,《中国人民大学学报》2010年第4期。

革命伦理与党的意识形态勾画的是鱼水相依与平等融洽的干群关系。在国家的阶级话语表述中，干部不是高高在上、处于统治地位，而是为人民服务的勤务员；群众不是低低在下、处于被统治地位，而是被服务的对象，并对干部进行监督制约；"干"与"群"之间平等、团结而非对立。无论干部还是群众，都要大公无私、不计私利、乐于奉献。干部和群众都难免会中了资本主义的思想流毒而犯错误，但可以自我悔过并得到挽救。这是党的阶级话语对基层社会的政治关系建构。

总之，阶级话语的生成与传播是国家权威在村庄逐步树立的过程，也是村民的国家政治认同与国家观念、牺牲"小我"成就"大我"等的无私奉献思想的建构过程，是在公共舆论中维系上下政治思想渠道通畅和一致的重要途径。对于干群而言，无论是作为客体以各种方式受到国家意识形态与阶级话语的熏陶与影响，还是作为主体在犯了错误时被要求写检查、进行自我批判和在公共空间中进行检举揭发等，都能感受到党无处不在的至上权威及其对村庄日常生活和生命个体思想意识的强烈影响。这有利于促进干群形成象征层面上的国家观念，也使大公无私、不为私利、维护集体的红色思想在许多人心中埋下种子，这也是党致力于消灭剥削、建立平等的社会机制和社会主义社会的思想遗产。

不过，阶级话语的传播与实践能否成功、能否得到干群的共鸣"取决于它们的一致性，取决于它们是否符合社会的'文化储备'，也就是它们能否顺应现存的文化表述、文化遗产和文化象征，以及它们是否与受众的日常生活和经验紧密相关"。① 如果官方意识形态和话语框架不能有机融合进既有的文化脉络中，也不能照顾到已经发生了的政治和社会的变化，将与其所生存的社会土壤产生背离和

---

① ［德］玛利亚·邦德、桑德拉·希普：《意识形态变迁与中共的合法性：以官方话语框架为视角》，《国外理论动态》2013 年第 8 期。

脱节,进而被民众隔空悬置。阶级话语对于乡村全面且过度的侵入在某种程度上背离了村民的日常生活、道德观念、行为习惯、生存理性,使得其对于干部和群众的角色、地位及相互关系的建构受到村民生活逻辑的消解,被形式化在公共空间中。

在反复、多次的运动中,干部对于自身问题的检讨似乎已经司空见惯,在心理上几乎不受什么约束,并在面对他人的检举揭发时借阶级话语作为向群众做出"自我反省"的挡箭牌:清除一切资产阶级思想,和资本主义一刀两断,坚决走社会主义道路,团结广大干部和群众,为广大人民群众服务,站稳无产阶级立场等一系列词汇是他们在做检讨时惯用的一套话语表述,但检讨后的行为实践却没有较大改观。双口村的大部分干部保持着"大错不犯、小错不断"的作风,在做了自我批判后仍然运用侵占公共利益,如谋取集体的粮食和财物,占用集体的生产工具和日常用具,多记工分,用当时的阶级话语表述就是"多吃多占""白吃白拿""贪污盗窃"。同时他们还庇护家人及亲戚朋友占用稀缺的公共资源。一些干部对待群众也依然蛮横霸道。小农经济的生存理性是左右乡村干部言行的重要动机,个人利益往往被他们置放于集体利益之前,甚至为了个人利益不惜破坏损害集体利益。群众虽然被赋予监督干部的权利,但常常会由于缺乏制度保障以及受非正式制度的制约而无法实施。

相对于干部,普通群众并没有受到严格的约束,因此对阶级话语的疏离要大于干部,受到的思想影响及行为限制也相对较少,尤其体现在对个人和家庭利益的谋取方面。利己虽然不是村民唯一的原则,却在极大程度上支配着他们,尤其当个人利益与"集体利益"发生冲突时,他们会毫不犹豫地维护前者。国家要求群众牺牲自我的阶级话语表述并不能支配村民的日常生活,许多村民在犯了"自私"的错误时的"信誓旦旦"只能是他们在面临国家和村干部要求做出检查、写出保证时的一种策略选择。许多村民一次次地为违反国家的政策如投机倒把、偷盗、赌博等行为写出检查，但之后仍然自行其是。

第二节 乡村干部的"反行为"

乡村干部无论是作为国家代理人，还是社区保护人，都具有自身的利益诉求，这在革命环境下乡村社会由传统而向现代转型的过程中，在国家对于乡村干部的自利性没有实现良好制度化管理的背景下体现得较为明显。集体化时代国家在村庄虽具有绝对的优势和权威，但乡村干部仍然拥有一定的行为自主空间。由于体制性的权力高度集中，村干部在乡村掌握着较大的权力却得不到有效的监督制约，以致形成他们的特权化和"脱草根性"问题。[1] 国家权力虽延伸到了基层末梢，但就控制力而言并未达到预期目标。基层的行为相对于国家权力或是社会权力都有相当的竞争性意义。[2] 公社体制"政社合一"的性质及"细胞式""蜂窝状"的结构使其具有对外封闭性，阻碍了国家权力向乡村社会内部的延伸。[3] 国家对乡村社会只是实现了"覆盖式"而非"嵌入式"的控制治理。[4] 无论将干部的行事空间看作国家与社会之间的第三领域，还是中介领域，乡村干部在乡村公共事务管理中都具有一定的自主空间[5]，其行为

---

① 徐勇：《"政党下乡"：现代国家对乡土的整合》，《学术月刊》2007 年第 8 期。

② 张静：《基层政权——乡村制度诸问题》，浙江人民出版社 2000 年版，第 6 页。杨善华：《家族政治与农村基层政治精英的选拔、角色定位和精英更替——一个分析框架》，《社会学研究》2000 年第 3 期。

③ 王铭铭：《国家与社会关系视野中的中国乡镇政府》，王铭铭：《走在乡土上——历史人类学札记》，中国人民大学出版社 2003 年版，第 159 页。Shue. Vivienne, "The Reach of the State: Sketches of the Chinese Body Politic".

④ 董磊明：《从覆盖到嵌入：国家与乡村 1949—2011》，《战略与管理》2014 年第 3、4 期。

⑤ 相关分析可参见刘晔《乡村中国的行政建设与中介领域的权力变迁》，（香港）《中国社会科学季刊》2000 年春季号。

在某种程度上或许可称作"反行为"。①

党以尽职尽责、大公无私、乐于奉献对干部的思想行为进行规范制约并将其作为政治审定的依据。但是，"在人民公社体制中……建立了一个可以随时使用国家名分的基层组织。基层组织有选择地贯彻国家的意图，但更多的是利用官方地位来增加自己集团的政治经济利益。……它具有因地制宜、因事制宜、因人制宜的权力，具有管辖本地事务的（非法律）意义上的'自主性'，具有摆脱国家和社会监督的（非法律意义上的）'独立'地位"。② 无论是否实现了利益的组织化，乡村干部们的这种"自主"与"独立"都可以凭借管理者的身份和地位占有较多规定之外的资源，实现自身的利益诉求。

在双口村，一些干部凭借自身的干部身份为自己及家庭谋取利益、损公肥私。陈海亮是一队的生产队长，部分社员认为陈个人主义严重，对陈不满。有一年春季旱象十分严重，直至5月中旬才下了一场透雨，这时也正是种谷子的时候，但陈将队里的耙地牛拉去给自家拉土。牛被私人占用了一天，未能及时给队里耕种，因而队里的谷子未能保住全苗。陈规定任何人不准使用队内的平车却在修房时把队里的平车拉到自家使用达半个月之久。陈规定任何人不准吃队里的甜瓜，但还没有开始出售他自己先大吃起来，这使队里的规定无法执行下去。③ 还有其他一些干部采取迂回隐蔽的方式，暗地里白吃白拿、利用职权贪污谋利。柳起元在自我检查中承认："1962年5月，我从大队仓库里问保管刘贤波拿了2袋肥田粉，卖给五队王玉林，每斤以4角计，但把钱交给大队会计时以每斤3角

① 这是学者高王凌提出来的一个概念，用以指集体化时期村民的"瞒产私分""偷盗"和"借粮"。参见高王凌《人民公社时期中国农民"反行为"调查》，中共党史出版社2006年版。

② 张静：《基层政权：乡村制度诸问题》，上海人民出版社2007年版，第44页。

③ 《杜松庄公社双口大队关于给予陈海亮撤职处分的决定》，1962年2月20日，双口村庄档案，编号XYJ-1-23-2，藏于山西大学中国社会史研究中心，以下同。

计，共交款 48 元整，我从中贪污 16 元，日常生活用了；1962 年吕荣东给我队修理平车，修理费 30 元，我从十队仓库里取了 60 斤麦子，每斤 5 毛共计 30 元给了吕荣东，后来我又问会计拿了 30 元现金，并贪污了这笔款。① 1963 年，邻村生产队保管毛青升在 11 队油坊加工豆子，保管柳春生过秤，豆子共约 2000 斤，毛说少开上 200 斤吧，柳就少开了 200 斤。榨出油后，毛私自给了柳 8 斤豆油，45 斤豆饼，并要求柳不告诉别人，柳悄悄地将豆油和豆饼都收下了。"②

有的干部私取生产队的粮食、蔬菜、布票、食油、现金以及日常生活中的其他日用品，占用生产队的各种生产工具和日常用具，私自提高自己的工分等级、增加自己的劳动工分。除了物力，还有人力，有的干部利用职权调用下属或群众当自己的劳力，给他们记高工分或用集体资源施予恩惠。③ 民兵营长陈中智曾为了给丈人修房，将在田地里看守粮食的保卫全部撤回，群众揭发说："大队打井立灶，保卫随便拿大队的熟食，也不知保的什么卫，只是名义上的保卫，实质是他们（干部）的长工。"④ 一些干部的个人生活明显超出普通社员。社员马耀财说："双口的干部大部分是好的，但有少数人高于社员一等，修的新房子，戴的手表，骑的自行车，他们把子弟送出去当工人，当不了的就在大队挣高工分，做轻活。"⑤

---

① 《柳起元的自我检查》，1965 年 11 月 21 日，双口村庄档案，编号 XYJ - 1 - 12 - 2。

② 《关于对柳冬生错误事实的处理意见》，时间不详，双口村庄档案，编号 XYJ - 2 - 51 - 2。

③ 《柳绍军四清登记表》，1965 年 1 月 23 日，双口村庄档案，编号 XYJ - 2 - 61 - 2；《杜松庄公社双口大队关于给予陈海亮撤职处分的决定》，1962 年 2 月 20 日，双口村庄档案，编号 XYJ - 1 - 23 - 1；《党员学习班揭问题记录》，1975 年 12 月 25 日，双口村庄档案，编号 XYJ - 7 - 12 - 11；《党、团、贫、青、妇、武、队干揭批官办资产风》，1976 年 1 月 22 日，双口村庄档案，编号 XYJ - 7 - 12 - 18；《相关问题揭发》，时间不详，双口村庄档案，编号 XYJ - 8 - 5 - 13。

④ 《六队揭发材料》，1976 年 6 月 6 日，双口村庄档案，编号 XYJ - 1 - 24 - 7。

⑤ 同上。

干部们的谋利，既有个人性的行为，也有群体性的共谋，互惠互利使干部能够利用职权相互包庇取利。

有的干部除了凭借自身的权力为自己和家庭谋取私利外，还为亲戚和他人谋利，以此来拓展自身的社会关系，从而建立起庇护圈。会计梁新发的丈人、丈母、叔丈人都已是五六十岁的人了，但每年他们的劳动工分总能达到五六千，大家都非常怀疑。[1] 负责四队的大队副队长王铁林与有夫之妇毛秀英有男女关系，1959 年秋收各队分发粮食之际，王私自分给非四队社员毛秀英 30 斤粮食，而此时毛已将生产队分发的粮食领回了家。四队的社员发现后议论纷纷："为何毛秀英能吃双份粮食，王铁林要搞女人应该拿自己的本钱，不应该拿大家的本钱。"[2]

基于"互惠互利"的乡村交往原则，有的干部还罔顾国家划清阶级路线的要求，庇护四类分子的子女。陈中智就常常照顾地富的子女，群众认为这是因为他们常常在陈的自留地干活、干家务。陈还让原"戴帽子历史反革命分子"许成当打农药的记工员。无论陈每天劳不劳动，许成都给他把工分记上。[3] 干部的徇私情并不是单方面的，群众也有寻求庇护的需要。在群众看来，给干部们送两斤糖是再自然不过的事情，这样的礼尚往来非常必要，两条烟、两瓶酒就能解决问题，何乐而不为？[4] "中国人在情理社会中，放弃的是规则、理性和制度，得到的却是不可估量的社会资源、非制度性的社会支持和以势压人的日常权威。"[5] 干部与干部、干部与个别群众（包括四类分子）之间的互惠关系使干部在事实上获得了稀缺的物质资源和群众支持或顺从的政治资本。

---

[1] 《对梁新发的揭发材料》，时间不详，双口村庄档案，编号 XYJ - 2 - 76 - 8。

[2] 《毛秀英婆婆的愁苦书》，1965 年 11 月 30 号，双口村庄档案，编号 XYJ - 1 - 9 - 4。

[3] 《揭发陈中智》，1976 年 2 月 20 日，双口村庄档案，编号 XYJ - 1 - 24 - 7。

[4] 访谈对象：杜富强，男，77 岁，平遥县双口村人。访谈时间：2009 年 5 月 2 日。

[5] 翟学伟：《人情、面子与权力的再生产》，北京大学出版社 2005 年版，第 178 页。

由于乡村里的个人信息具有透明化的特点，干部的日常生活和人际交往实际处于公开状态，他们的庇护或谋私往往成为舆论谴责的话题。群众揭发梁新发："他结婚的时候铺张浪费，借外债大约300多元。他爱人王腊梅流行什么穿什么，毛衣还买了3件，皮鞋2双，新衬衫2个，其余球鞋、布鞋、袜子成双成对，不破就买下。许多妇女都羡慕她，又奇怪她从哪里来的钱。她的钱是抓把把（方言：形容很多），想买什么就买什么。"原来他有取得"灰色收入"的门径。1963年梁私自扣了陈生兴50元钱，后被队长在对账时发现。社员梁世清也觉得自己的账不对，就去查，结果发现7元多的漏洞。梁新发对梁世清的老婆说"我把钱给你，你不要出去说"。[①]管理制度和监督机制的不完善为干部的谋私留下很大空间，上级监管和群众监督往往失去效力。应该说，国家对于干部持宽容和保护的态度，只要不触及"阶级路线"和"集体经济"的底线，干部贪污后只要退赔、写检查即可，而所谓的退赔也并无严格的监督机制，至于写检查则被认为无关大碍。[②]

干部的谋私与庇护行为弥散在日常生活中，成为乡村公共管理机制的内在构成部分。如果只从现代公共管理规范的角度进行评判，或只从上层的视角、从国家政权建设的视角衡量评定干部谋

---

① 《对梁新发的揭发材料》，时间不详，双口村庄档案，编号 XYJ-2-76-8。
② 学者黄道炫和张鸣都认为土改开始后，党对干部并非是处心积虑地准备抛弃抗战以来建立的老组织基础，建立一套新的系统，而是从总体上对他们采取了保护政策。见黄道炫《洗脸——1946—1948年农村土改中的干部整改》，《历史研究》2007年第4期；张鸣《动员结构与运动模式——华北地区土地改革运动的政治运作（1946—1949）》，《二十一世纪》2003年6月号。其实党不止是在土改后，在后来的"四清""文革"及其他运动中整体上对干部采取的也是保护政策，在双口村就是如此。在陈村也同样如此，虽然干部会在历次政治运动中受到冲击，但"不管三七二十一，最后还是当干部"。见陈佩华、赵文词、安戈《当代中国历沧桑——毛邓体制下的陈村》，孙万国、杨敏如、韩建中译，牛津大学出版社1996年版，第238页。斯考切波也认为遭到整肃的干部（遭撤职和羞辱，但是没有遭杀害）不久又会重新复职；政策趋向不断变更，原先的成果有所倒退但随后并没有完全否定。见［美］西达·斯考切波《国家与社会革命：对法国、俄国和中国的比较分析》，何俊志、王学东译，上海人民出版社2007年版，第320页。

私,似乎显得简单。在经济理性是支配干部行为选择的基本原则下,在资源稀缺而且人情网络制约着乡村公共管理的环境和逻辑下,干部作为生存主体的需求与党的要求存在一定差距。事实上,干部除了"公家人"的身份外,与普通村民一样,既具有小农的经济思想,也是村庄社区的一员。这种"两面"可能意味着他们或者既是群众和村庄社区利益的保护人,又是国家的代理人,也或者"并非站在两者利益的任何一边,而是利用上下两边的名义给对方施加压力"①,在国家、自身和群众之间进行利益权衡。

党从平等对待群众的理念、态度和方法等方面对干部提出了要求,希望于此在乡村形成干部与群众之间管理与被管理、监督与被监督的有效机制,建立相对平等的干群关系,使乡村能有机良好地融入国家建设中。但是,干部控制着村庄资源的分配,其合法性基础和权力授权来自国家,这种结构性的制约使群众对干部和生产队的依赖极强,这就促成了村干部对群众的绝对权威。党的社会主义理念与制度安排的逻辑错位不可避免地造成干部在政治、经济上的优势和干部与群众在社会地位上的高低差异,"制度设计者希望建立一个全新的为人民服务的政府,但是实际运作的还是一个官僚体系"②。

在双口村的干部中,有的是因为军人、工人的身份背景或者有较高的学历,如高小毕业而走马上任,有的是因为有农业技术或在村庄的人缘好而被任命,这些个人经历、技术和能力及其声望对于村庄的公共事务运作和组织管理非常必要,但还不够。干部缺乏公共管理的理念和素养往往会给群众造成伤害。

拳头和斥责是当时一些干部管理社员群众、维持社会秩序的方

---

① 张静:《基层政权:乡村制度诸问题》,上海人民出版社2007年版,第7页。关于国家代理人或社区保护人的干部角色论述,参见 Helen F. Siu(萧凤霞),Agents and Victims in South China 及 Vivienne Shue(许慧文),The Reach of the State: Sketches of the Chinese Body Politic。
② 李若建:《庶民右派:基层反右运动的社会学解读》,《开放时代》2008年第4期。

式。有的干部对待群众态度恶劣，盛气凌人。小队社员就认为"保管吕耀武在队里谁也不敢惹，气势汹汹，以势压人，一说话三瞪眼，耍脾气。哪个社员惹了他，队里领什么东西都秤不够，打击报复。爱在社员面前摆架子，有事不和大家商量"①。柳起元因为一贯打人骂人而被群众比喻为旧军阀时代站在人民头上的老爷，被人起外号"五爷王"。② 前述陈海亮同样对人态度生硬，常常无端埋怨群众、对群众破口大骂。群众很不满意，劳动劲头不足，不听从安排，他们有意见不敢提，只是在背地里嚷，或者拿着工具当出气筒，结果新旧工具破坏了不少。有一回，队员柳建斌拉水车浇水，陈说要浇队里的香瓜，但实际却浇了自己的胡萝卜。当时柳嘴里嘟嚷着，有些不满，陈便高声嚷叫，说自己有这个权利，想浇就要浇。社员说"人家的世界由人家吧！人家想怎的就怎的"，"那是人家的车马，白用就白用了"。③ 保卫股长韩银富将巡田工夺下群众拾捡的大约 500 斤粮食自己私自吃了，把邻村群众盗窃双口村民财物被抓时罚下的各种款项 200 余元都自己私用了。韩还任意没收群众的东西，如没收过夏福满的纸烟、白酒，柳尚喜的纸烟、白酒、点心等，还没收过梁利平的一辆自行车。④

　　虽然国家规定，对于社、队干部的违法乱纪行为，社员有向任何上级控告的权利，这种权利受人民政府的保障，任何人都不许刁难、阻碍和打击报复⑤，但由于没有相应的机制予以保障，群众只有无奈，甚至免不了为此遭到报复。1969 年王怀寿看到大队干部陈中智从五队场内扛走了一袋粮食，便把此事告诉了支书何魏，陈知

---

① 《匿名意见书》，时间不详，双口村庄档案，编号 XYJ－9－4－13。

② 《检举书》，时间不详，双口村庄档案，编号 XYJ－1－12－13。

③ 《杜松庄公社双口大队关于给予陈海亮撤职处分的决定》，1962 年 2 月 20 日，双口村庄档案，编号 XYJ－1－23－2。

④ 《检举材料》，时间不详，双口村庄档案，编号 XYJ－1－21－9。

⑤ 《农村人民公社工作条例修正草案》，1962 年 9 月 27 日，中共中央文献研究室编：《建国以来重要文献选编》（第十五册），中央文献出版社 1992 年版，第 639 页。

道后找王大骂了一场。① 梁庆生因为给陈中智提意见而遭到陈的报复。梁认为陈已经不是经过一次运动整风了,而是经过多次大的政治运动,但对于陈来说却毫不触动,运动过来紧一阵,哄过运动仍照旧。② 依靠个人的自我约束和修补性而非预防性的政治运动,这样的非制度性监督并不能真正地约束乡村干部的暴力行为。国家采取下发文件、展开政治运动、群众揭发监督等各种手段来纯洁干部队伍,而且在鼓励群众揭发干部的行为时要求干部承诺"一不打击,二不报复,三不给小鞋穿"③,在政治实践中表现出民主的态度,但社员的监督权利在村庄的日常生活实践中并不能得到保障。

在村庄的公共事务中,私人关系是影响干部管理的重要因素,他们会在分配粮食、安排农活中优先考虑自己的亲友。有的干部在分配劳动任务时,将轻松的、工分多的、有现金补贴的活派给与自己要好的人,有些活在很短的时间内就能完成,但也给记半天工。④当然,干部也会在公共事务中出于工作需要进行安排和管理。如尽管阶级路线是否明确是评判干部的标准之一,凡是与四类分子专政对象相互往来都被认为是阶级路线不清的表现,但由于背负黑色身份的四类分子灵活处事,常常得到干部的重用。队长邱星霖让"历史反革命分子"刘洪富在劳动中登记出勤人数的名单达 12 次之多,并让刘给记工员抄账一次。邱认为刘洪富听话、好领导,而贫下中农则不听话、不好领导。⑤

从以上论述可以看出,干部作为乡村中的权力支配者和政治精英,拥有更高的社会地位,占有更多的经济、政治和社会资源,尤其是"以势压人的日常权威"。"那时的干部有权,人家说啥是啥,

---

① 《王怀寿的证明材料》,1970 年 12 月 11 日,双口村庄档案,编号 XYJ - 1 - 24 - 9。
② 《梁庆生的检举信》,1976 年 1 月 3 日,双口村庄档案,编号 XYJ - 1 - 24 - 3。
③ 访谈对象:杜彩霞,女,59 岁,平遥县双口村人。访谈时间:2007 年 1 月 11 日。
④ 访谈对象:柳春生,男,67 岁,平遥县双口村人。访谈时间:2009 年 5 月 3 日。
⑤ 《邱星霖的自我检查》,时间不详,双口村庄档案,编号 XYJ - 2 - 80 - 1。

不要抵触"成为村民的共识,社员也多隐忍顺从不敢随便骂干部。①
大队干部代表着国家的权威,拥有较大的权力尤其是管理小队干部
的权力,小队干部则相对更多地掌握着管理社员的微观权力。对于
广大的社员而言,"能惹一个村长,不惹一个队长"即为此意。②
而这些"由工作方式衍生的'利益'是干部身份的佩戴品,他们
非干部莫属,当时是一种其他身份难以获得的生活方式享受和地位
荣耀"③。

因此,普通社员往往想实现从被管理者向管理者、从被支配地
位向支配地位的转变,因为当干部所能捞取的实惠可能超过表面上
的风险。④ 这种实惠既包括经济资源,也包括摆脱无形的非常规性
干部的权威压制。葛士尧在太原当教员,但由于家里人经常受大小
队干部们的窝囊气,比如古云飞曾无端扣掉生产队分给自家的粮
食,古建民曾唾骂家里人,为此葛士尧辞职回村当了农民,他认为
赚再多钱也不如家里有硬关系好。"果然,当我回到村里尤其是当
了七队的会计后,我不再看干部的眼色行事,能和他们平起平坐
了,他们再也不敢为难我家里人了。"葛说:"我既然回到家来,就
要看住门门(注:方言,指保护家人),免受他人为难。总之一句
话,我不想让家里人受制。"能够"高人一等"、颐指气使,起码
不再受干部的欺凌是葛想成为干部的主要动机。在村民的逻辑里,
当干部就有权,不当干部就没权;当干部就能庇护家人,干轻活。⑤

不过,不能忽略的是,当干部实际也会面临很多矛盾与冲突,

---

① 访谈对象:阴永吉,男,76岁,平遥县双口村人。访谈时间:2008年12月6日。访谈
对象:陈中智,男,73岁,平遥县双口村人。访谈时间:2009年4月29日。
② 访谈对象:阴永吉,男,76岁,平遥县双口村人。访谈时间:2008年12月6日。
③ 张静:《基层政权:乡村制度诸问题》,上海人民出版社2007年版,第48页。
④ [美]赵文词:《共产主义统治下的农村》,载[美]R.麦克法夸尔、费正清编《剑桥
中华人民共和国史》,中国社会科学出版社1998年版,第684页。
⑤ 访谈对象:朱玉凤,女,65岁,平遥县双口村人。访谈时间:2009年5月2日。访谈
对象:柳春生,男,67岁,平遥县双口村人。访谈时间:2009年5月3日。

除了来自上层和其他干部的压力外①,还有来自群众的压力。性格耿直的六队队长王昌勇就认为社员不好管,懒、欺哄,不求实际,而且还想多要工分,矛盾重重。②"干部们劳心于生产队生产生活管理,费心于完成征购,受累于开会汇报,也因事务繁杂难以周全而遭到群众的讥讽唾骂,倍感压抑。"③对于保守和本分老实的人来说,当干部更是一种负担。王雨华承认:"我一听到队员们说不合理的话或者说我的闲话,我就十分生气。再加上我没有读过多少书,不会写算,觉得自己干不了保管这个工作,于是要求领导另用别人来接替保管的任务,以免日后发生弄不清账目的现象。我认为自己是个没出息的人,干不成大事,每天起来好好劳动,不管闲事,当个好社员就行了。"④当干部不仅常常被上级问责,而且还无法避免与社员发生争吵,加大心理成本,若不能凭借自身的身份谋取个人私利,在村民看来就是不划算的。

以党的理念和要求来衡量,一些干部不仅没有起到带头作用,为群众服务并接受其监督,反而高高在上,对待群众粗暴蛮横,将私人关系掺杂在公共管理中。从行政监督管理机制来看,群众揭发检举并互相证明是约束乡村干部的一种有效方式,上级工作队进驻村庄掀起政治运动也是对干部以公谋私的一种约束和压力,但这些监督只能在长效的制度性体制机制中才能得到保证。而且,党也缺乏对乡村干部的有效管理和培养机制。"政治运动"一浪接着一浪,

---

① 尤其是生产小队的队长,作为国家政策和村庄生产计划的执行者,直接处于国家与社员上下两层的夹缝中。黄宗智的研究表明:生产小队的干部是一个出力不讨好的差使,当国家政权与村社内部利益产生矛盾时,小队的干部压力重重,尤其是生产(小)队的队长。参见[美]黄宗智《长江三角洲小农家庭与乡村发展(1368—1988)》,中华书局2000年版,第190页。

② 访谈对象:王昌勇,男,65岁,平遥县双口村人。访谈时间:2009年5月2日。

③ 张海荣:《人民公社时期基层干部农村政策执行中"反常规"问题研究——以1961—1980年初河北省部分地区包产到户为中心的考察》,中共中央党校博士后出站报告,2007年,第79—80页。

④ 《王雨华的检查书》,1965年,双口村庄档案,编号XYJ-2-107-1。

是国家权威逐渐深入乡村、加强社会治理的重要努力，但作为主体的乡村干部面对的是完全不同于现代性的公共管理规则的农民习性和文化，他们无以脱离乡村的"关系"纽带和情重于理的交往规则，也难以改变惯有思维逻辑和行为方式，现代化的科层制一时无法扎根于乡村的传统与人情的土壤中。①

就干部群体内部而言，从其组织生态来看，也存在着一定的无序状态。制度化管理方式的组织性、纪律性、程序性特点突出，对组织成员的业务素质、协调合作性和服从大局的意识提出较高要求，与松散性、功利性、封闭性较强的传统农业经济难以相容。集体化时代的乡村社会尽管建立了政社合一的政治经济体制，但农民的思想观念和行为方式却难以快速扭转，干部难以适应制度化的管理方式。在村庄的公共事务中，不仅管理群众的农活安排、工分记录、粮食分配等村庄基本运行机制凌乱无序，而且村庄公共组织内部的管理也存在混乱状态。

在双口村，无论是大队干部还是小队干部，都有不团结、各自为政的现象，个人恩怨、私人关系、利益之争、权力之争影响着村庄公共管理的效能。作为村庄"火车头"的党支部内部成员之间和生产小队干部之间相互龃龉。以何巍担任支书后的支部而论，柳云峰说："双口的支部不团结，各唱各的调，各吹各的号，从大队到小队各拉各的山头，是个散班子。实际是像军阀割据，不是从全局出发，而是考虑自己的小圈子利益。"② 对此，支部书记何巍似乎有不可推卸的责任，其老好人的作风是造成支部内部四分五裂的重要因素。何巍承认自己"好人主义"严重，对坏人坏事不做斗争，特

---

① 马克思·韦伯认为，科层制是依据部门职能和行政人员的职位分工、分层来分配分割权力，以规划、制度、命令—服从等为行事准则的管理方式和组织体制，包含着权限原则、阶层等级原则等。见［德］马克思·韦伯《经济与社会》（下），商务印书馆 1998 年版，第 278—323 页。

② 《大队干部会议》，1975 年 12 月 26 日，双口村庄档案，编号 XYJ‑7‑12‑11。

别是对支委成员，以和气求团结，结果形成了支部一班人的软、散、懒。其他支部委员和大队干部有同样的看法，认为何魏劳动好，坚持党的原则，不搞阴谋诡计，光明磊落，但作为一名党支部书记，领导不够，耳软、心软，有了错误不是斗争，而是互相学习，对于干部不能大胆管理，结果工作不得力，没有人帮助，造成了支部的混乱。① 何魏之前的支部领导帮子同样存在此类情况，不能形成统一的领导核心，只不过何魏的"软"使村庄干部的不团结现象更加突出。同样的现象也出现在生产小队中。一队会计梁新发说："我队的队长、会计和保管等3人不团结，互相闹意见，各走各的路线各要各的心意，这样使许多问题得不到解决。"②

一些干部之间不能互相团结，反而相互拆台，致使有时无法形成统一集中的领导管理机制，甚至导致了干部之间的派性斗争。第一生产队内部矛盾比较突出，干部之间帮派分立，互定盟友。陈海亮在检查中承认自己的拉帮结派行为："我和陈中智等人曾经私底下开会，第一次是在我家，开会的目的就是把古建民犯下的错误总结一下……以便开会的时候教训他；第二次是在葛怀赢家，大家总结问题，有十一二人参加；第三次是在高灌上，大家把所有的问题都提出来并写在两张纸上，一张交于工作组王国保组长，一张交会计王怀宽保存起来，四清工作队进村就给了队长老陈。"③ 除了结盟外，培植势力是干部扩大自身权势的一种重要手段，有些干部注意培养自己信任的人，并通过各种渠道使之成为干部，但这些干部常常名实不符，引起群众不满。柳起元在六队培养了两个共青团员柳武英、柳凯茂，六队的群众认为他们根本不能发挥带头作用。群众

① 《何魏的自我揭发》，时间不详，双口村庄档案，编号 XYJ-1-22-1；《揭公社党委盖子会议记录》，1977 年 1 月 28 日，双口村庄档案，编号 XYJ-7-12-2；《评论支委记录》，1977 年 2 月 2 日，双口村庄档案，编号 XYJ-7-12-10。

② 《梁新发的个人检查》，时间不详，双口村庄档案，编号 XYJ-2-76-1。

③ 《陈海亮的检查书》，1965 年 11 月 28 日，双口村庄档案，编号 XYJ-1-23-3。

揭发说:柳武英在六队担任政治队长,经常打骂社员,并且得到队长柳起元的纵容。柳凯茂劳动一贯落后,挑肥拣瘦。① 由私人网络而结成的派别形成干部的不同利益团体,从而严重影响村庄的政治秩序。

村庄中一些干部缺乏作为公共管理者所应具备的纪律观念,大队对干部的组织管理因而有时会产生混乱。按照规定,生产队的队长、会计和其他管理委员、监察委员或者监察员,都由生产队社员大会选举,任期一年,可以连选连任,如果不称职,社员大会可随时罢免。② 因此,生产队干部尤其是生产小队干部的去留,应该由社员大会来决定,但在村庄实际的组织运行中,干部的任命和调配受到村民经济理性、血缘情感和人际网络的羁绊。

有的不经过民主选举而是由大队干部个人直接任命便走马上任。大队革委主任陈中智在1974年秋收之际未经选举就私自将六队的班子全部撤换,安排王昌勇当了六队的队长。原队长邱星霖和柳文元去找公社驻村干部丁保国,但丁只说自己有错,不说别的原因,也不说如何处理。这一态度实际默认了陈的做法。丁之所以纵容陈,是由于陈能在上级考核时给丁填写肯定其工作成绩的意见,如在一次考察公社干部的劳动时,在陈的介入下支部给丁虚报了240天劳动天数,但实际劳动仅3天。丁声称自己有病,不能到村民家吃派饭,陈给他开了小灶,支出做饭工分133分。③ 陈通过为丁谋取个人利益,获得了其权力的合法性和权威性,公社干部与村庄干部结成了相互庇护的共谋关系,威胁着村庄的公共管理秩序。

与不经合法的程序就撤换干部相同,个别干部不服从领导组织

① 《贫下中农揭发材料》,1965年11月11日,双口村庄档案,编号XYJ-1-12-7。
② 《农村人民公社工作条例修正草案》,1962年9月27日,中共中央文献研究室编:《建国以来重要文献选编》(第十五册),中央文献出版社1992年版,第635—636页。
③ 《揭发公社党委会议记录》,1977年1月26日,双口村庄档案,编号XYJ-7-12-1;《六队揭发材料》,1976年6月6日,双口村庄档案,XYJ-1-24-4。

调配的现象也时有发生,同样造成村庄管理组织的松散和无序状态。1962 年大队想调一队的葛士尧到七队任记工员,但遭到副队长陈海亮的拒绝,上级多次解释做工作,陈仍然不同意。除此而外,陈还随意撤除了专门负责粮食的保管职务,认为记工员已经贪污了不少东西,再弄个保管员就都贪污了。结果一队没有选保管,粮食无专人负责,出入仓库的手续混乱,造成粮食丢失的现象。① 陈中智未经同意擅自离开六队回到一队。② 柳武金同样因二队条件差,在多次与领导交涉无果后,自己于一年后擅自离职回到二队。③

对于村干部而言,不仅其长期封闭、松散的生活和思维方式与公共组织内的纪律性、集中性、合作性的特点格格不入,而且在业务素质上也难以满足公共管理的需要。国家注重对干部的政治审查,希望通过对干部的严格管理来保证"无产阶级政权不变色",但却忽视了对干部公共管理业务素养的要求及培养,没有给干部以"新的官僚身份的公共政权的角色训练,尤其是没有给其管理公共财物的专门化训练"。④ 大小生产队都有较为明晰的公共管理制度规定,但常无法付诸实践,特别是至关村民利益分配的财务管理,经济往来的程序混乱,常常造成账目的混乱。

由于现金账务亏损,大队会计尹枣花详细解释缘由:"1974 年夏天,第一生产队的 4 辆皮车给大队砖窑拉炭,每辆车付 25 元,共需现金 100 元。大队副业会计雷永发从信用社提 100 元现金,他当时交回我 80 元,还差 20 元款,他就打了欠条给我。过了几天后,雷永发拿 2.8 元给我,让我把欠条给他。当时他对我说'处事

① 《杜松庄公社双口大队关于给予陈海亮撤职处分的决定》,1962 年 2 月 20 日,双口村庄档案,编号 XYJ - 1 - 23 - 1。

② 《揭发陈中智》,1976 年 2 月 20 日,双口村庄档案,编号 XYJ - 1 - 24 - 13。

③ 《柳武金的个人检查》,1972 年 7 月 26 日,双口村庄档案,编号 XYJ - 1 - 13 - 1。

④ 张静:《基层政权:乡村制度诸问题》,上海人民出版社 2007 年版,第 32 页。张静将此结论运用于民国时期的政权现代化建设,我认为这也同样适用于新中国成立后的政权建设和村庄公共管理。

长了你还不相信我吗,以后我再给你拿 17.2 元,我先把欠条拿上吧'。自那以后他便把欠条拿走了,钱也再没有给我送来。雷永发从 1974 年担任副业会计以来,一手遮天,到处提款,私刻公章,出入自由,给砖厂工人发补助款,自己提款自己发,从来不和我商量,所以造成现在现金账务的亏损。"① 干部们在自我检查中的交代显示,他们利用这种经济管理的漏洞贪占谋利的现象比较多见。由于会计、出纳、保管工作不能相互协调,在财物管理事务中也未能严格按照程序履行,账目管理就更成为糊涂账。

干部公共管理素养的低下和制度的不完善是造成管理混乱的重要原因,但"因人成事"在此发挥着更为关键的作用。干部内部因私人关系的亲疏远近而在公共事务中被区别对待,造成干部之间关系的紧张。古建民对自己当了干部却没有别的干部有面子而愤愤不平,他在揭发公社党委的会议上说:"咱大队砖窑原是陈中智负责,因为陈是当权派,所以就有补助。我在砖窑当领导,说过多次就是不中用,说是公社规定好的没有补助,但一队打井负责人柳武金要发补助粮就发给了,打井的和在砖窑干活的待遇为何会不一样?"② 由于在商号中当过小伙计而养成了听话与顺从性格的大队保管刘贤波认为自己当保管"没有拿起为人民服务的精神来干,而是马马虎虎,把干部当作东家掌柜来看,把自己当作小伙计,干部说甚是甚,要甚给甚,因此使集体受到莫大的损失,使许多干部有了四不清问题"③。一队会计梁新发认为葛春花的口粮数量远远超出了普通群众,非常不合理,便没有给葛分配更多的粮食。但队长古建民与葛春花有暧昧关系,为此,古对梁极不满意,并几次三番地要求梁给葛多分粮食。梁认为队长在平时就经常地和自己闹别扭,如果不

① 《二十元钱哪里去了》,1976 年 6 月 27 日,双口村庄档案,编号 XYJ-1-29-6;《对现金账务亏损的解释》,1977 年 1 月,双口村庄档案,编号 XYJ-1-29-5。
② 《揭发公社党委会议记录》,1977 年 1 月 26 日,双口村庄档案,编号 XYJ-7-12-1。
③ 《刘贤波的自我检查》,时间不详,双口村庄档案,编号 XYJ-2-112-1。

答应，队长和自己的矛盾将越来越深，同时为了不影响以后的会计工作，就把粮食给了葛。[①]

在现代性与村庄传统对接的过程中，现代化的科层管理体制和公共管理制度常常受到村庄的非正式权威、私人关系以及个人行为方式等所形成的"文化网络"的冲击。固然，体制本身的不完善是最为关键的因素，但乡村民众尤其是干部在日常生活中的微观实践也是重要原因，他们的观念和行为蚕食着村庄的集体经济肌体和基层政权的权威。与制度化的现代公共管理规则相比，乡村社会中"因人成事"的交往规则和行为逻辑在公共管理事务中占据支配地位，这不仅使集体体制从内部产生瓦解的危险，也给村民的生活带来危害。不过，也恰恰是这种虽然是"反行为"但却是"自在"的日常生活逻辑对国家相对紧张的集体化制度安排和强化阶级斗争的政治意识形态形成了挑战。[②] 虽然国家制度性的诱导引发了乡村干部对社会主义理想信念的向往和追求，但若从干部的"反行为"视角来看，党的社会主义理念和革命理想似乎也遭受到挫折。乡村干部的激情终究被消解在日常生活的琐碎庸常中，社会主义理念与现实生活逻辑产生的内在紧张和对立冲突也于此得到缓解。

第三节 "恶霸"式干部与受伤的群众

制度的不完善和村庄传统对现代科层管理体制的排斥使干部权

[①] 《梁新发的个人检查》，时间不详，双口村庄档案，编号 XYJ – 2 – 76 – 3。

[②] 有学者认为：集体化时代国家以行政等级制控制占取了剩余索取权，这样的产权残缺导致对村干部的激励不足，他们便利用因控制着农村经济剩余的生产和初级分配而掌握的"剩余控制权"来分享剩余，以实际剩余的获得量来平衡自己的监管努力的实际供应量，从而致使集体经济的监管者自发地追逐经济剩余变的不可遏制，畸变为监管特权。参见周其仁《中国农村改革：国家和所有权关系的变化（上）——一个经济制度变迁史的回顾》，《管理世界》1995年第4期。

力得不到有效监督，即使干部之间存在制约，也只能在其内部利益层面上达到一定的平衡，而难以形成有效的村庄公共管理规范，这为干部的滥用权力埋下隐患。尤其是，个别干部利用并僭越了国家权威，其霸道的作风和行为不仅使国家权威在村庄的缺失表面化和公开化，也给村庄的公共管理和个人生活带来压抑紧张。

一般情况下，党员入党需要经过全村 2/3 党员的表决通过，这是保证基层权力稳定和实现民主权利的重要途径，但从柳武金的入党来看，党员入党的程序有时并非像政策规定的那样民主公正。柳武金是双口村的支部委员，他还先后担任过村庄的团支书、民兵连长。入党是他由保卫一跃而为大队干部的第一个"台阶"。他入党时，很多党员如韩霄雷、王刚毅、白平江等都不同意。韩霄雷揭发柳的姑姑和姑父是地主成分，父亲曾经是国民党伪同志会会员，但这些并没有成为柳武金入党的绊脚石。副支书尹杰充当了柳武金的庇护人，在调查柳的社会关系时虽将事实都调查清楚，但尹杰在阶级登记簿上将柳姑姑的成分改成了富农。

为了进一步清除掉柳入党的障碍，尹杰还告诉支委韩春平：韩霄雷与柳武金有矛盾，韩霄雷想害柳武金，柳武金与其姑母家也已经没有往来，不能说两者关系密切。尹杰让韩春平给柳写证明材料，并加盖了大队公章，说明柳和他姑姑家的关系并不密切，韩霄雷是有意陷害同志。私人关系在村庄行政组织发挥着不可忽视的作用，这表明决定在村庄权力格局的因素中，除了国家权威外，还有村庄的人际关系网络。这在集体化时代的公共管理中是比较普遍的现象，只是如果干部个人作风霸道强悍而没有得到有力约束，有可能会给村庄带来灾难性的威胁。

敢于在阶级成分登记表中修改个人社会关系中所涉人员的阶级成分，是对国家权威的蔑视与否定，在强调政治的年代里是极为危险之举，在村庄里并不多见。"公章"这一公共权力象征被尹杰和柳武金利用为个人牟私的工具。在入党这一关口上不能严格把关，可能会使村庄的权力格局失衡并使公共秩序产生混乱状态。白平江对柳武金的入党评价深中肯綮："党章要求严防野心家混入党内，柳武金入党时党员大都不同意，当时我也不同意，而他入党后就一步一步地来了。"①

柳武金认为当了干部就会高人一等，所以常常趾高气扬。他承认自己在工作中历来骄傲自满、目无群众、目无领导、自以为是，把自己看作一朵花，把别人看作豆腐渣，村庄领导班子缺了自己就不能正常进行领导和管理，就有垮台的危险。因此无论干什么事，总是自己说了算，随自己的意去干，自己想怎么干就怎么干，如果稍不如意就大发雷霆，吹胡子瞪眼，甚至躺倒不干，以至不服从上级领导，在下面自己乱干。一次支委扩大会上，支委形成了对民兵整组的决议，柳感到不合自己的意愿，便当场大叫："这样的支委扩大会议以后不要叫我，我不开。"②

柳武金的自负不是没有缘由。由于他强悍，能"拿住"群众，因此解决了不少别的干部不能解决的问题。③ 柳武金还曾经打过偷了几穗玉菱的弟媳妇，并因此而出了名，村民当时觉得他铁面无私，是个当干部的料。④ 在村庄的公共管理中，需要有严厉作风、不徇私情、敢于管理群众的干部，柳武金恰好适应了这一需要，所以无论是干部还是群众，有一段时期都对柳武金持肯定的评价⑤，柳武金的自负也因此而来。但是，柳只是运用这种将公共关系放置于私人关系之上的管理方式作为树立个人威信的工具和手段，而非

① 《党员学习班》，1975年12月25日，双口村庄档案，编号XYJ-7-12-11。
② 《柳武金的个人检查》，1972年7月26日，双口村庄档案，编号XYJ-1-13-1。
③ 访谈对象：朱玉凤，女，65岁，平遥县双口村人。访谈时间：2009年5月2日。
④ 访谈对象：陈中智，男，73岁，平遥县双口村人。访谈时间：2009年4月29日。
⑤ 直到现在，一些群众仍然对柳武金佩服不已，认为像柳这样的人坚决果断，有能力，能够办成别的干部办不成的大事，同时也认为他坏透顶了。访谈对象：杜昆祥，男，48岁，平遥县双口村人。访谈时间：2009年5月2日。

真正内化为需要遵守的村庄公共管理规范。进入权力结构的柳为村庄秩序带来了暂时的稳定,但更多的是带来了持久的危害,因为他逐渐将这种"狠"运用到挑战支部权威、打击报复与他有矛盾的干部和群众以及为个人谋取一己私利上。

自从柳武金成为党员并进入支部成为委员后,就像脱缰的野马一般,常常自行其是难以控制,即使是党支部也难以对其形成约束。他对支部权威的蔑视常常使党支部无法形成决议,从而影响了村庄的干部管理和公共管理秩序,也引发村庄干部之间的紧张与权力冲突。

1970年,村中生产小队合并,支部委员每人包一个生产队。柳武金本是二队的干部,支部欲将柳从二队调到三队,以便柳能带领三队努力搞好生产。但是柳认为二队各方面都比三队好,三队劳动日价值低,劳动粮少,对自己大为不利,因此就千方百计想要离开三队。柳为此与领导多次交涉,终未得到批准,但于一年后擅自离职回到二队。

事实上,柳武金想留在二队,也是因为他与队长的私人关系。白崇义揭发道:"柳武金在二队与白勤宝相互勾结,白勤宝也沾柳武金有职有权的光。白的妹妹一年工分挣4800之多,他家没柴就到队里拿。白勤宝当队长时,修房五间,弟弟娶媳妇,家中安有灯管,买手表,还有车子两辆,但白常年不参加劳动。"[1] 虽然柳武金检讨自己身为共产党员、支部委员,毫不考虑党的事业、人民的利益,只顾个人得失,干出这样损公利己的事情,分明是丢钱抓钱,自己是何等的失职,又是何等危险,[2] 但是这种公共空间话语中的自我检讨只是柳武金应付上级运动、表明自己对待错误的诚

---

[1] 《支部会议》,1975年12月31日,双口村庄档案,编号XYJ-7-12-17。

[2] 《杜松庄公社双口大队关于给予陈海亮撤职处分的决定》,1962年2月20日,双口村庄档案,编号XYJ-1-23-1;《柳武金的个人检查》,1972年7月26日,双口村庄档案,编号XYJ-1-13-1。

恳态度与悔过决心的挡箭牌,对于柳的日常言行却未有丝毫触动。

柳不但自己常常以权谋私,而且庇护他人得利,以从中获取更多利益。他曾经向韩霄雷拿过300斤芥菜,还有100余斤编筐用的檬则,这些檬被他拿回家编成了各种用具。除此而外,他还白拿过集体的其他物品,如大队的木料、油菜籽等。他还私自占用集体场地修猪圈,平时穿的秋衣、秋裤都是集体的。柳武金占集体的便宜可谓见缝插针。白平江说:"柳武金从1970年以后每年工分都是六七千分,1975年他两口赚七八千分,怎么又能欠大队里的款,成绩不说跑不了,问题不揭不得了。他常常拿工分来收买人心,哪一年没有几十个人给他干活的?"① 何魏和白崇义在党员学习班和支委自我解剖会议上也揭发柳武金:柳武金吃了喝了还要往家里拿。他把篮球队搞成专业队,大忙季节哪里赶(集)会哪里到,运动衣成了个人的,花不少钱安装灯光球场,方便了打篮球,而且把打球的时间也算作了个人的劳动日。②

拿集体的东西送人情,认朋友拉兄弟,树立个人威信是柳武金惯用的谋私手段,还能为自己挣足面子,显示出自己的"能耐"与高明。一次,大队请人洗井,柳武金向支书和村主任询问如何回赠,支书说买面锦旗,柳武金听罢扭转屁股就走。他后来私自和副支书尹杰商量,给洗井的个人买了背心,集体买了旗子。③ 柳武金也承认自己不仅在打井中记了两天高工分,而且用高工分拉拢其他同志。自己的猪圈正是打井的人修的,而猪圈顶上的木料有几棵就是集体的。在修建尹回水利工程中,为了显示自己的能气,自己大要特权,用大队一百斤粮食换干粉、豆腐,并割了四斤多的肉来改

---

① 《解剖双口支部问题》,1977年1月29日,双口村庄档案,编号XYJ-7-12-3。
② 《党员学习班上揭发问题记录》,1975年12月25日,双口村庄档案,编号XYJ-7-12-11。
③ 《继续批判揭发支部问题》,1977年1月30日,双口村庄档案,编号XYJ-7-12-4。

善生活，以此邀买人心，抬高自己。①

柳武金的这些谋私行为并不是没有受到监督，在四清运动中他曾因为四不清问题进入学习班学习。但这似乎不能对柳武金形成任何约束。

在公共管理中滥用暴力是柳武金管理群众，也是他能"拿住"群众的重要方式。在乡村，基层政权和干部个人的威信常常来源于强硬，虽然并非非得借助于暴力，但暴力确是当时干部管理群众、稳定政权的一种重要手段，只是柳武金过于滥用暴力，超越了群众所能承受的界限。1970年秋天，柳西蓉在六队田地里用茭则（注：指高粱秆）秆捆了点甜菜叶，然后背起来走出田地，正好碰上柳武金从侧面走来。柳问了一声谁，柳西蓉答应了一声。这时柳武金走到柳西蓉面前，让他去大队。

柳西蓉说："我在场内劳动，没有时间割草，现在天已经黑了，就拿了点甜菜叶，你要不相信就打开看看，是不是有粮食。"两人撕扯着蹲了下来。

柳武金说："你非走不行。"

柳西蓉答道："只是拿了一点甜菜叶，没必要求去大队，我从今以后不拿就算了。"

柳武金站了起来，柳西蓉也跟着站起来。柳武金随手拿着刺刀对着柳西蓉刺去，柳西蓉来不及躲闪，左肩窝的衣服被刺破，鲜血直流。这时柳西蓉又紧张又害怕，怕柳武金再向自己刺来，就主动要求去大队。到了大队后，干部批评了柳西蓉，并让他写了检查，但是他的伤口却无人过问。

柳西蓉在证明材料里写道："从1970年秋至今（1977年，笔者注），通过以上事情，特别通过柳武金的所作所为，在我的头脑

---

① 《柳武金解剖》，1977年1月31日，双口村庄档案，编号 XYJ－7－12－5。

里形成了一个念头,总不相信柳武金是一个共产党员,而正像过去的国民党一般。我村让这样的人掌握了政权,我们广大贫下中农心里很不放心。"① 受到柳武金威胁的不只是柳西蓉一人,许多人都受过他的暴力伤害。村民认为柳武金是个坏家伙,作风霸道,当保卫时他不只没收村民偷盗的东西,在惩罚后还要打人,也捆过、吊过人,别的管理者打一个耳光,他就会打两个。② 在村民看来,柳武金运用暴力已经不再是贯彻国家政策的手段,而是欺负村民、称霸作恶的不道德行为。

小学教员马宝香的公婆与柳武金的岳父母家是邻居,但因日常琐事而产生了矛盾,关系紧张。在教师的评议会上,马宝香给柳及其妻姐提了意见,柳于是伺机对马宝香进行报复。不久,柳的机会来了。柳本人是政治夜校的副校长,在1974年10月的一个晚上,他利用自身的职权肆意停学,展开政治批判。

当时柳武金带领双口大队政治夜校的学员百余人突然来到学校开大会,并命令学校全体教师都要参加。当时除了请假的几名教师外,大部分都参加了这个会议。柳在大会上宣布:"学校的领导坐山观虎斗,包庇坏人,听了反动言论不汇报。……今晚开的是批判大会,现在由古兰贤批判。"学校领导们顿时被训得目瞪口呆、莫名其妙。接着柳的妻姐古兰贤阅读了小耿庄政治夜校的经验,后又有20多个青年由柳点名分别进行了批判,揭发小耿庄某些人的反动言行,并说双口村有人在村里说"公社在我大队动不动就召开政治夜校现场会,听见还噎气人哩(方言,让人恶心)"。当时会议的气氛和青年们的批判内容、组织的语言都"恶狠狠"地对准了所谓的"阶级敌人"。

---

① 《关于柳武金用刺刀刺人的证明材料》,1977年2月1日,双口村庄档案,编号XYJ - 1 - 13 - 9。

② 访谈对象:杜富强,男,77岁,平遥县双口村人。访谈时间:2009年5月2日。

　　接着，管理学校的贫协组长吕清曦宣布:"命令双口学校领导苏亮勇，从明天起停课，组织全体师生开一礼拜批判会，找出发表反动言论的人，最后要做出处理意见，向政治夜校汇报。"之后柳宣布限学校领导苏亮勇3天之内查清人，5天之内学校批判，7天内交政治夜校批，并让夜校学员用大字报进行检举揭发，之后宣布会议结束。柳的心里其实早有预谋，他要查的人就是与他有仇的马宝香。"阶级是在本来就已四分五裂的村落中添加的又一个分裂因素，并可能使传统的人际冲突带上新的色彩。"[①]邻里纠纷在村庄里在所难免，但明目张胆地利用国家权威来解决日常生活中的邻里矛盾，将国家权威作为攻击报复他人的有力工具，并将自身凌驾于党支部之上，这样的越界干部并不多见。

　　柳的爱人古兰婧是通过柳的"门路"才成为民办教师，并未获得村党支部和学校领导的批准，而且古兰婧备不了课，代课水平差，学生评价低。支书何魏曾经质疑古兰婧本来就不是当教师的材料，欲以此停止她的小学教员工作，但柳威胁何魏说不让他老婆当教师，何的小舅子也得从路候村机械厂回来。最终，古兰婧硬是挤进学校当了老师，但在教师评议会上她被评为三级。当时，柳曾为此找到学校的领导争辩，威胁校领导常俊清"你们这些魔鬼，咱们遇茬茬吧（方言，指等机会）"，并恶狠狠地摔门而去。在又一次教师评议会上，柳的爱人又被评为了三级。柳召开政治批判会，既欲打击马宝香，又想借此给学校的领导和教师们施加压力。

　　政治批判会的第二天，学校上早操时，苏亮勇向全体教师一一询问谁说过"公社在我大队动不动就召开政治夜校现场会，听见还噎气人哩!"的反动言论，或者听见别人说来，当时大家都回答"不知道，自己没有说，也没有听到别人说"。这时苏亮勇就找吕清

---

① 张乐天:《告别理想:人民公社制度研究》，上海人民出版社2005年版，第99—100页。

曦谈话。

见到吕清曦，苏问他："老吕，你是学校的贫下中农小组组长，我是副组长，是不是。"吕说："是。"

"现在你命令我停课一周，开一周批判会，并做出处理决定来，我问你是哪个教师说来。"

"马宝香说来。"

"马在什么时候、什么地方、什么场合下说的？"

"在 11 号早上，你出宿舍门，马宝香一进门就对着你说。"

苏问："她还说什么来？"

吕说："她后来什么也没有说就走了。"

苏接着说："那天我起床后就和冯凯林、白孝禄忙于到街上写黑板报，找材料准备走，就没有这事呀，咱们唤来马宝香问一问她。"

苏便把马宝香叫了过来。苏问马宝香："11 号早上我一出门，你一进门说政治夜校开现场会还噎气人哩？"

马宝香满脸疑惑："每天早上的第一节课是我的教学课，我来你宿舍干什么，我就没有来，也没有说呀。谁说我说来？"

苏答道："老吕。"

这时马宝香哭着问吕清曦："我根本就没有说过那些话，你为什么要政治陷害我，无中生有？"

吕厉声呵斥道："你要老实交代！"

看到无法弄清事实和解决问题，苏亮勇便出门去找支部书记何魏。见到何魏，苏向他汇报了那天晚上开批判会的情况，并向何魏询问"开批判会他知不知道，是不是支部的决定"，何魏回答"自己不知道这个会，也不是支部决定的，批判会的前天晚上自己在古家庄开了一天一夜的会"。此时柳武金恰巧也来到了何魏家，苏亮勇就问柳武金"学校的哪个教师说过'反动言论'"。

柳回答说:"马宝香说来。"

苏问:"在什么时间、什么场合说的?"

柳说:"10 号的晚上,你们开全体教师会,马宝香在会上说的。"

苏说:"既然是在开全体教师会上说的,那为什么批判的时候说是对我说的?"

柳说:"你是领导,你领导开会就是对你说的。"

苏又问:"吕清曦说是 11 号早上我一出门、马宝香一进门说的,你又说是在教师会上说的,你俩究竟谁说得对,谁说的是事实?你俩领导政治夜校开批判大会,给我下了两道命令,让我立即停课批判一周,最后做出处理决定,向政治夜校汇报,但是你俩连马宝香在什么时间、什么地点、什么场合说的反动言论都弄不清楚、相互矛盾,究竟你俩谁说得对?把我也弄糊涂了。让我怎样停课批判马宝香一周,怎样处理她?"

柳武金说:"谁让你找何魏不找我呢?"

苏回答道:"我找何魏和找你也得一个一个去找,不料一下就都找到,你们又不是在一家住的,你看我还没有请你,我也没有来得及去找你,你就巧遇来了嘛,这也不算迟嘛。我先找何魏,因为他是双口村的党支部书记,是大队党的领导嘛,所以我先找他,后找你,因为你不是党支部书记,你是政治夜校的副校长。而且我认为,党支部是领导政治夜校,而不是政治夜校领导党支部,更不能是你领导何魏呀,也不能把政治夜校凌驾于党支部之上吧。我没有小看你,也不是小看你。"苏尽量缓和气氛,委婉地表达,避免与柳武金发生正面冲突。

柳看到自己被戳穿,极为恼火。他火冒三丈地说:"你不找我就不行!"

苏也不敢轻易激怒眼前这个满腹阴谋、乐好投机的大队干部:

"我这就是和你谈嘛。老柳,你说怎样批判马宝香一周吧?咱们怎样批判处理她呢?你给我写上个指示,现在马宝香还哭着和吕清曦吵闹呢,女教师一旦出了问题我是负不起责任的。"

柳武金还是不能控制住自己的怒火,从炕上跳到了地下,大声说:"死了她,我顶命。"

何魏看到柳武金要违反政策规定、私自批判人,便对柳说:"批判人必须经上级批准,没有经上级批准不能随便批判人,更不能随便处理。马宝香如果说了那也是认识问题,我们可以耐心教育她,不应该不经领导批准就批判处理。"实干而性格随和的支部书记显然不同意用阶级批判和现场斗争这种过激的方法来对待一个可能只是说错了话的女教师,而主张采用教育的办法,更何况这可能是凭空捏造、被人嫁祸的一句话。

柳武金说:"不行,非批判不可。"说完便气急败坏地走了。

到了中午1点多,柳武金和吕清曦两人又来到了何魏家,他们还是坚持要对马宝香进行批判,何魏与他二人好言商议,再三制止,但柳武金一直很强硬:"不行,非批判不可,我还要活动群众写、贴大字报进行批判。"一直到6点天快黑时何魏还是未能说服柳武金,便不得已地决定晚上开支部会研究后再决定。

支部当时研究的结果是"没有此事",命令柳武金不准张贴批判大字报,说这是整群众,不符合安定团结,并让苏在教师会上宣布就此了事。事情就这样无果而终。

马宝香被气得牙痛头昏,四肢无力,之后几天都不能正常工作。马认为"柳武金是军阀,他在学校为所欲为、称王称霸,利用职权到处插手,对群众残酷斗争、无情打击,连共产党员的一点味也没有,连一点党性也没有,完全是以权压人的资产阶级做法"。

但是柳并未就此罢休。1977年,民办教师转正,柳的爱人及妻姐都是民办教师。当时学校召开教师评议会,柳突然坐在会场里。

马见状中途退场,其余人则沉默不语。古兰婧气势汹汹:"推不上我姐姐不行,非重研究不可。你们为什么要推他三个,谁敢出来说说理由,怎么不吭气,你们装什糊涂咧。……"20多个教师忍气吞声地受到古兰婧将近两个钟头的蛮横质问。第二次评议会上,马给柳的妻姐古兰贤提意见时,柳在门外喊古兰婧出去。原来柳早已在门外听会多时了。

古兰婧出去后似乎得到了丈夫的指教,散会时便在门口张开两臂堵住马宝香不让其回家,并厉声说道"你不能回去"。主持大会的韩春平几次让马宝香走,但古兰婧听而不闻,堵住门指着马宝香大骂道"你不要夹着尾巴走"。马不得已侧着身子挤出了门,古又追着马继续大骂,而柳一直站在旁边笑。马宝香吓得不敢回家,从会场回到了办公室,柳手提棍棒身后带着两个保卫也跟了进来。马宝香见状,向韩春平提出请求:"现在已是深夜1点多了,我不敢回家,像这样得保证我的人身安全。"最后马宝香在两位老师的护送下才回了家。事后,古兰婧一见马宝香就骂,一直持续了半月之久。柳及妻子的这种专断和高压的做法使许多教师倍感压力,生怕一不小心惹下祸端,每天提心吊胆地工作。①

柳武金的报复不仅针对群众,也针对干部,报复成为他压制别人的重要手段。韩霄雷认为柳武金权力大,手伸得长,言语和行动是打击报复的,有些和阶级敌人的行动完全一致。②在支部揭盖子会议和党员学习班上,干部们一举吐出了对柳的不满,柳武金成了过街的老鼠。干部们认为自从柳武金进入支部以来,支部常常不能形成决议。他是"老子天下第一,在公社有人,谁也管不了",无

---

① 《关于柳武金插手学校教师评级的证明材料》,1977年1月31日,双口村庄档案,编号XYJ-1-13-5;《关于柳武金插手学校教师评级的经过》,时间不详,双口村庄档案,编号XYJ-1-13-7。

② 《评论支委记录》,1977年2月2日,双口村庄档案,编号XYJ-7-12-10。

论是驻村干部丁保国还是支书何魏都管不了他。① 白平江说:"柳武金自从入党当了干部,没有干些好事,不劳动,高人一等,讲吃讲穿,交酒肉朋友,腐蚀干部,在支部里搞宗派,滥用职权,不是用毛泽东思想教育青年,而是讲私人关系。"② 柳起元说:"柳武金上台和王洪文上台一样,是一步登天,老干部都不合眼。柳时时想打击,时时想报复。"③ 柳云峰认为柳武金的思想体系和"四人帮"是一致的,顺我者昌,逆我者亡,打击干部,扬言进行报复。④ 何魏也质疑柳武金:"工分上一年(得)很多,是通过劳动流汗(得)来的?当干部思想不纯,谋求的是升官发财,好吃懒做,据人说经常吃的是白面。"

干部们对柳的揭发批判铺天盖地,虽然柳武金也承认自己的种种谋私行为,并检讨自己将政治夜校凌驾于支部之上,是帽子满天飞、棒子随便打、到处伸手的霸道作风,而且用党性保证今后一定改正,不再打击报复⑤,但这丝毫无法挽回柳的声望及支部委员对他的信任。在1977年的支部委员选举会上,支部成员形成决议:"柳武金入党时未向组织交代清其姑姑家的成分,隐瞒并将其姑父的地主分子的成分修改为富农,当上干部后不积极参加集体劳动,打击报复群众,不经领导和支部研究私自召开批判群众大会,私自召开支委会,将自己摆在党支部之上,而且在运动中乱开枪。经贫下中农和支部全体党员讨论,柳武金退出党支部。"⑥

同时,古兰婧因丈夫柳武金的庇护而撒泼耍横从而给学校师生造成压力所引发的不满也终于爆发。1977年5月23日夜晚,学生

---

① 《揭公社党委盖子会议记录》,1977年1月28日,双口村庄档案,编号 XYJ - 7 - 12 - 2。

② 《双口村干部座谈会记录》,1975年12月31日,双口村庄档案,编号 XYJ - 7 - 12 - 17。

③ 《继续批判揭发支部问题》,1977年1月30日,双口村庄档案,编号 XYJ - 7 - 12 - 4。

④ 《解剖双口支部问题》,1977年1月29日,双口村庄档案,编号 XYJ - 7 - 12 - 3。

⑤ 《柳武金解剖》,1977年1月31日,双口村庄档案,编号 XYJ - 7 - 12 - 5。

⑥ 《双口支部向中共平遥县委组织部、平遥县杜松庄公社党委的汇报》,时间不详,双口村庄档案,编号 XYJ - 5 - 9 - 19。

王宏仁和白建敏趁天黑在学校的墙上贴了一张大字报,言辞极为激烈:"学校领导、贫管会、党支部和全体师生们,古兰婧这个资产阶级的代表,站进了培养革命接班人的阵营,挑拨师生团结,大搞两面三刀,搞宗派。在这几天的整顿教师中,以劳动为名,蒙蔽了许多领导同志,这样的人必须赶快滚出学校去,望领导同志们要擦亮眼睛,认清好坏,不要上当,古兰婧赶快滚出学校去。快!快!!快!!!"王宏仁和白建敏认为,柳武金在支部的时候,学校每次放春假、秋假,古兰婧从来不劳动,但队里总是给她记工分;现在柳武金退出了党支部,当党支部号召团员参加义务劳动时,古兰婧却一反常态,在这次义务劳动中表现得非常积极,还因此而受到了领导表扬,她这么做一定是有目的的,是假积极。①

虽然两名学生因此而受到学校批评并做出自我检讨,但检讨的缘由却是"趁黑夜贴小字报,背后搞阴谋诡计,搞无政府主义,不能如实反映自己的身份,没有按照毛主席的敢想、敢说、敢闯、敢做、敢革命的大无畏的革命精神去做,没有表现出一个革命青年敢想敢干的革命意志,不敢大胆地向党支部、团支部、工作组提问题,是无组织的盲目行动"。一周之后,两人才又写了一份检查报告,白建敏检讨道:"……我由于落后到了极点……攻击了党支部形成的决议,打击了参加义务劳动的积极性……自己当时只想她平时落后,如今受到表扬,错误地否定了一个人的进步,没有用毛主席的一分为二的观点去看待同志,而是把一个人看成一成不变的,根本没有想到这是对参加义务劳动者的打击使革命受到损失。……"应该说,这张大字报似乎释放了学校师生及部分村民对柳武金和古兰婧嚣张跋扈的怨愤。

双口村恶霸式干部涉入村庄政权,将国家权威作为对付他人的

① 《关于给古兰婧写小字报的相关材料》,1977年5月,双口村庄档案,编号XYJ-5-3-5。

有力工具，不仅使个别群众从心理上产生压抑感，而且对村庄政权的整个权力格局和公共管理、社会秩序产生了恶劣影响。柳武金在村庄的干部中只是极其特殊的一位，毕竟国家对于干部的监督仍然具有相当大的约束力，而且从阶级话语和思想意识上积极地教育改造乡村干部；普通村民相对于干部虽然处于弱势地位，各种民主权利无法得到保障，但他们在国家大规模的群众动员下并非完全处于失语的地位。而且，他们"共有的价值观、公共舆论及其对村规的诉求"等的村庄传统尽管在集体化时代受到削弱，但对掌握权力、居于优势地位的干部而言仍然具有约束功能。"这种约束可谓是源自所有社群成员包括有权者与无权者所共享的社区规范和义务的隐形权力。"①

另外，以上论述也表明，虽然国家对于乡村的改造力度在集体化时代前所未有，不仅从制度层面上加强干部管理，而且也在日常生活的实践中通过一次次的政治运动来加强对干部的约束和动员群众参与干部监督，但事实上国家的政治理念与乡村实践还有一定的距离。由于国家无法不依赖乡村干部来实现对乡村的治理，所以就不可避免地造成这样的后果：国家必须容忍"基层政权的不当行为对于国家权威在道德和治理原则上的伤害，来换取基层政权的象征性服从，从而使得通过他们的间接控制可以持续"②。

* * *

国家重视社会主义意识形态对民众的教育与改造功能。阶级话语是党的社会主义意识形态的反映，能够约束和规范人们的社会行

① ［美］李怀印：《华北村治——晚清和民国时期的国家与乡村》，岁有生、王士皓译，中华书局 2008 年版，第 298—299 页。

② 张静：《基层政权：乡村制度诸问题》，2006 年增订版前言，上海人民出版社 2007 年版，第 3 页。

为。集体化时代的阶级话语建构着党和国家的权威及社会规范,塑造着干部与群众的角色、地位及干群关系。在党的阶级话语中,乡村干部既是人民的公仆和勤务员,受到群众的监督制约,又是群众的带头人与管理者;群众应该约束自身违背党的意识形态的言行,既是被服务的对象和民主监督者,又是被管理者;无论是干部还是群众,都要大公无私、不计私利、乐于奉献,干群之间也应该鱼水相依,团结合作,平等和谐。阶级话语的背后反映了党的意识形态和政治逻辑,其所指向的关于干群身份的建构及对干群关系的表述是国家治理乡村、改造干群的愿望实践,除了策略性的考虑如为了使群众参与村庄公共管理工作以实现对乡村的有效治理外,还包含有取得群众的政权认同的愿望。① 这有利于打破干群之间的社会等级差异和乡村盘根错节的人情网络,创造一个更加平等的社会机制,促发、推进农民的参与意识和民主观念。

从话语的功能来看,可从两个方面来理解:一方面是运作价值,这一功能隐含在政治生活的运行和成员的行为中,“需要从那种政治结构和规范已实际采用的,即那种政策所追求的价值中推断其实质”;另一方面是表达价值,“这种价值由那些说明政治生活的目的、组织和界限的表达的道义诠释和原则所构成”②。由于阶级话语对于干群角色及其关系的建构不能与其道德观念、生存理性及乡村的人情网络完全相适应,民众对于阶级话语的实践很多时候只能停留在公共空间话语层面,而不能完全支配村民的思想行动和村庄的日常运作。民众这种对于阶级话语的疏离使意识形态话语运作价值与表达价值出现分离,也导致了黄宗智所谓的表达性现实与客观性现实之间的背离。③

① 张静:《解放区时期的群众路线》,《战略与管理》2010年第7、8期合编本。
② [美]戴维·伊斯顿:《政治生活的系统分析》,华夏出版社1999年版,第349—350页。
③ [美]黄宗智:《中国革命中的农村阶级斗争——从土改到文革时期的表达性现实与客观性现实》,《中国乡村研究》2003年第2辑。

　　重情不重理的生活逻辑与思维定式而非科层的现代管理体制在乡村公共管理和社会关系中发挥着更为重要的作用。国家在事实上赋予了干部与群众的领导与被领导的身份和角色,这种公共权力的上下级关系在现实中体现为态度而非功能上的等级关系,造成干部和群众拥有高低不同的社会地位和不等量的资源。干部并非国家权威话语中的勤务员,群众也不是"伟大"的人民,"干"与"群"之间的矛盾而非阶级矛盾在集体化时代依然是乡村社会的主要矛盾,两者之间的对立与冲突依然是影响村庄秩序稳定的重要因素。

　　在村庄的实践中,干部占有较多的政治、社会资源,居于较高的社会地位。在面临生存威胁和资源稀缺的情况下,干部一方面是具有官方身份的所谓"公家人""陌生人",小心地维护着国家的权威,贯彻执行国家政策,同时也建构自身的权威,在公共管理中对群众诉诸"打骂"的暴力解决方式;另一方面他们具有小农的经济理性,也是受到乡村社会关系体系制约的村庄社区成员,他们凭借干部身份谋取自身所需要的资源,并且在与群众打交道的过程中不可避免地向乡村情理社会和人情网络倾斜,建立私人社会关系,融入村庄人情社会,避免陷于被孤立的境地。

　　相对而言,没有任何政治资源可以利用的普通民众为了生存,听从干部的管理、参加农业劳动,同时也"自私自利"、私开小差、消极怠工、自行其是,满足自身的物质和精神需要。这些村民尤其是贫下中农在某种程度上还发挥着积极主动性,被国家动员参与到对乡村政权的建设中,并且通过社会舆论、检举揭发、民主监督等方式对干部的日常公共管理形成约束。这虽对干部造成一定的冲击和限制,但几乎不能形成持久有效的约束力,他们依然处于社会下层,权利和权益无法得到保障,更多的是处于被支配的地位,并努力寻求干部的庇护。村庄公共事务的运作和干部组织的内部管理呈现出一定的无秩序状态,干群之间的资源和权利分配依然不均。党的社会主义理念和国家的权威受到乡村的生活逻辑和村民生存理性的挑战与消解。

学者翟学伟认为,"肯定情比理重要是认识中国人际关系特征的第一步。……从家庭转向社会的人情关系是基于中国传统社会和组织的结构,正好是家庭结构的翻版和推延,这种人际心理结构和社会关系结构的吻合使中国社会中的人情从家庭向社会泛化成为一种可能。两者的不同之处只是社会上的人情没有了血缘基础,也意味着人情关系从原先的必然性变成一种或然性,从原先的亲变成义再变成利"[①]。在村庄日常的实际运作中,这种人情关系依附在干群关系和阶级关系的表皮之下,依然发挥着重要作用,国家试图以阶级关系整合干群关系、代替私人关系的意图和愿望与乡村现实出现了背离。在村庄里,干群关系中包含着私人关系,阶级关系则处于附属地位,三者相互嵌入,共同影响着乡村的社会关系网络。

---

① 翟学伟:《人情、面子与权力的再生产》,北京大学出版社 2005 年版,第 85—86 页。

第四章

生计与生存:社会身份与日常生活

在集体化时代,为保障农业集体经济体制的有效运转并实现工业化的战略目标,国家通过经济制度安排的约束、政治意识形态的引导以及社会流动上的限制等手段使农民投身于农业生产。作为农民主要谋生手段的农业劳动具有高度的政治意义,农业劳动者光荣而又伟大的阶级话语表述贯穿在整个集体化时代,"政治挂帅"而非"工分挂帅",为农业建设和社会主义发展贡献力量是国家对村民的劳动及劳动观念的政治要求。但村民是否会接受国家关于农业劳动的政治意义上的界定,是否会安心于在农村进行农业劳动,他们又如何看待其他谋生手段对于自身日常生活的意义?事实上,村民常常通过非农业劳动手段甚至进行盗窃作为获取经济资源的重要途径,并且往往因超越了国家的政策界限而被政治定性,受到约束和处罚,这使村民的社会身份趋向政治化。本章主要探讨在国家严格管理下的农民群体是如何生存的,他们对于集体劳动有着怎样的体验和感受,又如何争取其他的生计方式,形成了怎样的生存策略,处于怎样的生存状况和境遇中,并揭示农民在点点滴滴的日常行为选择中如何形成了不同于国家意志的主体性建构,成为解构国家制度安排和形塑社会发展路径的重要因素。

第一节 "劳动最光荣"

基于社会经济发展的现实需要，以及对农业劳动力的投入即约等于农业产出的逻辑推论和防止产生剥削、不劳而获的意识形态评判，国家认为农村的劳动力必须要占到农村人口的40%左右，这些劳动力中的95%左右要固定归生产队支配，这样能使农业有好的收成，就能缓和城市消费品供应紧张的状况，提高劳动生产率和工作效率，且不会形成"食之者众、生之者寡"的局面。[①] 人民公社内的每一个社员被要求自觉地遵守劳动纪律，完成应该做的基本劳动日。[②] 不仅是农村的农民，凡是具有劳动能力的人如机关工作人员、在校学生、知识分子几乎都被动员加入农业劳动的行列。许多的市镇非生产人员也回到农村参加农业生产，这被认为是参加社会主义建设的具体表现，符合人人劳动、按劳取酬的社会主义原则。[③]

为了保障集体经济体制的运作，需要从思想意识和行为选择上形塑村民的劳动态度与劳动观念。国家通过下发政令、发动各种运动，加强农业第一位、生产劳动第一位的思想意识宣传。是否积极参加农业生产劳动，成为是否遵守国家政策法令、是否跟着党走、是否坚持社会主义道路、是否与贫下中农站在一起的标准，成为影响个人社会形象和社会地位的因素。在公共空间的话语表述中，劳动是崇高的，劳动人民是伟大的，不劳动而依赖别人生活是剥削、

---

① 《中共中央转发五人小组〈关于调整农村劳动力和精简下放职工问题的报告〉》，1961年4月9日，《建国以来重要文献选编》（第14册）。

② 《农村人民公社工作条例（修正草案）》，《当代中国农业合作化》编辑室：《建国以来农业合作化史料汇编》，中共党史出版社1992年版，第330页。

③ 《山西省人民委员会财粮贸办公室关于压缩市镇非生产人员回乡参加生产的报告》，1958年1月16日，《山西政报》1958年第4期。

是可耻的。地主和富农正是由于自己不劳动、压迫和剥削劳动人民而成为被专政的对象。劳动似乎成为衡量村民的政治立场、个人品质和能力的重要标准,从而具有了政治意义。

农业劳动重要的意识形态逐渐形成并散播在村庄经济、行政组织管理和社会管理的运作机制中,成为改造民众的思想观念、日常生活和谋生方式的重要因素。无论是党员干部还是普通群众,贫下中农还是四类分子,是在校学生还是从事非农业劳动的其他职业的人员,都需要重视农业劳动。作为干部和党团员,首先要在劳动中起到领导带头作用,如果不能带领群众劳动,反而消极躲避,就会被认为没有当党团员和干部的资格。有的社员认为柳凯茂在队里劳动一贯落后,而且挑肥拣瘦,根本没有真正发挥团员的作用。[①] 作为一名普通社员,也应该在干部的指挥下好好劳动,这是成为一个好社员所应具备的基本条件。许多因不安心于生产劳动而犯了“错误”的社员常用一套好好劳动的话语来表示自己的决心。因倒贩、屠宰羊而被逮住的吕广才在检查中写下了自己的保证:“我再不做对人民不利之事,在队里好好劳动,听从各级领导干部的指挥,把自己投入到‘三大革命’运动之中,为了今年农业的大丰收而大干特干加油干,把自己的一生投入到无限的为人民服务之中。”[②]

在阶级话语的表述中,农业生产劳动同时还是一个改造人的人生观、世界观、价值观的大熔炉,并能为国家和社会主义建设贡献个人力量。四类分子作为阶级敌人被专政和管制的过程,就是在人民的监督下从劳动中“改造”自己的过程。四类分子在检查书中需要表明自身对劳动的积极态度,刘清媛在个人检查中写道:“我要老老实实、规规矩矩的参加集体劳动,接受党和人民对自己的监督

① 《贫下中农揭发材料》,1965 年 11 月 11 日,双口村庄档案,编号 XYJ - 1 - 12 - 13。
② 《吕广才检查书》,1971 年 1 月 25 日,双口村庄档案,编号 XYJ - 2 - 6 - 6。

改造,使自己脱胎换骨,重新做人。……大打农业翻身战,支援战备,支援社会主义革命和社会主义建设……"① 能否积极地参加集体劳动是评判四类分子现实表现的重要依据,有的四类分子因此而扭转了黑色身份带来的负面影响。被错划为地主的吕向文就因积极劳动、熟悉农活、爱护牲口,又有摇耧、赶车技术而摘掉了地主帽子,并得到生产队长的信任和请教。②

青年学生同样需要通过参加劳动来接受贫下中农的教育,锻炼自己,加深与贫下中农的感情。柳峰在毕业总结中检讨自己:"对于布置下的积肥任务,我由于资产阶级世界观还存在,感到拾粪很脏,所以一开始没有积极主动地去做。毛主席教导我们,最干净的还是工人农民,尽管他们手是黑的,脚上有牛屎,但还是比资产阶级和小资产阶级都干净。伟大领袖毛主席这一教导具有无穷的力量,我勇敢地拿起粪筐到公路上拾粪。这次积肥使我在改造世界观(中)前进了一步,在走与工农相结合道路上贡献了自己的一份力量。"③ 吴小涛在总结中也写道:"作为青年学生就应该与贫下中农结合,有劳动人民的本色,放下知识分子的臭架子,在劳动中改造自己的世界观。"④ 劳动光荣而伟大的意识形态发挥了改造思想观念的重要功能,同时也形塑着青年学生的行为方式。

如果不参加农业劳动会被认为是破坏社会主义建设、剥削别人,会成为被批评的对象。如果是四类分子,就会加深自身的罪恶,成为被不断揭发批判的把柄。王友营认为自家虽人口多但没有劳力,家庭事务多,女人身体不好,什么事情都得自己,所以在家

---

① 《刘清媛的个人检查》,1971 年 9 月 15 日,双口村庄档案,编号 XYJ - 3 - 1 - 2。

② 《关于吕向文土改前后的家庭情况及吕向文本人情况的座谈会议记录》,1976 年 7 月 6 日,双口村庄档案,编号 XYJ - 2 - 9 - 1。

③ 《杜松庄公社中学第一届高中毕业生个人总结——柳峰》,1972 年,双口村庄档案,编号 XYJ - 5 - 2 - 2。

④ 《杜松庄公社中学第一届高中毕业生个人总结——吴小涛》,1972 年 1 月 31 日,双口村庄档案,编号 XYJ - 2 - 28 - 5。

多做一些家务、误上几次集体生产劳动也是有理由的。当王友营因在房梁上画八卦而被送进学习班时,对自己轻视农业劳动的做法也被迫做出了检查:"……由于资产阶级剥削思想的存在,最近两年内自己全年劳动不到 2000 工分。……(这种行为)是瓦解集体经济和剥削社员劳动的手段,是反对社会主义维护资本主义的具体表现。"[1] 王尽管承认了自己"资产阶级思想"的错误,但在他看来照顾家庭显然比参加集体劳动、突出政治更为重要和正当。梁永贵同样因长时间不参加劳动而被认为与"四人帮"遥相呼应,严重地破坏了农业学大寨和抗洪救灾运动。梁反驳道,"自己因胃病发作,妻子患高血压病,家里有三四个劳力劳动但没有人做饭,便没有去劳动而干了家务活"。梁曾因新中国成立前担任过伪村长而成为村庄的"内专"对象,不参加劳动成为他以往罪恶的延伸。

农业生产劳动确乎成为村庄一切事务的中心,各种收益分配、劳动日总数、各队粮食产量情况、劳动力统计、耕地面积、产量预估、春浇抗旱、水利计划,农业生产统计年报等多种关于农业生产的资料体现出农民日常生活的内容和特点。对于农民而言,当时除了劳动似乎没有更多的选择,他们在集体体制之下被组织起来,初期不仅会因生产方式、生活方式的变化而产生新奇感,同时也因自身从众和不善于创新的特点而在一定程度上乐于接受干部领导和集体劳动的管理。而且,参加农业生产能够维持基本生活。村庄的农业劳动管理体制有利于劳力多的家庭,其生活水平相对高一些,而人口多、劳力少的家庭在生活上就会发生困难,但最基本的口粮能够得到保障,所以尽管集体农业劳动并不能使人们的生活更加富裕,也常常无法调动起村民的积极性,产生欺哄、消极怠工等现象,但"集体的生存意识迫使人们保持最基本的劳动秩序,即使在

'十年动乱'时期,情况也是如此。农民消极,但不至于消极到让田里只长草不长苗,消极到使大家都饿肚子"①。尽管农业劳动的边际效益相对低下,但为每个人都提供了就业机会,只要投入劳动,仍然能带来收益的绝对增加。

鉴于农业和生产劳动的突出地位及其对村民日常生活的重要意义,合理而完善的管理体制就成为村庄形成稳定秩序的关键。除了从思想意识上使村民树立"劳动光荣、劳动第一"的观念外,村庄还制定出详细的制度,从实践层面上加强对社员的劳动管理。在1975年和1977年的管理制度中,除了规定出勤的基本天数,奖惩和请假制度、扣分管理等,村庄还对外流人员、赤脚医生和民办教师制定出具体的管理办法,如赤脚医生每月参加劳动17天,其余时间看病,看病时间大队补工,劳动时间计时评工;学校民办教师一律实行评议工分,每季一次,放假时间要积极参加集体生产劳动,不予记工,但作为一项评议条件。民办教师、赤脚医生、副业人员不得超过生产第一线同等劳力的工分。② 村庄的劳动管理制度反映出农业劳动对村民日常生活和活动空间的规范作用及限制约束。教员、医生及从事副业的村民也都必须在力所能及的范围内投入到农业劳动中,并且所得工分不能超过同等劳力的农业劳动者,从而在制度安排上确立了农业劳动者较高的社会地位。

在村庄的劳动管理中,工分是连接村民投入劳动与取得报酬的中介,其高低直接关系着村民的收入,拿到高工分、获得高收益的经济理性而非政治觉悟是支配他们日常劳动的主要动力。村民的劳动态度和付出与工分的多少和获取的难易直接相关,工分成为村庄的劳动管理以及公共生活得以运转的中枢。如村庄的宣传队,有工

---

① 张乐天:《告别理想:人民公社制度研究》,上海人民出版社2005年版,第266页。

② 《关于1976年的奋斗计划》,1975年11月24日,双口村庄档案,编号XYJ－7－16－25;《杜松庄公社双口大队管理制度》,1977年3月10日,双口村庄档案,编号XYJ－7－16－25。

分就能组织起来,不计工分就集中不起来。① 青年人大多愿意外出,有个别青年在接受劳动安排时首先看能赚多少工分。② 柳春生在检讨班上交代自己的思想:"近几年来我愿意做大队工,原因是在大队做木活每天能挣 15 分,在本队才 12 分。从去年开始,在大队劳动,每天成了 13 分,我思想上就背了包袱,现在做的时间长了,技术也高了,工分反而给我减少了,而我队给记 14 分,以后大队叫我我就不去,或者在劳动中磨时间就是了。10 天的工总要多做一两天。"③

尽管柳对自己的此种行为做出批判,但获取更多工分始终是他的目标,这也是大多数村民不断投入劳动的目的,有的甚至不惜放弃上学的机会。柳翔宇因家中人口多、劳力少,家中没有足够的现金购买粮食,在父母的要求下便决定回乡参加农业生产。学校领导由于其马上要毕业不予批准,而且不予转接团关系,但柳仍然坚持,即使放弃了团关系也要退学。④ 在柳看来,能否毕业并不重要,作为团员的政治资本似乎没有大的价值,参加劳动挣更多工分来养活自己和家人是能够得到的直接利益,才是最为现实的。这一材料显示劳动在集体化时代的农村确实成为农民生存的首要选择,尽管工分的高低并不能与实际的经济利益直接挂钩,但由于集体单位不能解雇过剩的劳动力,村民也没有更多的生存途径,只要边际产品大于零,劳动力的继续投入就合乎村民的经济逻辑。⑤

工分体制对村民的经济生活至关重要,但却存在着不足,由于

---

① 《双口村干部座谈会记录》,1975 年 12 月 31 日,双口村庄档案,编号 XYJ - 7 - 12 - 17。
② 《双口村干部座谈会记录》,1976 年 1 月 1 日,双口村庄档案,编号 XYJ - 7 - 12 - 18。
③ 《柳春生的检查》,1970 年 6 月 25 日,双口村庄档案,编号 XYJ - 2 - 63 - 3。
④ 《柳翔宇的自我检查》,1965 年 11 月 30 日,双口村庄档案,编号 XYJ - 1 - 14 - 1。
⑤ [美] 黄宗智:《长江三角洲小农家庭与乡村发展 (1368—1988)》,中华书局 2000 年版,第 201 页。

对劳动数量和质量的信息收集和监督的成本高、难度大，难以将其与劳动报酬直接挂钩，劳动者的动力不足；同时，国家直接领导和计划农业生产，并进行统一规定、管理、分配，这样就几乎完全控制了农业生产，包括对剩余权的支配。作为政策直接实施者的乡村干部尤其是生产（小）队干部升迁无望，也享受不到农业剩余收益，得到的对集体劳动监督和管理的激励同样不足。① 村民为了多挣工分，常常不能保证农活质量，无论是干部还是普通群众，都存在偷懒、瞒哄现象。

古秀堂检讨自己当共青团员，不能按照队内的要求和规定的质量干好农活，只想干得快些，多干一些，多挣些工分。② 社员吴永富锄高粱，只锄地边，不锄地心。队长问他说"你锄过没有"？他说"没话说，我锄过啦"。队长只听他说，也没去检查，结果到秋天割高粱才发现未锄。③ 吴永富把工分挣到了，受损害的是集体利益。同时，工分记录也存在问题，登记不严格，多记、少记、漏记的情况时有发生。一些记工员承认自己有时会给社员误记，也不能及时记、及时清，常出错误。④ 家务也会影响女记工员的工作。吴翠兰检讨自己有时正在记账或打工分时，孩子哭，心一急，就不可避免地打错或记错工分，如有一次年终决算时给吕清文家多记600多分，给葛文禄累计工多记9分，吴承认这都是由于孩子哭闹造成的结果。⑤

由于复杂的劳动安排，工分的记录有时并不局限于记工员，

① 周其仁：《中国农村改革：国家和所有权关系的变化（上）——一个经济制度变迁史的回顾》，《管理世界》1995年第4期。
② 《古秀堂自我检查书》，时间不详，双口村庄档案，编号XYJ-2-19-1。
③ 《工作组关于十二队的问题分析》，1963年5月30日，双口村庄档案，编号XYJ-8-6-10。
④ 《吕荣磊的检查书》，1965年10月21日，双口村庄档案，编号XYJ-2-10-3；《柳翠莲的自我检查书》，1965年12月18日，双口村庄档案，编号XYJ-2-57-1。
⑤ 《吴翠兰的检查书》，时间不详，双口村庄档案，编号XYJ-9-4-12。

多人负责、随人而变容易造成工分错记，农民干部相沿成习的生活和思维方式难以与村庄公共管理对责任义务观念和工作素养的要求相适应。而且，究竟如何确定某一种农活的工分数量，村庄并没有统一的标准和明确的规定，对于一些公共事务是否应记工分也会因人而异。干部的工分登记问题相对较多，一些干部有时无论劳动与否都要登记工分，有的在县城、公社开会也要记工分，在村庄里做社务和行政工作也记工分，记工员、保管的工分有时超过了普通全劳力。[①] 有的保卫靠秋收赚高分，有时在家睡觉，却登记了工分。[②] 这样的记工实际已经模糊了干部正常补贴与非劳动所得之间的界限，使干部能以办理公共事务为借口赚高工分，并躲避劳动。团支书柳云峰就在支部揭盖子会议上说："大部分干部不劳动，懒，有的连同补助赚下成万分，但还是不劳动。"[③] 何魏质问刘岚温："今年劳动了多少天？工分挣了6000多，是在地里一天天挣下的，还是游手好闲（得来的）？"[④] 事实上国家对于干部的补贴工分有明确规定，即不得超过全大队总工分的2%，但村庄在实际操作中远远超出了这一比例。一些干部认为参加劳动会影响工作，只要把工作做好多补贴些工分算不了什么，只要增了产，谁还在乎干部的补贴工分呢？[⑤] 这样的思想在村庄干部中普遍存在，这使干部的补贴工分登记往往超出规定。此外，干部还庇护亲戚朋友得高工分，对于要好的就多记工

---

① 《杜松庄公社双口工作组工作汇报》，1963年4月13日，双口村庄档案，编号XYJ-8-6-12；《各队队长自觉甩包袱开始》，1964年12月10日，双口村庄档案，编号XYJ-9-4-1；《10队全体队员会议，干部甩包袱材料》，1965年1月5日，双口村庄档案，编号XYJ-9-4-4。

② 《保卫韩银富第二次群众会检查记录》，时间不详，双口村庄档案，编号XYJ-1-21-1。

③ 《党员学习班会谈记录》，1975年12月28日，双口村庄档案，编号XYJ-7-12-11。

④ 《解决双口支部问题座谈会》，1977年1月29日，双口村庄档案，编号XYJ-7-12-3。

⑤ 《工作组关于十二队的问题分析》，1963年5月30日，双口村庄档案，编号XYJ-8-6-10。

分，私人关系疏远的就乱扣少记，甚至公权私用，给干部私人干活也在生产队里记工分。①

由于农业劳动的特点与工业生产有明显差异，容易受自然气候等不确定因素的影响，分化程度低，难以分解为环环相扣的规范流程，难以形成职责明确的分工以确定劳动者贡献比例的大小，难以进行较为客观的计时或计件取酬，管理、组织成本高昂。在这种背景下，劳动者所得工分与其劳动质量并不能直接挂钩，无论是干部的监督管理还是群众的相互监督，都无法与监督收益的公共性产生直接联系，欺哄难以避免。更何况，村庄传统的经济理性、人情面子始终在公共管理体系和事务中发挥着重要作用，干部的工作业务素质也尚需较大的提升，"赚钱不出力，出力不赚钱。干部不出力，但往往赚取高工分；阶级敌人不出力，赚的工分也多"成为部分村民的评价和共识。② 可以认为，农民的消极怠工可能不仅仅是由于工作与报酬没有直接关联，体制性的不足同样会挫伤村民劳动的积极性和责任感。③

不过，不可忽视的是，尽管农民不能自由流动，却存在着一定

① 《对古建民的揭发材料》，时间不详，双口村庄档案，编号 XYJ-1-1-3；《对梁新发的揭发材料》，时间不详，双口村庄档案，编号 XYJ-2-76-7；《杜松庄公社双口大队关于给予陈海亮撤职处分的决定》，1962年2月20日，双口村庄档案，编号 XYJ-1-25-4；《向工作队反映王铁林的问题》，1965年，双口村庄档案，编号 XYJ-9-4-10。

② 《批揭支部存在的资产问题》，1976年1月23日，双口村庄档案，编号 XYJ-7-12-16。

③ 有学者认为，农民在集体劳动中的偷懒、欺哄、磨洋工、搭便车现象使集体劳动陷入困境和恶性循环中，并形成了所谓的"柠檬市场"效应。柠檬市场效应指的是在信息不对称的情况下，好的商品遭受淘汰，劣等商品取而代之，致使劣等品充斥市场。参见罗必良《限制退出、偷懒与劳动力柠檬市场——人民公社的制度特征及其低效率的根源》，《中国农业经济评论》2007年第1期。不过，也有学者认为，农业生产中集体收益下降并造成了过密化的倾向，但农民的劳动量却是饱满的，某一家户的劳动边际收益仍有可能增加，工分体制在某种程度上能够相当有效地激励劳动者的积极性。参见黄宗智《长江三角洲小农家庭与乡村发展（1368—1988）》，中华书局2000年版，第200—201页。张江华《工分制下的劳动激励与集体行动的效率》，《社会学研究》2007年第5期。

的相对自主空间，他们在集体劳动之外还可将自身的劳力投入到自留地中。1955 年农业合作化运动中农民的土地逐渐由集体统一经营，但同时政府也允许留下占总耕地不超过 5% 的自留地交由农民分散经营。① 1961 年，《农村人民公社工作条例（草案）》规定："农民家庭副业经营的自留地、饲料地、开荒地三者相加，在一般情况下可以占生产队耕地面积的 5%—10%，最多不能超过 15%，其中自留地面积一般不超过同比的 5%—7%。"② 国家在"大跃进"中短暂地取消了自留地后，又再次规定允许农民从事家庭副业，并将其限制在不占用集体劳动时间的范围内。事实上双口村民时常将肥料及自身的劳力更多地投入到自留地中，并且私自扩大自留地，占用集体耕地。同时，作为管理者的村干部尽管不能享有剩余收益权，但能够利用"因控制着农村经济剩余的生产和初级分配而掌握的、以腐败形式存在的'剩余控制权'来分享剩余"。这些可以视为国家治理在乡村的积极调整和对于乡村社会的灵活适应，其结果是为农民构建了一定的自主空间。有学者将其称为"隐性退出"。③ 也正是因为这种隐性退出部分地使僵化的公社体制有了一定的弹性，使人民公社体制得以维持下来。④

第二节　副业的生产经营

"集体化的效果并不优于以前的市场经济。尽管国家政权锐意进取，农业并未冲破过密化的老路。到 20 世纪 70 年代末，农村劳

---

①　原国家农委办公厅编：《农业集体化重要文件汇编》，中共中央党校出版社 1981 年版。

②　中共中央文献研究室：《建国以来重要文献选编》，中央文献出版社 1997 年版，第 636—638 页。

③　罗必良：《限制退出、偷懒与劳动力柠檬市场——人民公社的制度特征及其低效率的根源》，《中国农业经济评论》2007 年第 1 期。

④　同上。

动力的报酬仍只够维持生存,与新中国成立前数百年一样。"① 农业集体经济使村民通过劳动获得报酬的空间有限,许多村民因此通过非农业劳动来谋取赖以生存的资源。他们或一边劳动、一边利用闲暇时间搞副业生产,或干脆放弃农业劳动通过其他手段谋生。生存的渴望使村民对于经济利益产生追逐,不仅在观念上与国家意识形态相互矛盾,而且在日常的行为实践中也常常突破国家政策的界限。这会使安心于劳动的村民产生心理失衡,并影响到村庄集体劳动的生产秩序,因此受到国家的严格管理。

国家强化农业生产重要、劳动光荣的观念意识,认为社会物质财富的增加靠生产不靠商业,要求农民不热衷于做生意,不弃农经商②,但有的村民却认为劳动是"死受",是无能的表现,通过其他手段获得经济资源、不用"下苦"就能赚到钱的那些村民是"能人"。柳春生就认为自己在大队做木活,工具拿上一大堆,说起来还是个有技术的,而不是只干农活的"受苦人"。③ 在柳看来,摆脱农业劳动者的身份,通过自身更具有技术含量的方式谋生,能够得到更多的社会认可。这也是其他一些村民所具有的观念,他们认为不劳动而进行倒买倒卖是脑袋活、能力强的体现。古云雨说:"自己身上有病,不能干重活老想在家中休息,不去劳动而去干点别的,给这个买一下(木材),给那个办一下,办了以后总觉得高兴,认为自己有能力。"④ 古的满足感来自于村民对于劳动只是受苦,而"会办事"需要具备一定能力的共识,何况统购统销使人们生活中所需要的物品变得奇缺,能弄到这些物品自然也会被称为"能人"。

---

① [美]黄宗智:《长江三角洲小农家庭与乡村发展(1368—1988)》,中华书局 2000 年版,第 317 页。

② 《中共中央关于在农村进行社会主义教育的指示》,1961 年 11 月 13 日,《建国以来重要文献选编》(第 14 册),第 767 页。

③ 《柳春生的检查》,1970 年 6 月 25 日,双口村庄档案,编号 XYJ - 2 - 63 - 3。

④ 《古云雨的检查书》,1977 年 3 月 20 日,双口村庄档案,编号 XYJ - 2 - 23 - 6。

一些干部甚至因为自身没有这样的"能力"和"本事"而自惭形秽。谢炳坤在生产队里当干部,但他认为自己只会劳动,不如别人,因此没有说服社员特别是那些因投机倒把而发家的社员的资格。谢炳坤说:自己看到吕清文与葛大伟在队里劳动时歇单身,但在自留地里却挺尽心。常有人夸他们是能人,搞投机倒把,个人势力发达,人人羡慕个个称赞,而自己死钻在农业社,死劳动挺无能,哪有脸面能说服人。又认为吕清文的母亲更是个能人,本来能劳动而不劳动,还说"多劳动仅够生活,活不成"①。搁置集体利益、追逐个人利益的舆论谴责仅限于"场面语言",国家阶级话语中的"发展个人实力的人是人民利益上的敌人,罪恶深重,挖空集体的人是人民的狗熊"② 的意识形态并没有得到村民的认同。事实上,在村民的真实观念中,如果仅限于劳动的生活状态,眼界狭窄且效益低下,而搞投机倒把可以得到更多的经济资源被看作为更高明,更有本事,对此持有称许、羡慕和嫉妒的心态,谢炳坤作为干部的优越感也正是因此而消逝无存。

在集体化时代的乡村里,"真正支配农民生活的,实际上是一种以'会过日子'为基本内容的生活理性"。③ 驻双口村的工作组在1963 年时对村庄情况进行了调查,结果显示当时很多社员都不热爱集体,参加集体劳动少,大家都想分田单干,有的甚至雇工锄田,而且普遍产生"吃饭靠集体、用钱靠自己"的心理,想弃农经商,所以他们对劳动持随意态度并经常放弃集体生产去搞副业。七队副队长吕荣强因结婚而生活负担加重,但自己没有自留地,很泄气,不想劳动,后来在紧张的农忙时期出去卖甜瓜。在他的影响下,不少社员也放弃了农业劳动搞副业去了,有的卖甜瓜,有的卖篓子草,

---

① 《谢炳坤的自我检查》,时间不详,双口村庄档案,编号 XYJ – 2 – 111 – 1。

② 同上。

③ 郭于华、孙立平:《诉苦:一种农民国家观念形成的中介机制》,《中国学术》2002 年第4 期。

有的当土工。社员尹相荣经常跑出去拉平车搞运输,生产队给他指定锄地亩数,但他雇用社员代他劳动。除了尹相荣外,十一队的古云雨、王昌龙、王昌勇、邱增宝都经常不请假出去做小买卖。① 王玉懋承认自己在1975年任一队政治队长时总想到外挣现钱。②

经营副业与农业劳动不同,可以得到更多的现金,获取利益相对更为直接和迅速,这常常吸引着一些村民,有技术的发挥自身的技术特长,没有技术的则进行倒买倒卖以此取得农业劳动以外的收入甚至是全部的收入。朱玉凤对当时村民的"小动作"记忆犹新:"那时社员有的请假去看病,实际是出去做买卖了,人们偷偷卖油,去火柴厂拿火柴去太原卖。有的是因为孩子多,不够吃,不这样就活不了。"③ 在村民看来,争取生存资源"闹红尘"是他们生活的主要目标,经济理性支配着他们利用村庄集体经济体制和劳动管理的漏洞来谋取利益,缓解由于贫困而产生的焦虑和在集体劳动中受束缚的压抑。

村民热衷于进行副业生产与国家的政策并不矛盾。在国家看来,副业是发展经济的重要组成部分,能够为农业积累一部分资金,增加一部分生产资料,支持农业的再生产,增加农民的收入。同时,副业还提供小部分工业原料和出口物资,增加一部分市场需要的小商品,有利于活跃城乡经济。……恢复和发展农村的副业生产,成为巩固集体经济、恢复和发展农业生产的一个重要问题。因此,国家始终坚持大力发展农村副业的政策,并指示首先要发展生产队的集体副业,如统一组织劳动力利用农闲季节,开展农村短途运输和其他集体副业活动,组织部分社员经营季节性的或者农闲举办的各种加工作坊等。需要强调的是,国家坚持"以农为主、以副

---

① 《杜松庄公社双口大队各阶层人的思想反映与阶级分析》,1963年8月4日,双口村庄档案,编号XYJ-8-6-3。

② 《双口村干部座谈会记录》,1976年1月1日,双口村庄档案,编号XYJ-7-12-17。

③ 访谈对象:朱玉凤,女,65岁,平遥县双口村人。访谈时间:2009年5月2日。

养农"的方针，鼓励乡村发展副业是有前提的，即无论是集体副业还是家庭副业都必须保证完成集体劳动任务、积极办好集体经济、不妨碍集体经济发展、保证集体经济占优势。[①]

副业的发展是否影响农业生产没有确切的可供评判的量化标准，在实践中常常超越国家的规定，占用农业劳力和运输工具。如双口村的皮（马）车从 20 世纪 50 年代末 60 年代初开始在太原跑运输，一直持续到七八十年代，常会因为在外搞运输而影响农业生产的进行。[②] 与国家控制经营权和收益分配权的农业生产相比，村庄对副业生产具有更多的支配权利，对于副业的经营管理和利润分配更加自主，副业收入又是相对丰厚的、直接的现金收入，所以村庄干部和村民更愿意发展副业而不是农业。除了皮（马）车运输外，双口村先后办有大小队木厂、翻沙（砂）厂、砖窑、豆腐坊、油坊、醋坊、粉坊等集体副业。[③] 由于没有清晰的日常流水及往来账目，这些副业是否促进了农业的发展、增加了农民和集体的收入不得而知。无论从管理还是最终的成效，双口村集体副业的收益均不明显，反而是个人获益，集体受损。[④]

---

① 《国务院关于统一管理农村副业生产的通知》，1957 年 10 月 22 日，《农业集体化重要文件汇编》（上册）；《中共中央、国务院关于发展农村副业生产的决定》，1962 年 11 月 22 日，《建国以来重要文献选编》（第 15 册），第 700—704 页；《中共中央、国务院关于大力发展农村副业的指示》，1965 年 9 月 5 日，《建国以来重要文献选编》（第 20 册）；《农村人民公社工作条例》（试行草案），1978 年 12 月 22 日，《农业集体化重要文件汇编》（下册），第 973 页。

② 《1974 年双口大队农业生产计划》，1974 年 2 月 10 日，双口村庄档案，编号 XYJ－8－5－2；《何魏代表支部检查》，1976 年 1 月 20 日，双口村庄档案，编号 XYJ－7－12－13。

③ 根据规定，以发展生产队的副业为主，公社和生产大队一般不经营副业。一个生产队无力经营的，可以归几个生产队共有，实行联合经营，按股分红；也可以归全大队各生产队共有，由大队统一管理，见《中共中央、国务院关于发展农村副业生产的决定》，《建国以来重要文献选编》（第 15 册，第 703 页）。这里的关键，在于产权的归属。

④ 《杜松庄公社双口工作组工作汇报》，1963 年 4 月 13 日，双口村庄档案，编号 XYJ－8－6－12；《10 队全体队员会议，干部甩包袱材料——柳兴元》，1965 年 1 月 5 日，双口村庄档案，编号 XYJ－9－4－4；《揭批支部"官办"资产风问题》，1976 年 1 月 22 日，双口村庄档案，编号 XYJ－7－12－15；《党、团、贫、青、妇、武、队干部揭批官办资产风》，1976 年 1 月 22 日，双口村庄档案，编号 XYJ－7－12－18；《党支部会议记录》，1975 年 12 月 31 日，双口村庄档案，编号 XYJ－7－12－17。

村庄对于副业收入如何分配，集体的公积金、公益金、副业自身的投入以及个人劳动所得各占怎样的比例等几乎没有清晰的规定，在某种程度上形成管理的混乱局面，如乱开支、乱吃喝，请客送礼，无酒无烟不吃饭，被群众称为"晋阳饭店"。[1] 各队产生了在副业上乱开支、给副业人员高工分、乱补贴的情况，如有副业人员除了劳动外，还在副业上全年做900余个劳动日，并拿了补助款70余元；砖窑烧窑补助1斤粮，款1元，打坯1000个补0.7元，35工分；赶车的一天补助1.5元，搞关系的2元，每人每天补粮1斤，给百货修房的人每天可补5角，而且赚多工分；搞副业一人一年赚800—1000元。[2] 这些收入都超出了全劳力的农业劳动所得，副业是"肥差"成为村民的共识。1975年砖窑毛利润为8637元，总共费用4041元，净余4595元，每个劳动日均5.9元，全大队劳动日却只均0.21元。[3] 在砖窑上工作虽是重苦力活，但个人分配所得与农业劳动收入之间的巨大悬殊无疑会引发村民质疑。尽管村庄对于副业收益分配及工作人员的劳动分配有具体规定，如要求大小队之间的分配比例为"饲养业和小型副业及运输等自营生产，其收入除30%上交大队外，其余70%留小队自行支配"；对于马车运输副业人员的补贴规定为"赶马车人员的补贴款应以每天的毛收入10%补贴。要执行在运输路途中及停车均每天补助7角……"而且要求副业人员不得超过生产第一线同等劳力的工分，大队副业人员的平均水平工资参加小队分配等[4]，但这些规定多零散而不系统，

---

① 《何魏代表支部检查》，1976年1月20日，双口村庄档案，编号XYJ-7-12-13。
② 《大队相关问题讨论》，时间不详，双口村庄档案，编号XYJ-8-5-14；《陈中智检查》，时间不详，双口村庄档案，编号XYJ-7-12-14；《揭批支部"官办"资产风问题》，1976年1月22日，双口村庄档案，编号XYJ-7-12-15。
③ 《大队相关问题讨论》，时间不详，双口村庄档案，编号XYJ-8-5-14。
④ 《杜松庄公社双口生产队三包一奖互保合同》，时间不详，双口村庄档案，编号XYJ-5-13-9；《双口大队制度》，1973年12月1日，双口村庄档案，编号XYJ-8-5-22；《杜松庄公社双口大队管理制度》，1977年3月10日，双口村庄档案，编号XYJ-7-16-26。

未能形成一以贯之的制度安排，而且在实践中也会经常由于副业经营的灵活性以及村民经济理性、私人关系、人情网络等的牵绊而难以严格执行。

副业管理的混乱为个人的"以公肥私"留下了空间。副业人员常借助集体的名义开展业务，利用集体的资源拓展人脉关系，但集体经济收益却不明显。尹杰就在揭批支部"官办"资产风问题的会议上批判道："马车搞副业，不是正当搞，而是大挖集体，用粮食、油、白面拉拢干部搞关系，有时候拉石头拉少报多，骗取国家资金。发货、收货都用不正当手段。由于在太原搞副业，捎小麦、玉茭等去太原销售。我们不是以副养农，而是肥了个人，挖了集体墙根，支持了投机倒把，破坏市场物价，用皮车倒换粮食。"[1] 柳起元说："双口的副业开啥倒啥，木场三起三落，开了倒了，然后再开，1968 年或 1969 年搞的翻沙（砂），结果又倒了。集体副业为什么会倒？就是肥了个人损了集体，造成两极分化。"[2] 集体资源受到损失，集体副业收益没有明显增进，个人却获利不少。一些村干部和副业人员借运输之际，把个人的农副产品捎到太原去卖，或者倒贩布证，进行黑市交易。[3] 有的干部为副业人员大开方便之门，并接受副业人员的小恩小惠。陈中智承认自家院内抽水的 2 丈多长钢管，均是去太原搞副业的社员给的。[4] 有的甚至提出要求，让副业

---

① 《党、团、贫、青、妇、武、队干揭批官办资产风》，1976 年 1 月 22 日，双口村庄档案，编号 XYJ - 7 - 12 - 18。

② 《揭批支部"官办"资产风问题》，1976 年 1 月 22 日，双口村庄档案，编号 XYJ - 7 - 12 - 15。

③ 《何魏代表支部检查》，1976 年 1 月 20 日，双口村庄档案，编号 XYJ - 7 - 12 - 13；《相关问题的揭发》，时间不详，双口村庄档案，XYJ - 8 - 5 - 13。按照国家规定粮食、棉花、油料在完成计划收购任务以后，农民自己留用的部分如果要出卖，不能在市场上销售，必须卖给国家的收购商店，不是国家委托的商店和商贩，一律不准收购。参见《国务院关于由国家计划收购（统购）和统一收购的农产品其他物资不准进入自由市场的规定》，1957 年 8 月 9 日，《建国以来重要文献汇编》（第 15 册），第 532—533 页。

④ 《陈中智检查》，时间不详，双口村庄档案，编号 XYJ - 7 - 12 - 14。

人员帮忙买车子和奇缺商品,并收受农副产品。① 干部们还通过副业贪污现金和粮食,并占用借款。②

关于村民的家庭副业,国家同样鼓励发展,认为其是社会主义经济不可缺少的补充,不是资本主义,生产队应该鼓励和领导社员积极发展各项副业生产。只要不投机倒把和弃农经商,不影响集体生产和集体劳动,不损害公共利益,不破坏国家资源,就应当看作是正当的,就不应乱加干涉和限制,但是对于那些违反国家政策、偷税漏税、投机倒把以及剥削他人劳动等资本主义行为,国家要求必须坚决反对。③ 可以看出,村民的家庭副业被明确定性为非资本主义,但由于阶级斗争的强化以及对于政治错误定性的担忧,实践中的个体副业常常处于尴尬境地。

村庄对于个体副业的管理处于模糊状态,没有明晰具体的办法,而且变动不居。以同一时段的村庄管理为例:大队在 1961 年 11 月至 1962 年 1 月规定平车在太原搞副业,拉大队平车的人每月交大队 150 元,拉个人车每月上交 90 元,其余收入归个人。在 1962 年 3 月下旬至 4 月上旬期间大队规定,拉大队车每月交大队 125 元,个人车上交 80 元。④ 但是刘洪富在 1961 年 6 月 28 日至 1962 年 2 月底在太原搞皮车运输时,却是每天交大队 1 元算作一个劳动日的 10 分即可。⑤ 梁步魁做泥活,每月交 16 元,杨福生剃头每年交 80 元,口粮钱不计在内,吃粮另花钱买。韩全虎补牙及卖

---

① 《相关问题的揭发》,时间不详,双口村庄档案,XYJ - 8 - 5 - 13;《何巍代表支部检查》,1976 年 1 月 20 日,双口村庄档案,编号 XYJ - 7 - 12 - 13。

② 《对大小生产队问题的揭发》,时间不详,双口村庄档案,编号 XYJ - 9 - 4 - 8;《前段四清运动情况概括总结》,时间不详,双口村庄档案,编号 XYJ - 8 - 6 - 5。

③ 《中共中央、国务院关于发展农村副业生产的决定》,1962 年 11 月 22 日,《建国以来重要文献汇编》(第 15 册);《中共中央、国务院关于大力发展农村副业生产的指示》,1965 年 9 月 5 日,《建国以来重要文献汇编》(第 20 册);《当前农业学大寨运动中的一些问题》,1971 年 2 月 14 日,《农业集体化重要文件汇编》(下册),中共中央党校出版社 1981 年版,第 898 页。

④ 《古云海交代材料》,1965 年 11 月 15 日,双口村庄档案,编号 XYJ - 2 - 21 - 1。

⑤ 《谈话记录》,1965 年 5 月 24 日,双口村庄档案,编号 XYJ - 4 - 1 - 1。

戒指等,每年交小队 200 元。贾文宝、李治富在大队干木活,每月交 45 元,其中 16 元交给队作收入,29 元记工分。[①] 木匠白伟佳在太原拉木活,每月贴 16 元,给分口粮。[②] 由于各类副业的利润和收益不同,村民的劳动能力大小不同,村庄的管理理应随之体现出其间的差异,但究竟如何区别管理,公积金、公益金和口粮钱应该如何交纳,村庄对此并无明确统一的规定,多因人因事而异。

村庄一些外出做包工的村民如王铁山、吕红刚、刘一鸣等也都受到诸多限制,不仅在经济上受到处罚,而且被予以政治定性。王铁山在 1969 年得到队长的同意后,带人在凤凰公社修房子、地窖、干杂活,1970 年此事被大队按"地下包工"论处。[③] 按照国家规定,为企业、机关和建设单位提供劳务,应当由生产队统一组织,严禁"包工头"居间剥削。[④] 在队长看来,让自己队里的社员赚钱是再自然不过的事情,但他却违反了国家规定,支持了地下包工和居间剥削。吕成刚 1967—1970 年 3 年间未在生产队田间劳动,除在大队做泥匠活得 260 个劳动日以外,其余时间大部分都用于包工揽活,牟取利益 717.35 元,并多次煽动社员出去揽活。这被定性为"弃农包工,大肆破坏农村社会主义阵地,破坏无产阶级专政"。[⑤] 虽然国家鼓励在不耽误劳动的前提下搞副业,但村民由于工作习惯或者是利润的吸引,难以兼顾农业劳动,常常违反政策,加之强化阶级斗争的政治舆论,副业单干受到了更多约束。

谋求生存的愿望使村民有着各种因应策略,以集体的名义搞个

---

① 《柳绍军检查》,1964 年 12 月 12 日,双口村庄档案,编号 XYJ - 9 - 4 - 2。

② 《各队队长自觉甩包袱开始——四队白平江检查》,1964 年 12 月 10 日,双口村庄档案,编号 XYJ - 9 - 4 - 1。

③ 《王铁山的审批表》,1970 年 9 月,双口村庄档案,编号 XYJ - 2 - 36 - 1。

④ 《中共中央、国务院关于大力发展农村副业生产的指示》,1965 年 9 月 5 日,《建国以来重要文献汇编》(第 20 册),第 501 页。

⑤ 《双口大队革命委员会关于历史反革命分子吕成刚的处理决定》,1970 年 5 月 31 日,双口村庄档案,编号 XYJ - 2 - 8 - 2。

人单干成为许多村民开展副业生产的隐蔽方式，如韩全虎补牙、卖戒指，许成在外修理缝纫机，白伟佳在太原拉木活，吕荣闽当水泥工等，都是以生产队的名义做个人私活。① 双口村的副业生产"成风"虽是因村民对利益的追逐引发，但与村庄干部不无关系。作为公共管理者的干部在国家政策与村民利益、自身利益之间进行摇摆，在运动来临之际面对政治压力限制村民的谋利活动，在运动过后又会持迁就和宽容的态度。很多干部自身就被副业生产所吸引，因而对个人单干也放任自流，甚至与普通村民进行"合谋"，成为村民副业生产的庇护者和合作人。

对于没有技术的村民而言，倒买倒卖是他们在农业劳动之外获取经济利益的重要手段。虽然村民的这种"投机倒把"活动被认为是"资本主义势力的复辟罪行，是激烈的两条道路的斗争"，投机倒把者是"新的资产阶级分子的一部分，或者是他们的同盟军"，②但由于牌价与市价之间的差距及生活必需品的长期短缺所引发的利润驱动，使村民的投机倒把行为屡禁不止。

吕广才因屠宰牲畜、卖肉、贩卖羊和花椒树苗，但未交割头税和营业税而被定性为走资本主义道路、搞投机倒把。他被迫参加了毛泽东思想学习班来检讨自己的错误思想，交代自己的错误行为，并在讯问中将自身贩卖和屠宰羊的时间、地点、数量、使用的交通工具、涉及的人、获利多少都一一交代清楚。③ 除了吕广才外，其他村民如王雨营倒卖了 4 个灯泡，吕荣强倒卖了两袋肥田粉，王玉懋卖了 10 个锅盖，王培林、王怀耀等数十人偷杀牲畜卖肉等，涉

---

① 《柳绍军检查》，1964 年 12 月 12 日，双口村庄档案，编号 XYJ-9-4-2；《何巍代表支部检查》，1976 年 1 月 20 日，双口村庄档案，编号 XYJ-7-12-13；《相关问题的揭发》，时间不详，双口村庄档案，XYJ-8-5-13。

② 《建国以来重要文献选编》（第 16 册），第 174、183 页；《建国以来重要文献选编》（第 16 册），第 315 页。

③ 《关于吕广才投机倒把的问话记录》，1971 年 1 月 24 日，双口村庄档案，编号 XYJ-2-6-3；《审批表——吕广才》，1970 年 8 月 31 日，双口村庄档案，编号 XYJ-2-6-7。

及金额相对较少,但也都被定性为"投机倒把",并被要求写检查交代错误、交回"赃"款和"赃"物。其实这些活动大多仅属于村民的日常经济交往,规模小,而且倒贩的商品有的并不属于统购物资,但都受到严格管理。如果是四类分子,除了写检查,交出款、物外,个人管制也会被延期。1959 年许满金曾因贪污粮票 144 斤、现金 333 元而被判刑 5 年,刑满后回村劳动改造,但他依然"不规矩",1964 年贩卖瓜菜取利 20 余元;1965 年卖菜取利 8 元,又卖白面饼子取利 11 元,还在 1964—1965 年给人理发、刻图章,取利 82 元,由此 1966 年对他的审核结果为"表现不好、继续戴帽"。①

小商贩作为除供销合作社和集市贸易之外的乡村商品计划与自由流通的重要补充而活跃于乡间,在增加除农业劳动以外的收入的同时也满足着人们日常生活的需要,而且国家对于投机倒把的定义及对其处理规定了详细的标准,并明确提出将投机倒把与小商小贩区分开来②,但村庄干部在管理中并没有明确的执行标准,因而对小量贩卖也笼统地加以限制。"那时人们啥也不敢做,做啥也不行,一说就是投机倒把,说没收就没收"是村民对集体化时代谋生手段受限制的切身感受。③尤其当运动来临时,只要与集体经济和农业劳动无关的谋生活动都有可能被定性为投机倒把,即使是一般的倒买倒卖等的行为也会被限制,被要求写检查做检讨,并且受到补税、退赔、罚款、没收工具等的处罚,有的甚至为此遭到大会批斗,并被定性为投机倒把罪。

---

① 《专政对象登记表——许满金》,1966 年 4 月 12 日,双口村庄档案,编号 XYJ-4-14-8。

② 有学者认为,国家对投机倒把的界定含义笼统,内容损益不定,边界模糊,尺度盈缩无常。参见张学兵《当代中国史上"投机倒把罪"的兴废——以经济体制的变迁为视角》,《中共党史研究》2011 年第 5 期。

③ 访谈对象:阴永吉,男,76 岁,平遥县双口村人。访谈时间:2008 年 12 月 7 日。

　　许瑞庭是村庄唯一一位戴投机倒把帽子的人,也因此而成了"四类分子"。工作组认定许瑞庭在 1961—1964 年期间利用工作之便采取低买高卖的手段,倒卖金、银、棉、菜、羊、猪肉等,总值 3798.95 元、布证 6 尺,其中投机倒把谋取暴利 3779.25 元。但许瑞庭认为自己只取利 700 多元,而不是 3700 多元,并将 700 余元作了退赔。四清运动开始后,工作组认为许"交小不交大,交明不交暗,交来源不交去向,多次与同案人订立攻守同盟,采取软抵硬抗的手段抵抗运动",对许在大小会上进行了批斗,并开除许的公职,给其戴上投机倒把"帽子",命令许回村接受管制,进行劳动改造。许没有再进行辩驳,而是采取了服从处置、老实劳动的态度。在 1971 年的评审中,大队党委认为许瑞庭认罪守法,服从监改,能积极劳动,而且经调查,1964 年时确认的许进行投机倒把的三项数字与事实不符,因此决定给许瑞庭摘掉投机倒把的"帽子"。①

　　副业经营由于利润相对较高并且脱离劳动管理而对农业集体生产构成威胁,因此受到较大限制。在自谋职业的村民看来,集体并不代表着个人的利益,反而是对个人生活的一种制约,他们因此要挣脱这种牵制而获得自由,并努力利用集体的政治、经济资源来谋取个人利益,通过非农业劳动来谋取生存所需的资源。在吃饭是第一需要的时代背景下,无论是党员干部还是普通群众,无论是四类分子还是贫下中农,都在生存受到威胁的情况下艰难挣扎,难以放弃对利益的追逐,也难以完全契合国家意识形态的要求并保证"规规矩矩"地站在政策规定的界限内。双口村灵活的手工业生产和倒买倒卖活动满足了村民日常生活的需要,因而屡禁不止,会过日子的生活理性对革命的逻辑形成了巨大的冲击力。

----

　　① 《许瑞庭个人材料》,1966—1977 年,双口村庄档案,编号 XYJ - 3 - 12 - 1 至 XYJ - 3 - 12 - 7。

第三节　典型的"自由职业者"

从事副业的村民在实践中偏向于个人单干，即向大队交纳了基本的费用后自负盈亏，而不愿归入集体经济体制中，这样不仅更加自由，而且个人投入的劳动能与报酬直接挂钩。尤其是对于一些从事规模较大、涉及金额较多的经营活动的村民而言，获取利润相对更高，自负盈亏更加有利。但是，由于"个体""单干""私"的性质与国家意识形态中对"集体""公"的强调存在根本对立，尽管国家允许村民在不耽误农业劳动的情况下搞个人单干，但村民的个人生产往往被要求纳入集体经济范围，个人单干空间有限。

耿云做皮活的例子比较典型。耿云于 1965 年回村参加农业生产，空闲时间仍然做点手工活赚些零花钱。他从 1966 年开始，在队里除劳动外，有时间就给各生产队做皮活加工，共谋利 120 元，都个人自用了；1968 年 5 月，耿云征得队长的同意后，公开外出做皮活搞副业，每月交队里 10 元钱领取口粮，不要副业工分，有活就出去，无活在队里参加劳动，当年做皮活共收入 450 元，交纳国税 45 元，交生产队 60 元，个人净得款 345 元；1969 年 4 月之后每月交生产队 10 元，每做 100 元的活又交队里 10 元（算作公积金和公益金）。是年与城内李伟合伙做皮活，总共收入 1332.6 元，全部用队内单据与雇主结算，30%（399.78 元）李伟所得，其余款耿云交生产队 243 元，本人净得款 689.82 元。队内未交税款。1969年底大队把耿云修的皮绳拿到大队，宣布不合法，后来税务局查看小队的副业账后，队长把皮绳拿了回来交给了耿云，也没说什么。从 1970 年开始根据大队规定的办法来做，所做流水的款全部交给队里，而后队里再根据款数每 10 元抽给耿云 1.50 元钱付料费。是年仍和李伟做皮活，全年共收入 743.3 元，30%（222.99 元）李

伟所得,15%(111.5 元)属耿云加工所投的付料款,其余 408.8
元全部交生产队,队里按 1 元一个劳动日 10 分给耿云折记了劳动
日,也未交税款。

　　1971 年的"一打三反"运动中,耿云被抓了典型,被定性为
搞投机倒把罪。当时公社革委会根据国家税收政策以补税处理,按
底税(经营额的 20%)再加 1% 征收,共补交税额 444 元。[①] 事实
上耿云只是副业单干,并不属于投机倒把,虽在 1968 年之前有偷
税漏税情况,但 1968 年 5 月之后已在县税务局开票上税,4 月之后
贴生产小队三项费用(公积金、公益金、口粮钱),一切手续经由
小队办理,而且从队里开具收据,税款也由生产队支付。1975 年复
查此案,耿云又被定性为自发手工业单干。公社最终的处理结果是
耿云平时不积极参加劳动,搞私活,按资本主义自发思想进行批
判,1970 年的收入已经做了处理,1970 年以前的(包括 1968 年之
前的)收入除了料款成本、合伙人李伟的 30% 所得以及已经交回
队内的款额外,剩余共 1172.43 元全部交给生产队,并按 1 元至 1
元 5 角一个劳动日给耿云折算。

　　从耿云的例子中可以看出,谋取个人利益进行单干的空间非常
有限。事实上,手工业单干并不构成一种罪行,国家也并非完全禁
止村民搞单干,而是规定对于半工半农的手工业劳动者,生产队要
同他们协商,确定全年应做的劳动工分,以及交多少钱、记多少工
分,对于他们所得的收入,除了经过全社群众协议,认为有必要交
付少量公积金和公益金以外,其余的全部归个人,由自己支配。[②]

[①]　《山西省农村工商税收征免范围的暂行规定》,1957 年 3 月 9 日,《山西政报》1957 年第 7 期。

[②]　《国务院关于统一管理农村副业生产的通知》,1957 年 10 月 22 日,《农业集体化重要文件汇编》(上册),第 743 页;《中共中央、国务院关于发展农村副业生产的决定》,1962 年 11 月 22 日,《建国以来重要文献汇编》(第 15 册),第 704—705 页。在 1958 年时,国家曾规定自留地和家庭副业收入在社员总收入中所占的比例,一般以 20%—30% 为宜。《中共中央关于合作社社员的自留地和家庭副业收入在社员总收入中应占比例的意见》,1958 年 4 月 8 日,黄道霞、余展、王西玉主编:《建国以来农业合作化史料汇编》,中共党史出版社 1992 年版,第 471 页。

这样的规定实际未能落实。即使耿云向生产队交纳了三项费用,而且在1970年已经将是年收入全部上缴生产队并折记了工分,但仍然被认为犯了错误,处理意见为"政治上批评教育,经济上适当处理",即其1970年之前的收入最终被全部收归生产队,并折记工分。个人手工业被要求纳入集体经济的范围,耿云的问题在此已不是是否纳税、是否耽误劳动的问题,而是犯了搞单干、具有资本主义自发思想、不积极参加农业劳动的"纲"和"线"的错误。

在强调"政治"的年代里,只有步步紧跟着"党"走,在谋取个人利益上甚至保持"左倾",才能保证自身的安全。耿云在参加学习班的检查中写道:"我开始时认为自己并无缺点,在思想上有点想不通,觉得自己没问题,为什么要到毛泽东思想学习班。经过学习一打三反、三个照办的运动文件一月有余,我认识到自己是有问题的……只顾自己发财,有利就干,没利就不干,为钱而拼命地干,不顾集体利益,没有全心全意为人民服务的思想。今后……只要是对革命有利,对人民有利,自己不管挣钱多少,也要干下去。……"[①] 谋利在此成了一种罪恶,耿云对于自己的"错误"采取了老老实实的"承认"态度,以此来争取自身的生存空间,避免被戴上"政治帽子"成为专政对象。

与耿云相比,耿建福开设盐坊是地地道道的"走资本主义道路"。耿建福自幼务农,1937年开始学习熬盐,此后边务农边熬盐。1957年春天,手工业局认为他的盐好,便于1957年底批准他领取了熬盐营业许可证。当时熬出的盐卖给了工商局,由工商局出示收据。1958年秋收,耿的盐坊收归大队,并于1962年下放到小队,其间共有三项业务:熬盐,产硝,地油。1963年秋耿因熬盐利润小就自动停止了。1963—1964年务农,并贩卖地油。几年来耿建

① 《耿云个人材料》,1970—1975年,双口村庄档案,编号 XYJ－2－95－1 至 XYJ－2－95－6。

福给过大队长柳绍军人民币百余元、煤300斤、食盐40余斤,并喝酒数十次,每次2元。支书王刚毅也承认耿建福给自己送过钱20元、煤300斤、盐30斤,喝酒数次。[①] 耿通过与大队长和支书建立的个人关系,将自家作价入社之毛驴、小平车拉了回去,并在停止业务后将毛驴私自卖掉。耿还通过大队长柳绍军拿走大队的1口大锅、木桶12个、大水缸20个,1959—1962年平价购买大队、小队的集体饲料共1500多斤,还雇佣集体劳力10余个。

1965年,耿建福开盐坊一事因大队长的贪污案而败露。据调查,耿所产之食盐、硝、地油销往周围的10多个村庄,以及城内合作货站、沁源供销社驻平遥转运站,并远销晋南洪、赵一代,又从文水县之百鱼、南齐、北齐购回地油加工后出售。耿之营业额仅平遥岳中、梁村两个大队光购地油一项款额达1783.19元,1961—1962年2年内仅沁源驻平遥转运站购买地油款额达13141元,1961—1964年在各处购过地油水4万斤之多,做成盐后销售出去,从中取利3800元,仅上述3项收入就达18724.19元。但耿仅在1959年交大队副业款90元,1961年按收入的30%交大队副业款620.3元,1962年交小队副业款800元。[②] 在名义上,耿的盐坊在1958年10月后就归为大队,1962年大队集体核算改为小队核算后又归入了小队,但事实上盐坊的产权一直模糊不清。如果说盐坊属于集体,但大队或生产队并不掌握着耿建福的经营数额,收入所得耿也并未交回,大队或生产队也未给耿记工;如果盐坊属

---

① 耿建福本人的交代与工作组掌握的材料有较大出入,耿本人减少了贿赂柳的数目。这里以耿本人的交代为主,但不排除耿对事实的掩盖。据工作组调查,柳绍军本人交代,几年来柳收纳了耿送的煤三千余斤,而非三百余斤,食盐百余斤,而非四十斤,另抽过耿的纸烟十余条,并每月同耿喝酒二十余次。王刚毅交代收受耿送的现金若干,煤五百斤,而非三百斤,另有烟数条,每月喝酒多次。《耿建福有关材料》,1965年12月1日,双口村庄档案,编号XYJ-2-96-4。

② 《耿建福个人材料》,1965年,双口村庄档案,编号XYJ-2-96-1至XYJ-2-96-5;《四清专案办公室》,1965年1月23日,双口村庄档案,编号XYJ-2-61-2。

于耿的私人副业，耿也向大队或生产队交纳了一定的费用，但耿
却向集体平价购买粮食，借用集体的工具和劳力经营盐坊，其中
使用工具是否支付费用未可知①，劳力有时发放工资算作雇佣劳
动，有时却由大队记工，属于大队对劳力的调拨。这样就导致了
盐坊产权的混乱。

耿的问题最后被定性为"个人资本主义"。双口工作队认为:
"耿弃明投暗，执迷不悟，不热爱集体，产生了个人发财的资本主
义自发倾向，走上了弃农经商的资本主义道路——大搞硝房。为了
达到个人大发横财之目的，采取行贿送礼种种拉拢腐蚀的毒辣手
段，耿将大队主要干部拉下水。在大队干部的庇护下，耿几年来向
集体以平价索取粮食，雇工剥削，大肆进行投机倒把活动，扰乱了
国家市场秩序，瓦解了集体经济，导致资本主义泛滥，在集体中影
响极大，需严加处理。"② 最终的处理结果不得而知，这里也仅是工
作组统计的耿建福经营盐坊的款额，没有其他的证据可以证实这些
款额的数量是否真实，但可以肯定的是耿经营盐坊的利润丰厚，但
耿并未向国家缴纳相应的税额，与大队和生产队之间的经济关系也
难以厘清。耿与村干部实际结成了追求个人利益的"共同体"，造
成了对集体经济的瓦解。农村中村民与干部之间的庇护网并不局限
于集体化时代，但这一时期国家的意识形态影响及对干部的整顿和
约束的力度较大，而耿与村干部之间依然大胆建立私交和庇护关
系，可见尽管国家以阶级话语形塑维护集体利益的重要性和强化劳
动第一的思想观念，但村民包括村干部基于生存理性的谋生愿望以
及由此而采取的策略选择往往超越了国家在思想观念上的意识形态
约束和实践中的规训管理。

私人关系既可以庇护村民挣脱"政治"束缚、经营手工业得

---

① 据工作队调查，并未支付费用。
② 《耿建福个人材料》，1965 年，双口村庄档案，编号 XYJ－2－96－1 至 XYJ－2－96－5。

利，也可以借用"政治"工具使村民受害，吕茂才包工就是一
例。吕茂才有祖传四辈的泥瓦匠技术，新中国成立回村后一直给
人修房补屋，先后加入过平遥营造厂和平遥工程队。1962年工程
队解散，吕茂才回到了双口村，但是按部就班的农业劳动并不能
束缚住他的手脚。吕承认："1962年退职回家后，我常常羡慕人
家投机倒把的人，不劳动却挣大钱，想自己（若）能这样该多
好，可自己从小当工人，没有这样的门路，只能和一些退职工友
合伙为群众修补房屋，挣几个钱。就这样，慢慢地不安心农业生
产，整天只顾挣钱，国家利益、政策早忘到脑后了。"不劳动却
赚大钱，弃国家要求村民安心于农业生产，以国家、集体利益为
重的意识形态和政策规定于不顾并不只是吕茂才一人的心理，只
是吕利用自己的技术，将这种心理付诸了实践，背后是经济利益
的驱动。

　　在当时的村庄里，除了农业劳动外，有技术的村民并不多，在
国家严格限制却极大地促发了市场需求的背景下，有技术的农民很
容易找到赚现钱的活计。果然，回村不久，吕的老朋友荣茂魁、尹
二小就找上门了。荣、尹二人对吕说东城建立了工程队，没有工人
和业务人员，为此工程队只承办手续，抽费用，其他事宜合股经
营，而且工程队已经包揽下太原造胰厂的水玻璃车间。他们让吕找
人，并也加入一股。当时吕怕社里不让外出，荣、尹二人就给双口
村社主任也算了半股，并说都是老同事了，有好事就得先照顾同
事。吕茂才认为："我不仅可以入股，还能参加劳动得工资，真是
再好不过的事情。我听了从心底高兴，盼望的门路来了，怎么能不
参加，再经算账，除开支外，总会有2000元的结余，到时候个人
最少也能分到300元、500元，我就满口答应。我当时认为他们是
我的朋友，是恩人，总是老同事，不然的话，怎能轮到我头上，为

此我就东奔西跑找寻到 30 多名工人。"①

　　在工程结算中，吕负责结算泥瓦工一组的工人工资，除了本人的 285 元工资外，吕取得工头款以及股份分红共计 620 多元。由于在太原提不出现金，必须在平遥取，当时尹二小办理提款私自扣除 200 元，吕茂才只拿到 425 元，后来他又给了吕成刚 50 元，弟弟吕茂福 50 元，大队长 50 元，余下的款额不到 300 元纳入囊内。事情当时就此终结。1964 年，吕茂才与吕成刚同在晋中建筑公司当合同工，两人在同一个小组，当时吕担任组长。一次，吕成刚旷工两个月，在家中给人干了私活，回到建筑公司后却借口养病，要求领两个月的病假工资。吕当时没有给他工资，并且严厉批评了他，再加吕成刚在公司的表现并不好，不久便被除名。为此，吕成刚对吕茂才怀恨在心。

　　1966 年 1 月四清运动之际，吕正在晋中建筑公司上班。吕成刚借四清运动揭发了吕茂才，诬陷他贪污了许多工程款，并提供了伪证。支书吴永胜据此认为吕茂才有"贪污"行为，勒令他离开晋中建筑公司回村交代问题，吕茂才被迫回村。支书在群众大会上宣布了他的两条"罪状"：一是在参加太原造胰厂的修建工程中贪污了工人的工资，至少须退赔 1300 元；二是 1963 年购买大队的一间半窑洞不合理，需退出已从窑洞上拆下来的砖瓦等材料。原来新支书吴永胜于 1966 年 1 月上任，与原支书不和，原支书经办过的事情受到新支书的质疑。新支书认为吕茂才以过于低廉的 350 元购买大队的窑洞不合理，吕不答应，认为支书和吕成刚捏造事实诬陷自己，并驳斥了加给自己的罪名，遂与支书发生了激烈争执。1966 年 2 月，新支书带人到吕茂才家查抄，拿走了吕准备盖房子的 30000 余块砖。

———————————

　　① 《吕茂才的自我检查》，1966 年 4 月 8 日，双口村庄档案，编号 XYJ－6－1－2。

　　吕茂才认为自己并没有大错，即使因包工犯了点错误，可自己只得到 300 元左右，不是大头，算不了什么，自己就这么一次，没什么了不起，所以他拒绝交代自己的"罪恶"，并认为工作组是在诈唬自己。为了证明自己的清白，吕甚至自己寻找原来的工人，一一订对原发的工资数，并以为有此证明数字，领导就不会再追查，自己可以过关了。但是吕始料未及的是，在国家管理极为严密的背景下，他被抓为了阶级斗争的典型代表，反抗使自己陷入更加艰难的困境。

　　吕茂才终于无法与强大的国家政策对抗，"老老实实"地承认了自己的错误："……现在我才清楚了，这样做不是对，而是在逃避错误，是不想放弃资本主义的路。由于自己原谅自己，把大错（当）作小错去看，故态度极不端正，学习不钻研，报告讨论根本接受不了，自己总和运动是两条路。直到现在党内对我负责，要把我从错路上拉回来，多次耐心地说服教育我，并且和我个别谈心，读毛选，介绍焦裕禄英雄事迹。我根据主席的话，一件一件地想，一事一事地比，由小时的苦想到今日的甜，由受压迫想到今日当家作主。我想通了，啊，我不是没错误，也不是小错误，是犯了严重的错误，是令人难容的。这就是我忘了本，是由被剥削走向剥削，是由被压迫走向压迫，是由工人走向把头，（我）竟变为一个人人可恨的吸血鬼把头。别人都在轰轰烈烈大学主席著作，热火朝天参加社会主义建设，为社会主义、为革命事业献出生命，而自己却和资产阶级的破坏分子混在一起，剥削阶级兄弟的劳动血汗，欺压自己的亲人。这还能说自己错误小？难道说这是贫农出身的工人干的事？难道这能算建设社会主义？不，是我变质了，是忘恩负义、是在破坏社会主义，变成了革命路上的绊脚石，是人民的罪人。但我认识到这些时马上觉得怕得要命，多险呀，不是党的四清运动，不是领导对我负责和耐心的教育，我不知自己将会走向什么险路。党和领导又一次挽救了我,又一次给了我光明和幸福,我想到这里就深深感谢……我无脸去见……我不起……"吕情词恳切地剖析和反省自己的错误,不过他始终坚持自己只贪污300元左右,而非1300多元。

1966年6月,吕茂才进行包工一事得到认定。工作组根据吕成刚以及村庄其他3名工人提供的伪证,计算吕茂才非法得款1352.65元,认为吕茂才有严重的资本主义思想,私包工程,并拉拢收买干部,破坏生产劳动;并认为吕茂才在运动中态度极坏,对自己的错误时而交代,时而推翻,反复无常,更恶劣的是把原来建工后的工资核算表、伙食账、工分表藏起来,在运动中私造领取工资花名表,哄骗工人盖章。最终平遥县四清工作团杜松庄分团决定:令吕茂才退出投机倒把的赃款1352.65元,免于处分。新支书带人于同年9月再次查抄吕茂才家,拿走自行车、连二小柜及50根木椽等物。

经过一番抗争受挫后,吕认识到只有委曲求全而非拼死辩白才能保护自己不受伤害。事实证明,他承认自己的错误是一种保护性策略,他在1966年6月案件确定之前经反抗无果后,做出了"老老实实"的交代,但私下里却从1967年1月开始多次向中央、华北局、地区、县、公社从上而下逐级写申诉书,直到1978年的平反,结果最终认定吕没有贪污1352.65元。[1]

国家规定为企业、机关和建设单位提供劳务,应当由生产队统一组织,严禁"包工头"居间剥削。[2] 私设地下工厂、投机倒把、私商长途贩运等违法活动,是一种资本主义的复辟活动,严

---

① 《吕茂才的个人材料》,1965—1966年,双口村庄档案,编号 XYJ-2-16-1 至 XYJ-2-16-15 和《关于吕茂才私包工程一案》,1965—1966年,双口村档案,编号 XYJ-6-1-1 至 XYJ-6-1-7。

② 《中共中央、国务院关于大力发展农村副业生产的指示》,1965年9月5日,《建国以来重要文献汇编》(第20册),第501页。

重危害人民公社集体经济的巩固,破坏社会主义的计划供应和计划生产,必须坚决地给以打击和取缔……一切地下工厂,都应当取缔没收。① 吕茂才等三人的行为显然在一开始就已经违反了国家的政策,这是他受到揭发并因村庄的私人恩怨而遭受冤屈和不幸的根本原因。②

第四节　村庄里的"贼"

除了进行农业劳动和副业生产外,村民偷盗也是他们用以维持生存的手段,"这些或大或小的偷盗行为具有一种铭刻在村庄社会结构中的模式"。斯科特认为:乡下的偷窃行为很平常,它在任何时候任何地方几乎都是农业生活的持久特点,并且国家及其代理人也无力控制。而当偷窃涉及有争议的财产权时,偷窃就并不仅仅是一种必需的生存选择,而且还被视作自然权利的实现。③ 革命致力于改造乡村传统,不仅用集体经济体制取代分散的家户小农生产,而且对村民生产生活的思想观念和行为选择,尤其在村庄公共生活领域中的行为进行规范,如要求无论干部还是群众都应大公无私、勇于奉献,积极主动地维护集体利益,不偷不盗等。但是,村民的偷盗,特别是对集体粮食和财产的偷盗现象却并不容易消逝。偷盗虽与革命现代

---

① 《中共中央关于厉行增产节约和反对贪污盗窃、投机倒把、反对铺张浪费、反对分散主义、反对官僚主义的指示》,1963 年 3 月 1 日,《建国以来重要文献汇编》(第 16 册),第 183 页。1970 年 2 月的《中共中央关于反对贪污盗窃、投机倒把的指示》同样提到对地下工厂等坚决予以取缔。

② 此事在东城大队也败露了,所涉人员荣茂魁、尹二小等都受到了处罚,有的新房子被没收,有的因此坐了看守所,尹二小的女婿在县委任职,也因此事受到牵连被撤了职。相比而言,吕茂才受到的处罚是最轻的。访谈对象:吕茂寿,男,70 岁,平遥县双口村人。访谈时间:2009 年 5 月 3 日。

③ [美]詹姆斯·斯科特:《弱者的武器》,郑广还、张敏、何江穗译,译林出版社 2001 年版,第 322—323 页。

性的逻辑相去甚远，却具有维持村民生存的功能，尤其在生存型经济仍然占据主导地位，以及国家以政策规定和体制性约束要求村民将土地、财产入股到村庄集体经济中继而造成财产权争议的背景下，村庄的偷盗行为更加难以避免。

新中国成立后，农业集体经济制度使村民的收入及生活水平有所改善，但只能维持在较低水平，农村依然贫困，且仍有部分村民的基本生活无法得到保障。1964年1月，双口村组织由大队长、支书、民政、烈军属代表、贫下中农委员和工作组组成的访贫问寒小组，于29日至30日对75户、296人进行了挨门逐户的拜访。在这些村民中，绝大部分是贫下中农，人口多、劳力少，没有现钱，领不起口粮，需要向大队赊欠，生活困难，过不了春节。其中无煤烧的45户，穿的衣服破破烂烂的35户，甚至有2户炕上无席铺，10户无被子盖，5人长年患病、无钱看病。[①] 村庄流行"不偷不挖，社会主义难爬"的俗语。对于部分村民而言，尽管有被捉、被罚的危险，但不偷盗就无法生活下去，经济上的穷困成为偷盗行为发生的重要根源。

三年困难时期村庄的偷盗现象最为严重。当时村民偷的方法多样，许多人穿的衣服里外都是口袋，有的扎住裤管放粮食。[②] 有的去地里吃玉米，就在杆子上吃，吃完再将外皮包好。有的偷粮食，光偷中间不偷两边，以免让人看出来。"偷盗没仇，得便就偷"，人们碰上哪偷哪。[③] 这样的偷盗在当时比较普遍。"谁都知道偷盗是不道德的。但是在那个特定的环境下，农民会认为偷盗是拿回本来属于自己的东西？他们的劳动成果凭什么要上交或者平调到其他地方？既然国家不让他拿，他就偷拿，而并不认为是偷盗的行为，因

① 《双口生产大队关于访贫问寒的情况报告》，1964年1月31日，双口村庄档案，编号XYJ-8-6-6。

② 访谈对象：陈中智，男，73岁，平遥县双口村人。访谈时间：2009年4月29日。

③ 访谈对象：朱玉凤，女，65岁，平遥县双口村人。访谈时间：2009年5月2日。

此没有道德负罪感。"① 在面临生存威胁的情形下，能否填饱肚子的底线似乎已经超越了是否道德的社会舆论约束，更何况之前农民在国家意识形态和制度安排的引导和要求之下将自己的土地、财产作价入社，这种被剥夺感也会在某种程度上缓释可能因偷盗而产生的道德负罪感。

村民偷盗的对象以集体财产为主，有的村民不仅在自身所在的生产队、其他生产队和生产大队，而且还到邻村进行偷盗，其中有个体行为也有集体行动。双口村的村民既偷过邻村的，也被邻村偷过，偷盗及互相偷盗似乎成为一股蔓延在双口及附近周围村庄的隐而不绝、禁而不绝的风潮。村庄中因偷盗而被判刑的村民属于个例，如苏淑梅因于1960年在双口村偷衣服、粮食等东西而被捕，被判劳改4年，1964年后戴着坏分子"帽子"回到村庄。② 梁岱盛同样因1960年盗窃10个钱包，款153元，粮票23斤，布证78尺，银手镯一副而被判处有期徒刑5年，1965年被释放回村后带坏分子"帽子"。带上"帽子"意味着成了阶级敌人，不过梁岱盛认为自己不是政治犯，错误小。③ 在梁看来，地主、富农、历史反革命和右派分子所犯的政治错误远胜于自己在经济上的偷盗问题。需要注意的是，苏与梁偷盗的都是村民的私人现金和财产，村庄中几乎没有因偷盗集体财产而被判刑的个案，偷窃集体的粮食在道义上与偷窃个人财产相比更容易为村庄的社会舆论和公共管理所宽容和接受。

捉贼要捉赃，偷盗者都抱有可以逃脱的侥幸心理，村庄里的一些偷盗现象常由于缺乏确凿证据而无法得到处理。1975年秋天，柳

---

① 郭于华：《农民是否真心怀念集体化时代？——专访郭于华》，http://www.21ccom.net/articles/lsjd/lsjj/article_2013092592598.html。

② 《关于苏淑梅的个人材料》，时间不详，双口村庄档案，编号XYJ-3-16-1。

③ 《梁岱盛的个人检查》，时间不详，双口村庄档案，编号XYJ-7-16-1，XYJ-3-20-1。

武金听到有社员称一队的装车人员梁新强伙同他人偷盗玉米和其他粮食,便带领两名保卫在一队打场及涉案社员的家里进行搜查。梁的母亲冯秀芳一边质问"(说我们)偷下哩,谁看见?有什凭证?"一边抓住柳的衣服来回拉扯,又抱住柳的腿不松手,连哭带说,场面十分尴尬,保卫王宏义见状打了冯一下,冯便放开柳坐在院里大哭大叫。柳和两名保卫又跑到另一个社员家里去搜查,没再进梁家。后来,王宏义因为打人而受到批评,并做了自我检查。冯在家养了一星期的病。① 事情就这样不了了之。

偷盗虽能侥幸逃脱,但需要冒很大风险,有时会危及自身安全。王铁山在 1963 年夏收之际的一天趁黑夜宁静无人之际到九队场里偷小麦,当时场里有盏 100 瓦的灯泡,他怕别人看见,便先去扭灯泡,孰料因手忙脚乱而触电,手被吸在灯泡口上。看守麦场的人见状急忙用木棍去敲,王铁山得以逃脱,看场者并未看清偷粮食的贼到底是谁。后来邱增宝到太原卖香瓜时在王的妻姐家找到了他,王对邱说:"那天晚上我在北庙后偷粮被电拉住,手上沾了一块肉,胳膊上也沾了一块,强强地(方言,非常费力地)爬回家,你回去以后可别告诉其他人。"可以想象王当时的疼痛及对于偷盗被逮的担忧,事后王的家人曾到处打听看场者是否看清楚被电打的人是谁。② 面对与自己一样经常偷盗的邱增宝,王铁山几乎毫无顾忌地谈论自己的偷盗经历。在王看来,偷盗似乎并非难以启齿或罪无可恕,做贼心虚的心理压力可以承受,存在的安全隐患也可以掌控。

受伤的经历并未让王铁山放弃偷盗的念头,他甚至与人结伴行窃。1965 年 11 月的一天,王铁山与荣世昌商量好去偷玉米,荣让

① 《关于一队社员偷粮食的相关证明材料》,1977 年 1 月 30 日,双口村庄档案,编号 XYJ - 1 - 13 - 9。

② 《关于王铁山偷粮的证明材料》,1970 年 4 月 3 日,双口村庄档案,编号 XYJ - 2 - 32 - 6。

王等看场的人睡下后去叫他。当晚,王 12 点推磨回来,拿着荣的麻袋偷偷摸摸地跑到一队场内,看到护场的陈中全回家去了,便用麻袋装了半袋约 40 斤玉米穗,放在腰庙的后渠里。后来王又第二次去偷,不料被陈中全看到了。当时陈大喊一声,王便丢下半麻袋玉米穗跑掉了。后来王迫不得已向四清工作队交代了自己的错误。① 据调查,王铁山从 1960 年起一直就有偷偷摸摸的行为,每年夏秋季节都偷,尤其秋季更为严重。他家四个孩子六口人,只有他一个人劳动,但生活却过得比一般群众富裕,② 偷盗已经成为他为全家谋生的重要途径。除了王外,前述邱增宝也因偷盗而获利不少。邱增宝在 1960—1962 年曾和其弟邱增光盗窃生产队的粮食,并拿到平遥城黑市高价出卖,1962 年还因在胡雷村偷高粱被抓住游了街,给双口村造成极坏影响。③

　　针对村民的偷盗行为,尤其是收获季节的"捎带"粮食行为,村庄一般只稍作处理,如保卫、巡田员会在路口检查、搜身,如果抓住就把东西全部没收,再打上两棍子,或者把工分扣掉。④ 对于偷盗者而言,如果不被逮住就能获利;如果被逮住,无非是挨揍、退东西,有时会被加倍罚款,但常常因贫困而无法兑现,干部有时无法追究,这在某种程度上也促成了偷盗现象的屡禁不止。钱三儿是一例典型。1966 年 9 月 15 日,钱三儿乘开社员大会之机,溜到集体地里盗窃了 268 穗玉米,被社员发觉后报告了大队。但钱三儿不承认错误,百般抵赖:"那是×××要害我,说我偷粮食,证据在哪里?"后来保卫人员把赃物放在钱的面前,钱才承认了错误。

---

① 《王铁山的个人检查书》,1965 年 11 月 21 日,双口村庄档案,编号 XYJ – 2 – 32 – 5。

② 《关于孙永正赌博盗窃的材料》,1966 年 4 月 20 日,双口村庄档案,编号 XYJ – 2 – 32 – 4。

③ 《在横扫牛鬼蛇神阶段将邱增宝定为重点对象的申请》,双口村庄档案,编号 XYJ – 2 – 81 – 1;《八队揭发》,时间不详,1966 年 4 月 19 日,双口村庄档案,编号 XYJ – 2 – 81 – 2。

④ 访谈对象:王昌勇,男,65 岁,平遥县双口村人。访谈时间:2009 年 5 月 2 日。

钱家庭困难，生产队为了教育本人，在群众大会上狠狠批评了他，但这并没有制止钱的偷盗行为。[①] 无论是经济惩罚还是道德舆论，对钱似乎都难以奏效。

钱三儿是一个惯偷分子，属于特例。毕竟除了经济处罚和道德谴责外，有些偷窃者还会以挨打的形式受罚。1958 年农历八月，吕向成因家里没吃的，偷了 20 来穗将要成熟的玉茭，由于担心牙口咬不动，便想拿到平遥城内卖了换现金，然后再买别的吃，不料刚走到邻村就被保卫抓住了，被"押送"回双口村，正巧在村供销社门口碰上了支书王刚毅。王质问吕"又偷了玉米穗到城内去？"在听到吕"活不了，偷了几穗"的回答后，王从供销社内拿了一条水车上用的铁绳拴在吕的脖子上，接着用一把铁锁锁住，并把吕拉到供销社南面的大队，将吕向成脖子上的铁绳的另一头拴在大队门口的明柱上，吕不断求饶。王刚毅在其他干部劝说后觉得公开惩罚不妥，便把吕拉到村北大桥上，用洋镐打了一顿，然后给吕解掉铁绳，放他回了家。[②]

村支书王刚毅在此用"打"来治理村庄的偷盗行为，以此稳定村庄秩序。除了王之外，保卫股长和保卫组的成员也都曾用"打"来惩罚窃贼。在乡村社会中，"打"是村民处理邻里之间和乡村社会关系中的冲突和纠纷的常见方式。由于乡村习性与文化的延续性，"打"的方式也往往被运用于干部对于偷盗的治理中。1960 年8 月的一天，柳尚喜偷了 60 多斤甜菜，不料被韩银富抓住。当时韩按住柳的头部在门槛上乱碰一顿，然后将柳的双手反绑并按倒在地，用脚在其背上连踩几脚，然后放柳回了家。柳并未因此而停止

---

① 《关于给盗窃分子钱三儿带坏分子帽子的申请书》，1966 年 9 月 24 日，双口村庄档案，编号 XYJ－2－48－4。

② 《关于干部殴打群众柳尚喜一事的证明材料》，时间不详，双口村庄档案，编号 XYJ－1－6－2；《关于支书惩罚吕向成的证明材料》，时间不详，双口村庄档案，编号 XYJ－5－4－4；《关于支书打人的检举材料》，1965 年 12 月 11 日，双口村庄档案，编号 XYJ－5－4－5。

偷盗。同年 11 月，柳又偷了大队的 30 多穗玉米，并再次被捉，玉米也被没收。柳心中不服，骂骂咧咧，韩推搡着他来到村俱乐部。进门之后柳又谩骂坐在炕上的支书王刚毅。在此之前，王曾经收受柳的纸烟和烧酒，但是柳似乎并未因此而得到王的庇护。王厉声质问"你偷了？还偷不？"，柳回答道"你们拿了我还偷"。韩银富见柳尚喜不仅没有悔过，反而十分强硬，便把柳的头压在炕下的炭坑内在他的屁股上乱打一顿。挨了骂的王刚毅似乎也愈加恼怒，抓住柳的头在门槛上乱碰。后来王和韩在夜间十点多把不省人事的柳抬回了家。柳苏醒后一直喃喃低语"被大干部小干部打坏了"，但家人始终没有问清楚柳腿上和身上青一块红一块的伤到底是被谁打的。在此次事件之前，柳尚喜的神经就有些毛病，但不厉害。自此次被打后，神经大为错乱，事理不清，乱说乱道，整天外出不回，疯疯傻傻，并于 1961 年 2 月死在白桦村的道路旁。①

柳尚喜挨打可能是促成其死亡的重要原因，但这件事情并未得到公社及更高层政府的关注，也未引发干部们的反思，一些干部在公共管理中仍继续使用同样的治理手段。令人颇为疑惑的是，柳尚喜为何偷了东西还理直气壮，是认为偷东西吃才能生活是他应有的权利，还是对村干部"坏了良心"、对自己并不十分严重的偷盗行为予以严厉惩罚怀恨在心，抑或是对王刚毅与自身之间的互惠未能达成平衡并进而威胁到自己的生存，由此而产生"道义愤怒"，在此不得而知。不过可以看出，争取生存是本能、是正当的观念，是柳强力抵抗村干部管理的首要理由。杜富强家里有六个孩子，因家里没吃的便偷了一些蔓菁。不料被外号叫"财迷"的邻居柳春智看到，柳将此事汇报给了支书王刚毅。王与柳有亲戚关系，杜偷来的

① 《关于王刚毅惩罚柳尚喜偷粮食的证明材料》，时间不详，双口村庄档案，编号 XYJ - 1 - 6 - 1；《关于柳尚喜、吕向成遭毒打事件的证明材料》，1965 年 12 月 11 日，双口村庄档案，编号 XYJ - 5 - 4 - 1；《韩银富关于王刚毅惩罚柳尚喜的证明材料》，双口村庄档案，编号 XYJ - 5 - 4 - 2；《孙女柳桂莲的证明材料》，1965 年 12 月 22 日，双口村庄档案，编号 XYJ - 5 - 4 - 3。

蔓菁被没收，由于报告偷盗有赏，这些蔓菁被柳带回家喂了猪。杜诉苦道:"那时(如果)不偷，凭受(劳动)就能养活六个孩子?人家是喂猪，咱是让人吃，真是苦不堪言，那时不应该受的气也受了，不应该挨的打也挨了。"① 在此，杜富强将偷盗视为自己应有的一种生存权利，而自己给人吃、干部却让拿去喂猪的对比更使盗窃的意义发生扭转，成为一种正当行为。

为了减少或消除偷盗行为，村庄干部有时也通过加倍处罚来加大惩处力度，但这种不当的方式往往会引发村民的心理反弹，导致更多的偷盗行为。有的村干部逮住偷窃的村民，不仅将现场的粮食全部没收，而且连家里存放的也要没收。② 杜富强有一次因偷了 17 穗玉米而被要求交罚款 10 元，最后他交了 170 穗玉米。如此严重的惩罚让杜无法接受，他在检讨书中写道:"这样处理后，我自己更产生了一种恶劣的思想，自己为偷点菜食糊口，但反而使自己的生活更加困难了，我更得去偷。当时是初秋，社员开始上地劳动，我就作了思想准备，若偷不多少也得偷点，于是我经常在回家的路上捎带 1 斤、3 斤，这是很多次的。"③ 耿睿智同样遭受到不公正的处罚。1974 年 9 月下旬的一天夜间，耿与其他村民共 5 人在沙河以内偷割椽子被发现。当时按公定价是 5 分钱 1 斤，负责人尹杰和柳武金按私价 1 角钱 1 斤的两倍罚钱，耿共割了 31 斤，因而被罚 31 元整。由于耿当时没钱交这笔"巨"款，尹、柳两人便把耿的一辆自行车派人拿走，并且未等耿交款，也未征得其同意就将自行车以 31 元的价钱私自出卖，耿也未收到罚款收据。耿辩驳道:"我偷椽则不对，但不是惯偷，干部应该按党的政策加强教育，(让我)赔偿损失，以观后效，但干部们却是用一棒子把

---

① 访谈对象:杜富强，男，77 岁，平遥县双口村人。访谈时间:2009 年 5 月 2 日。
② 访谈对象:阴永吉，男，76 岁，平遥县双口村人。访谈时间:2008 年 12 月 7 日。
③ 《杜富强的检讨书》，1964 年 1 月 15 日，双口村庄档案，编号 XYJ－2－48－6。

人打死的手段加倍罚款，把我全家唯一的一辆自行车拿走出卖了。"①

公共治理方式的失当无益于对偷盗行为的治理，更何况有的村庄干部也会利用自身身份的便利而变相"行窃"。双口村的一些村干部利用职务、权力之便从生产队占取、占用粮食、蔬菜、布票、食油、现金以及其他日用品，白用、白拿集体的各种生产工具和日常用具等。何魏就质问柳武金"社员拿紫树槐檩子和木业社木料就是偷，而你柳武金是有权明拿"②。干部的"拿"由于包裹了一层权力的保护膜而具有了安全性，而且彼此之间能进行合谋，与村民的偷盗相比更"安全"，更容易成功。二队队长白平江偷偷地从生产队仓库里拿甜菜被吕清刚看到，吕细致描述了白的"偷盗"过程："在1961年11月的一天夜里11点多，当时没有月亮。我亲眼看见白平江腋下夹着一个麻袋，从他家后门出来找到菜窖保管徐广元，两人商量后一同走到菜窖门口，由徐广元打开菜窖，白用麻袋装了大约有110斤左右的甜菜，后扛回家里。当天夜里共进行了5次，总共大约有550斤左右。"③ 一队会计梁新发同样与保管陈中全合谋，在一队仓库里拿了两口袋小麦，共有120斤，两人各用自行车带到平遥城黑市上卖了，每斤价格0.5元，合计60元，两人各得30元。④ 有的干部还以管理偷盗为名义将罚款及赃物据为己有。如双口村有人偷了邻村的檩则，被罚1斤1块钱，干部把罚下的钱买了烟然后分掉。⑤ 保卫扣下村民所偷的粮食后给所有保卫人员均分。⑥ 保卫

---

① 《耿睿智对自己被惩罚过重的问题的申述》，1979年3月8日，双口村庄档案，编号XYJ-5-5-31。

② 《党员学习班上揭发问题记录》，1975年12月25日，双口村庄档案，编号XYJ-7-12-11。

③ 《关于白平江偷窃甜菜的证明材料》，1965年11月1日，双口村庄档案，编号XYJ-1-26-3。

④ 《梁新发的个人检查》，1965年12月9日，双口村庄档案，编号XYJ-2-76-15。

⑤ 《揭公社党委盖子会议记录》，1977年1月28日，双口村庄档案，编号XYJ-7-12-2。

⑥ 《柳尚云的个人检查》，1965年11月16日，双口村庄档案，编号XYJ-1-16-1。

股长韩银富看到村民在田地里拿粮时不管,然后在道口设卡,再扣下私分。他在 1961 年将巡田工夺下群众拾捡的各种粮食约 500斤都自己私自吃了,把邻村群众盗窃双口村被捉时罚下的各种款项 200 余元都自己私用了。[①] 这实际也是一种变相的"偷盗行为"。

如果干部偷盗被抓,性质会变得严重。王仁福曾担任过三队的副队长,后又任大队团支书和生产队贫协组长。1969 年 10 月17 日,他和弟弟王仁禄一起去偷二队的粮食,结果被抓住,并带回大队接受审讯。在审讯中,王交代自己"因为家庭有困难,妻子经常闹病,一时想不通,便起了偷盗之意",并将自己偷盗粮食的时间、地点及方式一一详细交代。大队认为,对于王仁福的偷盗不仅要算经济账,更要算政治账。本人偷玉米和米则共 317斤,所以收本人粮食 100 斤,其余 217 斤以每斤合价 0.15 元计,大麻则(注:即天茄花)10 斤以每斤 1.50 元计,总计款 47.55元。[②] 不过,像王仁福这样偷盗被抓并不多见,更多干部的偷盗行为是在四清、整风等运动中受到别人揭发和进行自我交代中才暴露出来。

干部除了自身偷盗外,也庇护与自己有私人关系的偷盗者,于是有的村民就利用与干部的关系分享到一些由权力带来的对偷盗的"额外优惠",所以并不是所有被抓住的偷盗者都会受到惩罚。有村民就认为前述王铁山正是仗着其哥哥王铁林是大队长而多次进行偷盗。[③] 吕清刚在 1960 年担任保卫时曾经逮住六队赵平珍偷盗高粱

① 《保卫韩银富第二次群众会检查》,时间不详,双口村庄档案,编号 XYJ - 1 - 21 - 1;《检举材料》,时间不详,双口村庄档案,编号 XYJ - 1 - 21 - 9。

② 《王仁福、王仁禄偷窃粮食案》,1969 年 10 月,双口村庄档案,编号 XYJ - 5 - 3 - 12。

③ 《关于王铁山盗窃的证明材料》,1966 年 4 月 20 日,双口村庄档案,编号 XYJ - 2 - 36 -4。

穗,但是保卫股长韩银富却只开玩笑似的扣了 5 穗,剩下的就让赵平珍都拿走了。韩在 1962 年碰到自己的兄弟偷高粱时根本不问,结果他弟弟又继续偷盗推车。① 干部这种对人不对事的治理方式及庇护亲属偷盗往往会招致不满。看到韩银富如此不公地处理偷盗,吕清刚便对干部管理不再那么畏惧,并想借用更高层的权威来反治理干部粗暴的公共管理方式。

1964 年 7 月的一天,吕清刚在供销社门前吃烤熟的玉米。韩银富问吕:"有群众反映说你在偷玉米。"吕说:"我吃的是自留地里的,谁说我是偷的?"韩质问道:"你没偷过?"吕针锋相对:"我偷你逮住几遍?"韩回应道:"那是你偷的妙。"两人谁都不肯退让,便你一言我一语地争吵起来,韩当时还打了吕一木棍。事情并未就此了结。后来,吕"拿"地里的粮食喂牲口又再一次被抓。吕在证明材料中写道:"有一次我往庄畛地里送东西,顺便拿了三队的 3 支玉米穗,七队棉花地的 3 支高粱穗、两支玉米穗,拿回来就让队里的牲口吃了。后来第二次又拿了五队的高粱穗 3 支,也是要喂牲口的,这件事赶车的尹桂文知道。但这次被保卫荣世昌拿住,就地拿铁尺打了一顿。荣世昌在地里打了我 5 下,到了八队场又打了我 8 下,到了大队关住大门又打了我 12 下,到了晚间问我口供,我不承认,荣世昌又打了我 7 下。保卫股长韩银富和民兵营长陈中智放话,保卫组成员拴住我的大拇指,把我吊在大队东房梁上,头一次吊了我有一根烟的时间,放下来我不应承,又第二次吊起,有两三尺高,这次有半个钟头。韩银富对保卫说你们打和吊吧,打死、吊死由我负责,他们于是又将我的身体打起转来,后来把我放下来醒了一顿,又问我还在哪里偷过,我回说只是今日偷来。后来他们又要吊我,我害了怕,就胡说偷了几十穗。这时天已经快亮

---

① 《保卫韩银富第二次群众会检查》,时间不详,双口村庄档案,编号 XYJ - 1 - 21 - 1。

了,他们便让我回了家。第二天晚间他们又叫我去,吓得我就逃跑了,他们后来也没再处理。自那以后,我有半个月的时间不能干活。"① 吕将自身挨打的地点、数量都详细记下来,他这次是有意要掌握证据。

果不其然,当工作组来到村庄开展四清运动,展开对干部问题的审查时,吕清刚将此事汇报了工作组,并由公社直接反映到县监察委员会。韩银富和王刚毅的粗暴手段至此受到国家权威的正式干涉和介入。1964 年 12 月,平遥县监察委员会认定韩银富不对偷盗事件进行认真分析就动手打人,且在支书王刚毅的错误指示下私设公堂,逼供认偷,是严重的违法乱纪。而且韩自 1956 年以来曾因社员小偷小摸和赌博行为捆打过 12 人之多。小偷小摸是错误的,但这种侵犯人权的作风也是十分错误的。② 最终王刚毅、韩银富两人受到党内严重警告的处分,韩的保卫股长职务也被撤销。

在集体化时代,偷盗在乡村社会具有复杂的意义。生活贫困是导致村民偷盗的重要原因,因此偷盗是他们不偷活不成的逼不得已,也是别人偷、自己不偷会吃亏的心理驱使,还是争取生存权利的一种挣扎。同时,由于存在财产权争议,村民以偷盗来平衡自身由加入集体经济体制而产生的被剥夺感,并借以实现利益弥补。干部自身的盗窃行为以及对于村民偷盗的失当治理招致他们对干部管理行为的合理、合法性的质疑,并引发更多的偷盗,以此来弥补自身对于干部利用职务谋利的利益缺失。因此,偷盗不是一种单纯的违背乡村道德规则的行为,或是因超越村庄公共管理规范而受到约束限制的行为,而是隐匿和内化在乡村社会关系中的结构性因素,也是对村民糊口型经济和生存方式的重要补充。

---

① 《关于韩银富管理不公平及粗暴管理的证明材料》,1964 年 11 月 4 日,双口村庄档案,编号 XYJ – 1 – 21 – 3。

② 《关于韩银富的个人材料》,1964 年 12 月 1 日,双口村庄档案,编号 XYJ – 1 – 21 – 4。

* * *

　　集体化时代的农业经济为国家工业的发展奠定了坚实基础，成为改革开放后经济飞速发展的重要推动力。但是无论对于国家，还是对于乡村农民，在传统向现代的转型过程中都面临着巨大挑战，如何在制度安排与个体行为选择之间形成平衡点，如何协调国家意志与个体意愿之间的利益和矛盾冲突，都需要付诸努力。国家对社会主义社会的建构理念及对其实现途径的预设未能与小农的经济理性及村庄的公共管理体制实现有效融合，使国家的革命逻辑相对于复杂的乡村社会显得理想化和简单化，导致农民与国家进行的只是有限的合作和部分的接受，除此而外还有不合作和隐秘的反抗，他们对于国家管理的应对是"风声"来了紧一阵，"风声"过后仍照旧，"运动"式治理的效能有限。

　　劳动安排和工分管理的不足使集体劳动从内部产生瓦解因素。一些农民往往跨越国家政策规定的界限进行手工业劳作和倒买倒卖，这些手段被赋予了政治含义，受到约束限制，有些人甚至因此而被戴上"帽子"，成为"阶级敌人"。不过，村民依然通过非农业劳动甚至偷盗来获得生存所需。生存型经济的威胁对于村民而言始终存在，他们谋求生计、生存的愿望更为突出，而不是政治性的"阶级斗争"，其对于政治资源的争取更多的也是为了获得经济资源。农民的生存理性和村庄传统对于农民的生计观念和谋生手段发挥着重要作用，无论是干部还是普通村民，都依然为了生计而奔波忙碌，只不过干部相对于普通村民而言受到更多行政管理体制的约束。生存的渴望使他们对于经济利益产生追逐，干部与干部、干部与群众之间也因此而形成庇护或共谋关系。这使农民通过其自身的文化和日常实践形成了不同于国家意志的意愿和行为选择，由此形成了一定的自主生存空间。

　　从国家的角度来看，这些违背国家政策的行为显然是一种"反行为"，与以革命的逻辑、公共关系和阶级关系超越代替生活逻辑和姻亲、血缘的村庄传统的制度安排和国家意识形态不相契合，但以"反行为"呈现出来的行为选择正是他们对自由流动和多样谋生方式的权利争取。农民并不完全听从于国家的制度安排，他们努力挣脱体制的束缚和意识形态规训，以自己擅长的方式经营自身的生活，于此求得生存和主体性的建构。村民的这些脱离制度轨道、争取自身权益的行为虽然是分散的，但愈益威胁着集体经济和村庄的生产秩序，使看似无可辩驳、无法更改的人民公社体制机体受到村民虽然微弱但却是日积月累的侵蚀。

第 五 章

身体与私人生活：日常中的
自然存在

与以阶级身份呈现的贫下中农与四类分子、以政治身份呈现的干部与群众和以社会身份呈现的谋生计者比较，作为自然的生命个体，村民的婚姻生活、日常的习俗和娱乐活动及言论表达是相对更贴近人的自然属性的一种本真生活。虽然这种本真生活也会不可避免地受到社会性的约束和影响，但在强调"政治"和"阶级斗争"的集体化时代里，却受到"政治"的过度支配，成为政治活动的重要场域。一般认为，集体化时代的集权对于民众而言处于绝对主导的地位，但事实上那个年代除了国家对村民自上而下的建构，还有村民自下而上"积极地参与日常生活结构的建立和重塑，他们力图'占有'围绕自己的世界并使他们适合于自己"①。国家的政治规制与革命教化对于村民的私人生活产生了重要影响，但村庄传统、生活习惯和道德依然在很大程度上发挥着支配作用。本章主要论述农民的私人生活面临着怎样的历史境遇，有着怎样的生命体验和身体经历，面对国家的政治规训进行了怎样的抉择和行动，并揭示国家在农民私人生活的管理中遭遇到的困境和挑战。

---

① ［俄］米罗诺夫：《当代俄国史学》，陈启能译，《山东社会科学》2006 年第 6 期。

第一节　婚外恋：政治与道德的约束

身体解放是党在根据地时期进行社会改革的重要内容，也是新中国革旧布新的具体表征。破除地主的压迫剥削，将农民从地主的奴役下解放出来，使他们翻身做主人；破除封建礼教的束缚，使妇女走入开放的公共空间中，改变相对于丈夫和家庭的从属地位，拥有独立自主的人格，这是党推翻旧政权、建立新政权的革命理想追求及价值目标定位。但是，严峻的国内外环境、对民族—国家的建构和对现代性的追求使身体无可避免地陷入国家的规训管理和开发中，集体化时代对忠诚于党、维护集体的观念的强调使国家、集体凌驾于个人身体之上。"由于性处在生命和身体的交界处，处在个人身体和集体人口的交界处……权力对性的控制、刺激、规范实际上是权力对生命管理的强烈表现。"① 尤其在集体化时代强化"阶级斗争"和"政治性"的年代里，国家对性的规范控制体现得更为明显。以往集中在道德层面的性约束和性评判被掺杂进更多的政治成分，乡村非婚两性关系和婚外性行为被掺入了浓厚的政治色彩。

婚外情在集体化时代是影响阶级成分划分的因素之一。具有婚外情、重婚行为的"罪恶"事实是双口村一些村民被划定为四类分子的重要依据。吕向文被划定为地主，虽然是因为土改农协会成员吴文济因私人恩怨在划分成分的会议上捏造吕向文家有大驴、大型农具，还雇佣长工，并揭发吕大搞男女关系，有流氓作风，但已有家室的吕向文当时没有出席定成分会议，而是与伪村长柳福金的妻子在一起，并被群众抓了现行，成为群众形成公愤、将吕定划为地

---

① ［美］冯珠娣、汪民安：《日常生活、身体、政治》，《社会学研究》2004 年第 1 期。

主的重要因素。① 吕向义被划定为专政对象的依据之一是"家中已有了老婆，但1939年在外又娶了老婆"②。马桂英"同天主教神甫勾勾搭搭，狼狈为奸，乱搞男女关系"成为其无法摆脱地主身份，并被戴上地主"帽子"的重要原因。③ 苏红艳则因"流氓成性，先后与48个男人搞腐化，走过5个县，25个大队，骗取财务计款370多元，找有夫之妇，破坏婚姻法，搞重婚，破坏国法和社会主义秩序"而被划定为坏分子。④ 有着超越了夫妻之间的性倾向、性行为的身体与承载地富的剥削行为、反革命分子和右派分子的反动言行的身体具有同等危险性，都是需要国家予以管理约束的对象。

尽管党一直强调男女平等，试图改变乡村中婚姻买卖包办状况，并在新中国成立之初即颁布了《婚姻法》，强调废除包办强迫、男尊女卑、漠视子女利益的封建主义婚姻制度，实行男女婚姻自由、一夫一妻、男女平等，保护妇女和子女的合法利益。禁止重婚、纳妾和童养媳。⑤ 但在划分阶级成分时，这些因受限于包办、买卖婚姻而导致的婚外情并未得到理解和同情，也并未由此而降低受害人的阶级成分，政治的考量优于解放身体的需要。如前述与天主教神甫乱搞男女关系的马桂英始终为自己是童养媳，长期伺候婆

---

① 《关于吕向文成分的调查报告》1976年10月31日，双口村庄档案，编号XYJ-3-5-3，藏于山西大学中国社会史研究中心，以下同；《关于吕向文划分成分问题的相关证明材料》，1976年7月7日，双口村庄档案，编号XYJ-3-5-4。

② 《戴帽地主分子吕向义的罪恶事实》，时间不详，双口村庄档案，编号XYJ-4-2-8。吕向义家中有妻，但不能生育，他于1937年在西安登记抗日救国教师服务团，随队前往甘肃天水任教员，直至1958年回到双口村。期间于1939年婆邢木兰为妻。见《吕向义履历表》，1970年2月26日，双口村庄档案，编号XYJ-4-2-7。

③ 《地富反坏分子马桂英摘帽子评审表》，1966年5月26日，双口村庄档案，编号XYJ-4-13-2。

④ 《五类分子苏红艳评审呈批表》，时间不详，双口村庄档案，编号XYJ-3-17-1。

⑤ 《中华人民共和国婚姻法》，1950年4月16日，《建国以来重要文献选编》（第1册），第172—173页。

婆、做家务、经常参加体力劳动，并受到虐待，但被划分为地主的家庭出身而喊冤叫屈。① 苏红艳是婚姻包办的受害者。她强调在1956 年与前夫结婚时，自己本就不愿意，是父母强迫包办两人成亲，结果夫妻感情一直不和，所以就经常往双口村跑，和古云雨乱搞关系。② 苏红艳在此强调父母强迫包办似乎并不能成为自身"腐化"行为和"暧昧"身体的充足理由，但却是其"出轨"的诱因。不过在划定她的坏分子成分时这些并不被考虑在内。苏红艳被迫为此而做出检查："我由于不学毛著，思想觉悟很差，因而就乱搞不正当的男女关系，我破坏了婚姻法，破坏了生产，作风极坏，特别是在四清当中不多参加劳动。"③ 非婚两性关系的产生被归因于政治学习不够，不仅是对婚姻法的破坏和道德败坏，而且更影响了具有政治意义的农业生产。属于道德范畴内的不正当婚外恋情受到了政治的规制。

　　与苏红艳相比，时玉萍的婚姻同样由父母包办，但她企图借国家权力获得婚姻的真正自由和身体解放。在向工作组陈述为何要与二队队长白勤宝搞男女关系时，时玉萍极力诉说自己的不幸和发生"危情"的经过："我和我男人结婚后历来感情不和，主要是我就不愿意。我父亲一手包办，对我又打又骂，叫我结了婚，所以我一直过着不愉快的生活。葛文义经常打我、骂我，做什么事情老不由我、全由他，许他、不许我，两人经常闹别扭，他打过我很多次，所以我就和我的男人失去了感情，就老想要离婚。那时白勤宝经常来我家坐，闲谈、说笑，我就觉得高兴，也就经常和他聊天。有时

---

① 马桂英于 13 岁嫁到夫家做童养媳，一贯受婆母虐待，男人抽大烟，不务正业。土改时她的夫家有 23.026 亩土地，1.5 间房子，由于除桂英外，全部外逃，所以只按家中人即一人计算，但却将桂英的公公划为地主成分。桂英虽因本地规定只有户主才戴"帽子"而未戴上地主"帽子"，但本人仍被划定为地主的家庭出身。《专政对象马桂英登记表》，1966 年 6 月 30 日，XYJ-4-13-3。

② 《苏红艳的个人检查》，时间不详，双口村庄档案，编号 XYJ-3-17-2。

③ 《五类分子苏红艳评审呈批表》，时间不详，双口村庄档案，编号 XYJ-3-17-1。

我男人不在,我就和他坐得近,有时白勤宝见有人在就走了,有时有人也不走,我男人也不说。他就这样的经常来坐,我就和他又说又笑,说自己的难活。我俩人谁也不气人,后来谁也对谁说实话,说心里话,谁也对谁好。有时我男人打我、骂我,气得没有说处,就和白勤宝说、哭,他就为我伤心、劝解我。有时他也对我说他的伤心。他30多岁也没有说过个对的人,也不知怨谁,老结不了婚。我对他说,你自己要好说话一些,不要让自己过成一个人。他说就没有人给介绍,自己也不敢和人家说,脸也老会红,所以不是自己想找就能找下。从那以后,白勤宝倒像我的亲人似的,(我俩)谁对谁也是亲人。这样亲人有3年多,我就和他心里有意,想和他生活几日,叫他感到我是个好心人、吃苦人。人总是有感情的,我就想人活在世上怎能没个知心合意的人,愉快地生活几年呢,所以就不由得和他有了6次关系。1974年1月,第一次,在我家,我起的意;1974年7月第二次,在我家,我起的意……1976年1月,第六次,在他家,我起的意。现在我的想法是要坚决离婚,死也不回去。因为自己把白勤宝的名誉已经损坏,他是结不了婚了,所以我坚决要离婚,和他结婚。"[①]

对于时玉萍来说,自己在父母的强迫下成婚,婚后夫妻又不和,与一个打骂自己的人离婚,再与一个能够知冷知热的人结合,理所当然是属于自己应有的权利。遭受暴打的痛苦和心理压抑使她想要挣脱道德枷锁,去追求自己想要的婚姻和生活,因此自己是封建礼教的受害者,而不是违背乡村道德规范、为村民所不齿的人,而且自己将白勤宝的名誉损害,需要对他负责,是出于对责任和伦理的担当。不过,担任二队队长的白勤宝对此事有着与时玉萍不同的认识和看法,他对于自己与时玉萍之间不可能有结果的结局保持

---

① 《我和白勤宝男女关系的经过》,1976年1月30日,双口村庄档案,编号XYJ–1–25–1。

清醒："我和时玉萍是从 1971 年开始的，那时我到她家常坐，她经常和我谈说她家的生活和她男人的情况，我就听出了她的意思，她就和我起意了，就从那时候起我俩一直就没有断了关系。直至 1974 年秋，她和她男人因家务事吵闹，一直劝不下架，她就一直要离婚，在那时我和她说过你不要离婚，不要把咱们这事情坏了，她一直不听。"

对于国家而言，对婚外情的评判需要考量其政治影响和社会效应，并兼顾乡村对婚外情的道德谴责，解放身体远远无法与消除婚外情、稳定家庭和社会的治理需要相比。时玉萍并不懂得运用国家政治话语逻辑与政治和道德舆论压力进行策略抗争，无论最初解放自身身体的愿望如何强烈，想法如何坚决，最终都不得不转变态度，为自己的错误做出检查："我认识到我和白勤宝搞不正当男女关系是非法的，是违法乱纪的，今后决不再犯这方面的错误。我好好地和我男人搞好关系，重新做人，走向正规正轨。"[1] 白勤宝也检查道："这事我也做错了，当时我理解不了自己的名誉问题，所以一直犯错误，这一次我从思想上认识到干这事情对谁也不好，也就是对谁也没有利，今后再不重犯上述错误了，今后决心改过。"[2] 国家权威介入的目的在于终止婚外情的不正当行为，同时维护家庭和社会的稳定。时玉萍的丈夫葛文义也被要求做出保证："我保证执行党的政策；保证不再打人骂人，从今后要执行得更好；保证把我们的夫妇关系搞好，恢复原来的和美；如果我妇下定决心能改过她的错误，我保证不再对她提以往的错误，一切在于她本人的决心，我保证以上能做到；我妇回家后我保证她的人身安全，有事向大队报告。"[3] 政治和乡村道德在此形成了共谋，增强了管理的合法性，

---

① 《时玉萍的检查书》，1976 年 1 月 30 日，双口村庄档案，编号 XYJ－1－25－3。
② 《白勤宝的检查书》，1976 年 1 月 30 日，双口村庄档案，编号 XYJ－1－25－2。
③ 《葛文义的个人保证》，1976 年 1 月 30 日，双口村庄档案，编号 XYJ－1－25－4。

对身体的"性"与"情"的规范约束也就具有了更强大的效力。

时玉萍努力想要实现身体解放的失败,还因为白勤宝是干部,具有代表国家的"公家人"形象和示范效应,在国家意识形态和行为规范的要求中,干部的身体应该是模范的身体,需要做出牺牲和奉献,更何况是违背乡村道德和国家婚姻管理的婚外情。相比于普通群众,干部的婚外情融入了更多的政治因素,受到国家更多的关注和政治规制。① 葛春花的邻居由于古建民总是在葛春花家待到深更半夜,影响自己的日常休息和财产安全而大为不满。邻居认为:"作为一名党团员来讲应当是模范地执行党的各项政策、搞好党的工作,在群众中起模范带头作用,成为一名名副其实的党团员,(不应)给党团组织造成不良影响及不该有的损失。"② 在党的意识形态中,党团干部应该在乡村中起到模范带头作用,以身作则,而婚外情不符合作为党团干部的标准,破坏党的声誉。受到骚扰的村民在此借用了与国家意志相一致的政治话语和革命伦理的外衣来质疑婚外情,由此维护自身的利益。

由于干部掌握着村庄和社员的劳动生产与任务安排、现金与粮食分配等日常公共活动甚至私人活动的权力,在村庄中居于较高的社会地位,有的干部便利用国家的权威来维护自身的婚外性关系。

1958 年 4 月,28 岁的王铁林从部队转业回到村庄,担任了大队社主任,干部、党员和军人的三重身份使他自我感觉高人一等。吕思明的妻子毛秀英当时担任小队妇女队长,因工作关系双方接触频繁,不久便发生了男女关系,彼此经常往来。有一次,王铁林碰上吕思明夫妻吵嘴,便去相劝,但这时吕思明已经知道王铁林和毛秀英的关系,吕不接受劝告,并连同王铁林一起辱骂。王无法忍受

---

① 尤其是由于国家在对乡村运动式治理的方式中对干部进行的细密审查评定,使乡村干部的私人信息被更多暴露,干部的婚外情也会由"半公开"转变为正式公开。

② 《一封对古建民搞男女关系的检举信》,时间不详,双口村庄档案,编号 XYJ - 1 - 1 - 5。

便打了吕两拳头。后大队进行处理，王承认了自己打人的错误。党支书王刚毅质问王铁林男女关系问题，王铁林不认账，反过来辱骂支书，王刚毅便向公社作了汇报，但王仍然态度生硬，并坚决予以否认。为此，1959 年，王铁林受到了开除出党的严重处分。[①]

即使如此，王铁林仍然毫无收敛。在冬天，毛秀英每天吃完晚饭就去上民校，王铁林是负责人，并以此为借口每天在学校与毛秀英在一起，那时毛回到家里常常跟丈夫吵架。

1960 年 1 月 26 日夜晚，毛秀英上民校去了，可王铁林没有碰到，便跑到秀英家，一进去就关上门并爬到炕上，没想到在家的是毛的小姑子，她在给嫂子看孩子。

王铁林对小姑子说："我叫你嫂嫂上民校去。"

小姑说："你是什么一个人，你叫我嫂嫂上民校，为什么你进了门就关住门，是准备干些什么事哩？"两个人的吵闹声被毛秀英的婆婆听到，婆婆就过来把王铁林骂跑了。

这时候毛秀英回来了，婆婆问毛："为什么你叫王铁林来了咱家把门关上，做些什么？"

毛坚决否认："他关门不是关住我，而是关住你的女儿。"看来，"捉奸捉双"，不抓住证据毛秀英是不会承认的。

1960 年 3 月的一天，吕思明让妻子毛秀英出去看电影，后来，吕思明也出来了。走在半路上，吕思明看到王铁林带着毛秀英不知要往哪里走，便在后面跟着。只见两个人来到一条小街上，站着闲聊了一会儿。正在此时，王铁林看到吕思明站在不远的地方看着他俩。王铁林说："由你吧，你想怎样就怎样。"吕思明说："我是一个文盲，也不是那些有知识的工人，我也不能怎样，你是什么战场也上过、什么事情也见过，又是党员又是军人，什么事情也许你

---

① 《犯错误的经过（王铁林）》，1973 年 4 月 24 日，双口村庄档案，编号 XYJ-1-9-7。

做。"柔弱的吕思明无法对付当过兵的王铁林,因而没有当场表示出抗争,而是采取了躲避的态度。自此以后,吕思明决定将妻子的户口迁移到他所在的凤凰公社铁业社,以使两人能在一起生活而不再分居,防止再生事端。大队了解两人的情况,也同意迁移毛秀英的户口,但她始终不肯答应,两口子为此争吵不休,吕思明无奈便打了毛秀英一顿,毛拿上东西就往娘家跑。王铁林知道此事后,便带上治安主任来到吕思明家,将吕带到一所背街的小房前,王铁林对吕大打出手,将吕打得满脸是血,之后让吕从人少的地方走回去。出于仇恨和抗争吕从人多的地方走,一直走到大队。吕思明欲诉诸大队的干部来制止和约束王铁林。这时王也尾随来到大队,并对大队的干部说吕要打他,并自己开出介绍信,要把吕送到教育所里。大队和工作队的干部认为吕思明不是那种惯于使用暴力的人,便阻止了王铁林,并将其告到了公社。后来公社将王移送到平遥法院,之后被关进了教育所,吕思明将妻子带到凤凰公社安心工作。

没过多久,王铁林就从教育所出来了。毛秀英的婆婆苗二女诉苦道:"他俩闹得我全家大小不能安心,特别是思明在外不能安心工作。王铁林出来后,全家都很害怕。我想让思明回来走一趟,但也不敢,怕被铁林看见把我的儿子打死哩,我一想到这些就半个多月也睡不着觉。思明当时想带着秀英回来,但我让他在凤凰多住几年,把孩子带大,我儿子说不怕,王铁林已经改造出来了,不是坏人了。两人便在 1962 年初回到村里,当时秀英已经和思明和气多了,和全家也没什么意见了。但王铁林仍时刻想找秀英,我碰到他俩在小街上谈话有好几次。1962 年 12 月 17 日,我正在做鞋,裁刀不快,就让小女问秀英拿裁刀用。当时秀英的门关着,秀英隔着门对小女说邻家把裁刀拿走了,小女又问邻家去拿,但邻家并未借用,小女又问秀英拿去,秀英还是关着门并对小女说给你找吧。小女在秀英的门前玩,不知怎的门就开了,小女看见王铁林在炕上坐

着，回来便告诉了母亲。母亲说自己的儿子不在也不能怎样，铁林
就下炕走了，母亲的心就急着跳。儿子回来过大年时，我也不敢和
他说，全家安心过年。1963 年正月初六黑夜，我的儿子在家坐着，
王铁林又捣我家的后墙，思明就跑出去看，王铁林看到思明就跑，
思明在后面一直追到工作队。工作队就问王铁林，他承认了错误，
并保证不和秀英说话，不到秀英家里，我全家就安心过了一年。
1964 年，王铁林当了贫协会主任，又捣我家的后墙。经过这些事
情，我被吓坏了，现在想起他的这问题就三天、五天也睡不着，也
不能吃饭，我一看见他就心里实在怕他。……在 1963 年秀英已经
变得好了，和家里的人也都和气，特别对自己的男人更和气，可是
王铁林一直找秀英。"①

　　很显然，拥有党员和军人的政治背景不仅仅是一种权力象征，
也在某种程度被异化为暴力的表征和谋取私利的势力资源。无论是
吕思明还是他的母亲，对王铁林的暴力都噤若寒蝉，王铁林则凭借
自己大队干部的身份对吕思明实施高压，企图以此维持与毛秀英的
婚外恋情。婆婆为了全家的安定，一再强调毛秀英的转变，将责任
全部推给王铁林。虽然王一直矢口否认与毛秀英的关系，但面对上
级工作组的质问还是做出了交代，以阶级话语来表述自己的错误:
"不承认此事是因为自己存在小资产阶级意识，怕丢人，怕自己的
做法会引起群众的不满，破坏党的形象，脱离群众，和群众分了
手，走上资本主义道路。"② 党员、干部、军人三合一的政治背景使
王的婚外情不仅涉及个人作风，更具有污损党的威严的恶劣影响，
因此国家除了规范其肆无忌惮地以权谋私，并惩罚其对普通民众造
成的暴力伤害和心理压抑外，更以模范身体和无私奉献的身体的标

---

①《愁苦书》，1965 年 11 月 30 日，双口村庄档案，编号 XYJ - 1 - 9 - 4。
②《犯错误的经过（王铁林）》，1973 年 4 月 24 日，双口村庄档案，编号 XYJ - 1 - 9 - 7；
《愁苦书》，1965 年 11 月 30 日，双口村庄档案，编号 XYJ - 1 - 9 - 4。

准对王进行约束管理。

在集体化时代,婚外情包含乡村道德、情感欲望、罪恶、愚昧落后等诸多要素,也对国家建构农民的主体性及富强、有尊严的现代性发展的意志构成挑战,从而很容易与阶级斗争、政治定性等发生关联,被意识形态化,沦落为政治的工具。婚外情具有的污名化效应使其本身就具有"不正当"的道德色彩,被认为是有伤风化的败俗行为,不仅会破坏社会道德规范、扰乱社会风气和秩序,更被认为会破坏具有高度政治含义的农业劳动,是对国力的损害,也是政治堕落的体现,同时直接指涉党员干部的生活作风,有损其所代表的党和国家的形象,自然身体也由此演变为政治身体,并为国家的身体规训制造了合法性。

第二节 习俗:生活习惯的政治规制

集体化时代国家强化身体的生产性和工具性的意义,以国家富强、爱党、服从党以及强化党的领导力的革命论理和政治规范为取舍标准,运用阶级性的话语和运动式治理来塑造规范大众的日常生活。在乡村的实践具体表现为要求农民安心于农业劳动,服从干部的管理,为农业战线贡献力量,忠诚于党、国家和生产队集体。农民农业劳动以外的其他谋生途径受到严格限制,一味谋求一己私利而不顾集体的思想和行为受到约束和指责。这些是无产阶级生活的表征和活动界限,而超越了这些界限的活动如乡村传统的思想、文化、风俗、习惯被认为是"四旧",是牛鬼蛇神①,会占用并且毒

---

① 牛鬼蛇神作为政治概念,与"四类分子"的概念相同,词义宽泛而没有明确的界定,随意性很大。1955 年 3 月,毛泽东在《在中国共产党全国宣传工作会议上的讲话》中说:"让牛鬼蛇神都出来闹一闹。"这里的牛鬼蛇神指传统戏曲中的鬼戏。1966 年 6 月 1 日《人民日报》社论《横扫一切牛鬼蛇神》,指占领了思想文化阵地的"资产阶级"专家、学者等。在农村则主要指续家谱、修祠堂、看风水、祭祀等所谓的封建迷信活动。

害农民的身体，影响具有政治意义的农业劳动，从更深层面来看是
与无产阶级进行身体的争夺。尤其在"文革"时期，国家对民众生
活的规训更加突出，对资产阶级争夺民众身体的"阴谋"也更
警惕。

祭祀祖先和鬼神对于村民而言是纪念缅怀逝去祖先亲人、祈求
神灵福泽庇佑的一种方式，尽管被禁止，但一些村民仍私底下供奉
神灵请神，烧纸祭拜。1971 年，雷素文与姐妹六人到坟地给父亲过
百纸（注：指葬礼中的过百天仪式）、烧花圈，哭哭啼啼，在回家
的路上碰到"毛宣队"的老巩，受到其批评。雷大为不满，便与老
巩发生争吵。事后，雷素文不得不为自己的行为做出检查："……
经过学习和干部的帮助，我认识了上述所犯的错误是大搞牛鬼蛇
神，大搞'四旧'，是两个阶级路线的斗争，影响了农业学大寨、
春耕生产和抗旱运动。这种目无领导、无视政策的做法和无政府主
义思想对不起党、对不起广大贫下中农和革命干部。①"听从干部的
安排指挥、认真劳动是党对普通社员的要求，否则就是无政府主
义，如若耽误农业生产而进行传统习俗活动，不仅占用了劳动的时
间，而且走上了资本主义道路，都是农民的身体和生活受到"封
建"与"资产阶级"思想和文化侵蚀的体现，需要约束纠正。在
此，"封建"与"资产阶级"是等同的，封建思想就是资产阶级思
想，是旧的和不健康的，都需要被"打倒"。

如果是作为专政对象的四类分子及其子女进行相关活动，其所
犯错误的根源会被追究到其根深蒂固的剥削思想或剥削阶级的家庭
出身。王雨营把自己富农分子父亲的棺材从公共坟地迁入到新中国
成立前自家的坟地里，这一行为被认为是"无法无天"。王雨营在
检查中将此归于"自己出身于剥削阶级家庭，头脑里的资产阶级思

---

① 《关于上坟遭批评的检查》，1971 年 4 月 18 日，双口村庄档案，编号 XYJ－5－3－8。

想根深蒂固，没有得到彻底的改造，阶级斗争和两条路线斗争的觉悟不高，没有彻底和自己的父亲划清界限，因此而犯下严重错误"，并表示决心："要与自己的剥削阶级家庭断绝关系，划清阶级路线的界限，加倍活学活用毛主席著作，彻底改造世界观，脱离自己的剥削阶级家庭，到劳动人民的熔炉里脱胎换骨，提升自己的思想。决心在社会主义建设的农业战线上贡献自己的一切力量，为革命为人民立新功。"① 无产阶级的身体如果与资产阶级身体发生关联，就会受到其影响和腐蚀，其间的纽带——血缘关系是需要割裂的，政治规范要求民众超越和斩断受到资产阶级污染的亲情，以纯洁无产阶级身体。王雨营的检讨不可谓不深刻，但这种公共空间中的表述未必代表他对国家管理的真心认同。事实上，许多民众与王雨营相同，面对要求和压力，运用政治话语表述自身对于错误的认识和悔过，以此作为争取生存空间的策略性表达。

民众坚持祭拜习俗使冥币具有了市场需求，一些人便乘机谋利。柳同吉在 1964—1966 年的清明节和七月十五中元节时印制冥币到处去卖，每年赚五六元钱，同时他还卖了一个"聚宝盆"和三个"大院"，赚了八九元钱。② 柳春生同样印、卖冥币，而且也自己使用，并送给邻居好友。柳春生后来回忆道："那时候好一点的生产队一个工分值七八毛，连点称盐打醋的现钱也没有，白天劳动没时间，在晚间赚点零花钱，五六分就能变好几毛钱，一晚上赚七八毛钱就高兴得不得了。"③ 对于柳春生而言，这不仅是承袭地方风俗和延续生活习惯，而且在物资匮乏的年代能够带来一笔不小的现金收入，相当具有诱惑力，因此即使在四清时已经因此而受罚并写了检查书，柳仍然在 1969 年重操旧业。

---

① 《王雨营的个人检查》，1967 年 11 月，双口村庄档案，编号 XYJ - 2 - 34 - 2。
② 《关于柳同吉制造贩卖迷信品的材料》，1966 年 4 月 20 日，双口村庄档案，编号 XYJ - 2 - 56 - 1。
③ 访谈对象：柳春生，男，67 岁，平遥县双口村人。访谈时间：2009 年 5 月 3 日。

柳春生后来检查道："我自己认为，现在乘'文化革命'混乱之际，就是作一些错误的事情大半也没人管，于是就兴风作浪地又制造下封建迷信复辟的工具，胆大地和人民政策唱起对台戏来。到了六月十八、七月十五、十月初一、冬至这些节气的时候，就叫亲戚家的人或者自己在供销社买纸印鬼票（注：即冥币）。因为我看到有些人拿着纸活（纸质祭品）上地（在地里祭拜），自己就想卖鬼票从中取利，而不想后果。一年来共买纸 70 张，一张纸能印鬼票 192 张，一角钱卖 50 张，一张纸能卖 4 角，去了纸和印红的 7 分本外，一张纸可取利 3.3 角。"

其实柳春生不仅自己印卖冥币，而且还批发给别人去卖，以从中取利。柳春生说："九队社员梁华杰之妻在我家拿过 3 次，有两次是 5 毛钱拿的，一次是 1 元钱的，还有一队社员金元弟也拿过 3 次，五队社员王小军的老婆拿过 4 次，一队社员石宽佑老婆拿过 1 次。我 1 毛钱给他们 100 张，自己卖是 1 毛钱 50 张，他们 4 人在我家共拿了 6.8 元钱的冥币。除了我自己用和送亲戚、邻家烧的外，共取利 10 元钱。"富农葛成峰是个木匠，生前曾经与柳一起做木活，两人关系很好。葛成峰死后，每到过鬼节，或他死去的纪念日，柳就给他家送去冥币。

柳春生担任着贫协组长，曾因在四清运动中给柳起元提意见而得罪了柳起元，柳起元发现柳春生印冥币后便报告了大队。[1] 针对这种"传播封建迷信"的做法，大小队都召开了会议，向群众反复讲政策，宣扬破旧立新的思想。柳春生感到会议明显地针对自己，便在生产队会议上向群众再次做了检查和保证。但这又是一次违心的表白。当问及除了印版外，是否还有其他印制冥币的工具时，柳春生矢口否认，还大胆写下了保证书，不料大队干部到他家搜出了

---

[1]　访谈对象：柳春生，男，67 岁，平遥县双口村人。访谈时间：2009 年 5 月 3 日。

600多张冥币及印刷盒、毛刷、印红等工具。柳为此被送进了毛泽东思想学习班。柳认为自己的问题不大，而且已经在大会小会上做了检查，自己也已经做出今后不再犯此类错误的保证，一个迷信的问题怎么就翻来覆去地追究？但是，在国家看来，柳春生的行为既是散播封建迷信，骗取剥削人们的钱财，更是对党的共产主义信仰和唯物主义观念的撼动和挑衅，会惑乱人心、麻痹群众，这样的身体游离于党的控制之外并且对党的事业构成威胁需要严格管理。

柳不得不在学习班里再次对自己的错误做出深刻的检讨和彻彻底底的悔过："通过这几个月的学习政策和同志们对我的诚心帮助，使我从梦中醒来，现在想起我以前做的这些事来确实不对。自己是一个青年人，是从毛主席时代成长起来的，应该是处处听毛主席的话，事事紧跟毛主席的战略部署，而自己却是替封建资本主义效劳，拉拢革命群众迷信、浪费，给群众流毒。关于我给葛成峰烧冥币，我只认为他和自己是同行，相处很好，死后应该给他烧些冥币。但就没有想到他是什么成分，他是我们的什么人。现在通过参加学习班学习文件和三个照办，使我明确了正确的方向，给成峰烧冥币也是不对的。我和毛主席的话恰恰相反，党的政策是兴无灭资，而我做下的这事是兴资灭无，党的政策是破旧立新，而我是制造迷信复辟，从经济上来说是破坏集体经济，从政策上来说是和人民政府唱对台戏，与人民为敌，现在想起来真对不起党对我的教导培养，对不起革命群众。"[1]

进入毛泽东思想学习班名义上是学习，但在村民看来这更是一种惩罚，因为进入学习班的人都是犯了错误的人，而且农民并不乐意坐下来安安稳稳地听课，学习远离自己生活的、枯燥而抽象的毛泽东思想。王友营就因给柳铁英家新房的中梁上画八卦而进入学习

---

[1] 《柳起元的检查材料》，1965年11月21日，双口村庄档案，编号XYJ-1-12-4；《柳春生的个人检查材料》，1970年，双口村庄档案，编号XYJ-2-63-1至XYJ-2-63-3。

班。王友营在检查书中写道:"由于自己有资产阶级唯心主义的迷信思想,平时又与铁英相处挺好,自己又爱面子,就给她画了。当时自己还说不应该这样做,如果领导要追问还得到学习班学习,结果呢就是如此。今后不管因为什么、画什么,首先要考虑、要分析是不是利于革命,是不是利于社会主义和人民。"① 显然,民众事实上并没有将国家对私人生活的规训要求转化为内在的思想和行为选择标准,而是将其隔空悬置,以侥幸心理面对国家的约束管理,面对惩罚时又消极应对。

这也体现在乡村的请客送礼、大摆筵席的习俗中。国家提倡民众勤俭持家,要求各级主管部门教育群众不要只顾个人生活的改善,不顾国家建设的需要;教育群众,生活水平要同当前生产发展的水平相适应,不要有过高的要求。② 由此,国家号召采用新式的结婚仪式,不请客收礼、不坐花轿,办丧事、过满月也不摆酒席、送礼收礼,并在婚姻法中规定禁止任何人借婚姻关系问题索取财物即索要彩礼③,但是许多村民仍屡屡违反。柳武金承认自己在举行结婚典礼时请客送礼,晚上还将宣传队员拉入院内大搞娱乐,为自

---

① 《王友营的检查书》,1970年6月25日,双口村庄档案,编号XYJ-2-32-1。与印、卖冥币,画八卦相应,看风水、算卦、说媒等活动同样被认为是"资产阶级思想"的余孽,受到约束限制。如富农刘清媛因儿子得病而请了风水先生,拆拆堵堵换了两次门,并修了"风水楼楼",这成为她现实表现不好的原因之一。历史反革命吕广灵于1961年至1964年给人算卦看风水,说马鸿宇家有神鬼作怪,给他家挂了一块木牌作为镇神鬼的镇物;还将马耀财家孩子生病归咎于得罪了土地,给马酬谢土神,收了一元钱。这些行为使其在1966年四类分子的"考核"中被认为表现很坏,结果继续戴帽。四队社员韩小翠保媒30余年,敲诈人民币约200元,为此被看作牛鬼蛇神,受到处理。分别参见《刘清媛个人检查》,1971年9月15日,双口村庄档案,编号XYJ-3-1-3;《专政对象吕广灵登记表》,1966年,双口村庄档案,编号XYJ-4-4-1;《地富反坏分子吕广灵摘戴帽子评审表》,时间不详,双口村庄档案,编号XYJ-4-4-2;《牛鬼蛇神韩小翠》,时间不详,双口村庄档案,编号XYJ-2-67-1。

② 《中共中央关于勤俭持家和移风易俗宣传教育中一些问题的通知》,1965年3月4日,《建国以来重要文献选编》(第20册),第87页。

③ 《中华人民共和国婚姻法》,1950年4月16日,《建国以来重要文献选编》(第1册),第172页。

己的婚礼大唱特唱。① 邱增光结婚时同样大宴宾朋、大摆酒席,花
300 余元,此外还花彩礼 500 余元。其母亲病故时邱还雇了吹鼓手,
花费 300 余元。② 柳绍军给儿子做满月大摆酒席七大碗,送礼者达
200 多人,共约 300 余元,还杀了一头大猪,用去粮食约计 300 斤,
钱五六百元。③

 这些行为被认为既是旧的封建礼节,又造成严重的铺张浪费,
与国家提倡的革命文化和厉行节约的观念相背,因此当事人都为此
而做出检查。古秀堂检讨道:"大人们由于受了旧社会及封建社会
的影响,坚持过去的旧习惯,娶媳妇坐轿,好看,自己也没有给大
人说清道理,结果花了很多钱,不但造成自己家日常生活的困难,
更进一步对其他社员造成不好的影响。"④ 尽管古秀堂检讨坐轿花钱
造成了生活困难,但这只是在国家规训的背景下所做出的策略应
对,事实上村民的认识与国家不同,在他们看来乡村礼俗不只是维
持相沿已久的生活习惯,还能够显示自身的身份、地位和面子,在
所属群体形成声望和认同,并能加强彼此的情感联系,是其社会交
往的重要方式,同时也能使民众在单调重复的农业劳动之余获得身
心欢愉。

 国家强化"无产阶级"与"资产阶级"的意识形态对立,要求
民众改变相沿成习的既带有封建色彩又受到资本主义文化侵蚀的乡
村习俗,但是这些已经深深融入民众的日常生活,固着在农民的思
想观念和行为方式中,成为一种随意的生活习惯,无法与具有严肃
性的国家规训相适应。村民为此写检查、作保证只是应对国家规制
的一种策略,村民对于习俗文化的接受往往是被动的,需要经过较

---

① 《柳武金个人检查》,1972 年 7 月 26 日,双口村庄档案,编号 XYJ - 1 - 13 - 1。

② 《在横扫牛鬼蛇神阶段将邱增光定为重点对象的申请》,时间不详,双口村庄档案,编
号 XYJ - 2 - 81 - 1。

③ 《关于柳绍军铺张浪费的材料》,1964 年 4 月 21 日,双口村庄档案,编号 XYJ - 2 - 61 - 1。

④ 《古秀堂自我检查书》,时间不详,双口村庄档案,编号 XYJ - 2 - 19 - 1。

长的过程才能真正深入原有文化的核心，逐步改变其体现在生活方式上的外形。国家希望在短时期内依靠行政指令进行有力改造，形式化且并不严密的政治规训和伦理教化技术难以深层次地改变民众的内心认同并彻底转变其生活习惯，并留给了民众争取自主的空间。

第三节　娱乐：身心愉悦与政治教化

国家强调无产阶级的思想和文化，实质是宣扬革命理念并促进其在乡村的贯彻与实践，塑造农民革命化、阶级化的身体和生活。其中，革命化突出强调身体生产性的一面，而不是娱乐享受性，阶级化的塑造则强调明晰无产阶级与资产阶级之间的界限。国家从这两个方面来规训农民娱乐的身体和私人生活。对于农民而言，娱乐活动受到约束限制，没有比较大的选择范围，全身心忘我地投入劳动似乎成为农民所应该具有并予以体现的唯一行动方式。在此情形下，农民娱乐的方式和内容被赋予政治的含义，会被质疑是否耽误了社会主义生产劳动、是否损害了集体利益；也会受到政治的教化，被认为是否能坚持无产阶级的政治立场、是否具有明确的阶级是非观念的表征和体现。

听说（看）书、看（唱）秧歌是乡村传统的娱乐活动，其内容不是关于帝王将相、才子佳人，就是纲常伦理、男女欢愉。尽管党在根据地时期对民间文艺进行过改造，但力度和范围有限①，而且双口村属于国民党统治区，这里的文艺内容并未受到革命文化的浸润影响，属于"资产阶级"的旧文化，与党的要求不相符合，被禁止体验和传播。前述柳春生就为此而在毛泽东思想学习班上作检

---

① 关于根据地的文艺改造，可参见韩晓莉《战争话语下的草根文化——论抗战时期山西革命根据地的民间小戏》，《近代史研究》2006 年第 6 期；韩晓莉《抗日根据地的戏剧运动与社会改造——以山西为中心的考察》，《抗日战争研究》2011 年第 3 期。

讨:"我一听说有人拿回古书就去借,不但自己看,还要给其他年轻人(传播)流毒,这一种错误的思想是不符合毛主席思想的,是封建主义的一种残余,以后保证再也不看。"① 梁岱盛经常给群众唱旧戏、旧秧歌,被认为是有意传播资产阶级思想毒素。②

但是,党在禁止民众接触和传播传统文化的同时并未提供给民众多样的、能与乡土文化相结合的、易于为民众所接受的娱乐手段和内容。双口村有一个供村民娱乐活动的场所——文化室,也称俱乐部,供村民在劳动结束后的休息时间去娱乐,只要能唱能跳就可去活动,但参加的人并不多。民众更喜欢当观众而不是演员,难以组织起来,所以规模和次数有限。文化室前的空场地在20世纪70年代被安装成灯光球场,干部和民兵常常在此打篮球,年轻的普通社员也参与其中,但劳动休息之余和下雨天不能劳动时都不能玩。村庄也会放映革命题材的电影,但次数有限。③ 显然,民众需要多样的、更加随意的娱乐方式和内容,否则无法在劳动之余得到愉悦。因此尽管国家约束非革命文化的存在与扩散,但却屡禁不止。

在乏味单调的日常生活中,乡村传统文化和民间故事的流播确实能给村民带来欢乐和满足。1963—1964年,地主分子王彪经常在社员家中或生产队队部给社员讲故事,内容是关于画皮、促织、仇大娘、黄皮小说、水浒、绝代佳人、粉粧楼、火烧赤壁、杜十娘怒掷十宝、乔太守乱点鸳鸯谱、百里奚认妻、要离刺庆忌等等,吸引人数甚众。④ 由于国家以政治文化取代的各种乡间文化,造成人们思想上的贫乏与饥渴,与政治大异其趣的民间故事便很容易打破政

① 《柳春生个人检查》,1970年4月11日,双口村庄档案,编号XYJ-2-63-4。
② 《双口大队专政对象统计——梁岱盛》,1976年1月7日,双口村庄档案,编号XYJ-7-15-7。
③ 访谈对象:陈中智,男,73岁,平遥县双口村人。访谈时间:2009年4月29日。
④ 《王彪的罪恶事实》,时间不详,双口村庄档案,编号XYJ-4-8-3;《王彪的检讨书》,1966年3月6日,双口村庄档案,编号XYJ-4-8-11。

治文化的单一与枯燥，对人们产生极大的吸引，再加上演说者的抑扬顿挫与故弄玄虚，蜡烛或者漆黑的夜同时将人们带入宁静而略带一丝神秘的感受中，这样就营造出了完全不同于日复一日的集体劳动、政治化的社员大会等的公共空间。民众被这种新奇深深吸引，常常要到很晚才散去，第二天劳动中的哈欠声就无法避免。

虽然王彪多数情况下是在雨天和冬闲时才开场讲说，而且王彪考虑到自己的地主成分，避免说与政治相关的内容，而挑选了文学上的三国、水浒、聊斋、列国、电影中的绝代佳人故事和初高中课本上的故事，但仍然被认为"毒害青年，严重地影响了生产"。王彪在检查书中运用符合国家意识形态的话语逻辑进行检查："当时的思想考虑是消遣，免得自己说是论非做些不好的事。只是有一次，我在人们谈胡奎卖人头戏剧的情况下，一些人问我这是哪朝哪代的起始落尾，又有人说你说说吧，我便把这本忠奸权变的黄皮小说说过一次。当时自己没有考虑后果，现在才认识到这是我复古思想的恶毒作怪，首先由于我脑海里存在着多种黄皮小说的毒汁，再加在这方面没有受过教育，故之犯下了毒害腐蚀青少年的错误。"① 日常生活中的随意和王彪所认为的消遣因超越了国家的政治规训而受到约束管理。

除了王彪外，"历史反革命分子"吕广灵不仅算卦谋财，也经常在三队场里说红灯记、评书大巴义、小巴义等，而且直至深夜，经常听的人达 50—60 人，每晚吕广灵可得到粮食 1 斤、烟 1 盒。富农王耀宗也常常给人说书，吸引了大量的人群。他们因此而加深了自己的罪恶，成为 1966 年四类分子评审中被评定为"表现不好、继续戴帽（依法管制）"的依据之一。② 作为担负公共事务管理责

---

① 《王彪对自身罪恶事实的检查》，1970 年 7 月 1 日，双口村庄档案，编号 XYJ–4–8–7。
② 《专政对象登记表——吕广灵》，1966 年，双口村庄档案，编号 XYJ–4–4–1；《专政对象登记表——王耀宗》，1966 年，双口村庄档案，编号 XYJ–3–8–1。

任的村庄干部也因没有认清是非,阶级路线不清,不予严格管理反而兴趣浓厚地参与而进行反省。王雨霏这样检讨自己的"纵容"行为:"王耀宗、吕广灵在街上说古书,自己在当时不但没有去阻止他们,反而认为人家是在搞什么文娱呢,听得还很津津有味。① 时任大队长的柳绍军同样不但不管,反而还听了几晚上。"②

在国家看来,与革命文化格格不入的传统民间故事和小说除了与资产阶级文化并无二致、都是毒素外,更由于其广受青年人的欢迎而被认为是拉拢腐蚀青年,与无产阶级争夺青年一代。在党的意识形态中,青年尤其是贫下中农的子弟被认为是革命事业的接班人,出生在伟大的毛泽东时代,沐浴着纯洁的革命思想,承担着将革命发扬光大的历史任务,年轻有为,前途远大。关心爱护青年,帮助青年成长,培养好青年是革命的重要任务,是保证红色江山不变色,不使贫下中农吃二茬苦、受二茬罪的保证。同时,作为青年自身应该听毛主席的话,学习研读毛泽东著作,紧跟国家的战略部署,远离封建的、资产阶级的旧文化。因此,旧文化的传播是对青年的污染侵蚀,会对无产阶级政权形成威胁,具有恶劣影响。

只是犯了错误的人大多数总是在被送进学习班、做检讨写检查时才"认识"到自己的错误以及犯错误的根源。"写检查"这种几乎无关痛痒的规训技术似乎被作为了国家排除资产阶级文化和封建文化影响的万能手段,只限于堵而不是疏导的简单管理方式所发挥的效力自然也极为有限。也正由于此,乡村赌博活动同样屡禁不止。许多男性村民日常忙于劳动生计没有时间,只在天阴下雨或夜晚休闲时去赌博,不过也有一些人在农忙时也去赌。如果被逮住就

---

① 《王雨霏的个人检查》,时间不详,双口村庄档案,编号 XYJ - 2 - 106 - 1。

② 《柳绍军关于阶级路线的检查材料》,1970 年 12 月 23 日,双口村庄档案,编号 XYJ - 2 - 61 - 5。

会被罚钱、按要求写检查。① 古云雨赌博被抓，详细地交代了自己的赌博史:"关于我赌博的事是从 1967 年开始的，赌具是象棋，赌的人员有尹道明、吕荣田……地点 1967 年是我家中，尹道明家中，1967 年的次数有 20 余次，关于输赢的问题不大，最主要下(注)的钱不多，1 个 2 分，有时 1 分，每次最多有 1 元上下的输赢，3 角 5 角的次数多。1968 年因为春天病的时间长，没有赌。1969 年也没有赌。今年(1970 年)1 月在我家中和荣禾林家中有 6—7 次，人员同上，输赢同上。又在 1970 年 1 月拿铜钱赌博一次，地点……人员……我输了几元记不清了，今后保证永不再犯。"② 与古云雨相比，大队长柳绍军可谓是一个"大赌棍"，在 1981 年 8—12 月，不仅自带赌具到邻村到处聚众赌博，输掉 1250 元，而且为了支付赌债挪用社员修房押金、砖款等公款，影响极坏，因此而被大队支部给予留党察看两年的处分，并呈报上级。③

　　无论规模大小，只要涉及输赢，都会被视为赌博，时间、地点、人员都需要详细"交代"。吴小涛这样检讨自己的赌博行为:"这个赌博的恶劣本质，是阶级敌人毒害我们青年一代，叫我们青年走上资本主义道路、不革命，使我们的红色铁打江山变色、让我们贫下中农再吃二遍苦。赌博行为是我们革命不革命的问题，是对毛主席忠不忠的表现，是旧社会地主老财做的事，根本不是我们贫下中农所干的，是剥削的手段。所以我今后定要彻底改掉赌博……"④ 在两种意识形态对立的影响下，赌博行为被解读为不革命、不忠于革命，并被标识为地富剥削的行为特征。吴小涛运用阶级话语的检讨显然是国家规训的结果。

　　除了参与赌博外，有人还大开赌场，向赌博的人收取服务费，

---

① 访谈对象:王昌勇，男，65 岁，平遥县双口村人。访谈时间:2009 年 5 月 2 日。
② 《古云雨的检查书》，1970 年 4 月 5 日，双口村庄档案，编号 XYJ-2-23-1。
③ 《柳绍军的主要错误事实》，时间不详，双口村庄档案，编号 XYJ-1-12-13。
④ 《吴小涛赌博检查书》，1970 年 3 月 22 日，双口村庄档案，编号 XYJ-2-28-1。

从中"抽头"。九队队长柳旭峰就私设赌场,抽头获利20元,同时贩卖纸烟5条,取利两元。① 除了柳旭峰外,吴文旭、杜富贵、王梅香都曾设赌场。这些都被看作违反国家政策的错误行为而被揭发。吕成刚伙同爱人从1960年到四清运动开始,年年大开赌场聚众赌博,拉拢个别大小干部、各种有政治历史问题的人,地富反坏右分子子女达30余人。这被认为严重地破坏了社会治安,破坏了生产,是一个地地道道的地下俱乐部。② 赌博是严重的社会问题,不过在集体化时代更多地具有了政治的含义,是对农业生产和社会秩序的破坏,是对干部身体的侵害,并因四类分子的参与更被认为可能形成了与党对抗的危险势力。

可以看出,尽管民间文化与抽象的毛泽东思想和说教式的政治教化相比更为轻松有趣,更能放松精神,为村民平淡的日常生活增添了快感,满足了民众的"消遣"需求,但因其与党所提倡的无产阶级革命思想和文化不相符合而被斥为资产阶级和封建思想的流毒并受到限制,因为其在某种程度上成了国家无法治理的自为力量,溢出了国家的控制范围,民间文化受到政治文化的高度规制。这来源于对革命成功的极尽功利的追求和想象,其背后实际也潜藏着国家对管理有效、有力性的考量和担忧。国家将无产阶级意识形态强加在民众的娱乐活动中,使这一最为自在、随心随意的领域落入精于计算的规训中。

第四节 日常言论:言语表达的政治化

党强化无产阶级与资产阶级意识形态的对立,民众日常生活中

---

① 《干部审批表——柳旭峰》,时间不详,双口村庄档案,编号 XYJ – 2 – 50 – 1。
② 《关于对犯有历史血债罪恶的吕成刚的处理意见》,1970 年 5 月 31 日,双口村庄档案,编号 XYJ – 2 – 8 – 2。

的言行被赋予了政治含义。国家至上、社会主义至上、人民至上，听党的话、忠诚于党是集体化时代意识形态宣扬的主题和革命伦理的核心，民众是否全心全意服从和热爱、忠诚于党，是否认同社会主义道路、响应和积极贯彻执行党的政策，是否积极维护集体利益成为衡量民众言论的标准。只要发表与党的意志不相符合的言论和意见，即使不是四类分子①，也可能会被定性为反动，受到约束管制。尽管村庄几乎没有村民因发表"反动"言论而被划为右派，但日常言论始终是党评判村民政治立场的重要标准，也是党规训民众私人生活的重要领域。②

　　在国家权威话语的表述中，只要与毛主席有关，无论是有意的"攻击"还是无意的"比喻"，都有可能被认为是对毛主席的不敬、具有反动的思想意识。1970 年 7 月 11 日下午，由于下冰雹，吕清刚与吕荣全等 3 人从村外庄稼地回村，半路碰到王伟成拉着马也往村子里走。王对三人说自己就没有背（注：躲雨），三人就问王为何不背？王说因为拉着马不能背，这样说着三人就走在王前面回来了。后来吕荣全出去看庄稼地里的积水，碰到吕清刚，就和他一起去自留地。走在半路上，吕荣全说："王伟成被冰雹打翻了。"吕清刚说："像他王伟成有福不要不享，没福不要硬享，他想往桥底下背呢，但是没有个桥背呀，你看人家毛主席在家连鞋底子还能湿

---

　　① 四类分子作为国家的专政对象，已经成为阶级敌人受到管制，其言语表达就更需谨慎，随意的日常言说更容易被看作政治性的反动言论，并因此而加深自己的"罪恶"，受到更加严厉的管制。

　　② 双口村在 20 世纪六七十年代共有四名右派分子，都是原先在外工作或谋生，后被压缩回村的村民，他们在 20 世纪 50 年代的反右运动中因现实中的经济利益受损而发表了反对党的政策和社会主义道路的不满言论。除此之外，双口村没有其他村民因发表反动言论而被划分为右派分子。参见《吕荣星个人简史》，1960 年 12 月 10 日，双口村庄档案，编号 XYJ－3－4－1；《吕天柱个人检查》，时间不详，双口村庄档案，编号 XYJ－3－6－1；《平遥县人民委员会关于给历史反革命分子吕珠峰行政开除处分的决定》《吕珠峰专政对象登记表》《吕珠峰个人检查》，时间不详，双口村庄档案，编号 XYJ－4－3－1、XYJ－4－3－2、XYJ－4－3－3；《柳兆飞专政对象登记表》，1966 年 5 月 1 日，双口村庄档案，编号 XYJ－4－10－1。

了?咱们还在地里受冷弹子(注:冰雹),农民还能断住个风吹雨
打。"这话被干部老苗听到了,就和吕清刚争辩,吕看到说不过老
苗,便向自留地走去,嘴里仍嘀咕"怕就那些?"吕没有想到,随
意的闲聊会使自己惹祸上身。

由于吕曾因"大偷大盗""乱打乱骂"而受到支书管教,被
认为"由此对党极其仇恨""思想十分反动",曾扬言"今天生活
不如新中国成立前,新中国成立前我家每年粮食满几大缸,吃不
了",并在干部叫他劳动时大叫"毛主席唤我,我也不去",吕因
此被划为内专对象。① 而且,吕嗜赌成性,唱旧秧歌,还在参加
毛泽东思想学习班时为了溜之大吉谈出自己盗窃红卫兵造反成果
的事实。旧罪新恶相加,大队革委认为吕此次的"反动"言论
"由其思想一贯反动而决定,乘'七·一一'我大队受雹灾后跳
出来,赤背上阵,恶意攻击我们伟大领袖毛主席,所以决定对其
进行批判斗争后,仍在群众当中监督改造"②。在此,生活中的牢
骚和抱怨成为个人思想反动的体现。"赤背上阵"的肢体语言刻
画出当事人凶悍、恶劣的形象,也为党的规训管理制造了正义性
和合法性。

与吕清刚的"反动"言论相比,吕荣强的言语则属于生活中的
戏言。1970 年 6 月,五队社员在田地里锄麦子,社员们说队里的马

---

① 内专对象不像地主、富农、反革命、坏分子或右派那样被剥夺政治权利,有选举权没有
被选举权,不属于四类分子,不会受到像四类分子那样的监督管制,由党在内部掌握,一般情况
下社员和本人都不知情,如果表现不好会受到不公开的暗地里监督,在村庄实际日常生活中的
社会地位与普通村民相仿。当时在双口村担任过敌伪村主任、三人小组组长、分队长三种人或参
加过一贯道、同志会等反动组织和坚持反动立场的人属于内专对象。访谈对象:柳云峰,男,61
岁,平遥县双口村人。访谈时间:2009 年 5 月 2 日。访谈对象:阴永吉,男,76 岁,平遥县双
口村人。访谈时间:2008 年 12 月 6 日。访谈对象:陈中智,男,73 岁,平遥县双口村人。访谈
时间:2009 年 4 月 29 日。

② 《吕清刚审批表》,1970 年 8 月 31 日,双口村庄档案,编号 XYJ - 2 - 15 - 6;《关于吕清
刚言论的证明材料》,1970 年 7 月 16 日,双口村庄档案,编号 XYJ - 2 - 15 - 3;《抄自吕清刚专
政对象登记表的反动材料》,1970 年 7 月 21 日,双口村庄档案,编号 XYJ - 2 - 15 - 8。

病了，队长到兽医站请兽医去了。吕荣强就说："外是闻见大回（注：大料）味儿了，又该大家吃肉了。"有社员反对他，他回嘴："就是该大家吃肉了嘛。"同队的邱生海听罢，当晚汇报了大队干部。吕在此之前已有因赌博、卖肥田粉而进学习班学习的"前科"，此次言论被认为是"拆集体肥个人之话，是替坏人说话，是资产阶级思想发展的重大开始"被第二次送进了学习班。吕由此对邱耿耿于怀，并质问邱的父母："我是吃生海的心来还是挖生海的肺来，为何要给我告状，邱生海长下了七寸心给我告状，他自己也黑弃（注：无能）。"① 邱是因私人怨愤还是好事而告状不得而知，但一句口无遮拦的戏言被看作破坏集体经济的"罪证"，成为打击别人的有利工具和受人打击的把柄，政治话语及其逻辑在此具有了赋权功能，也因此而介入乡村社会关系中。

集体的利益是神圣不可侵犯的，贫下中农是勤劳而光荣的，是不允许被侮辱的，否则就是"政治性错误"。1970 年 3 月 13 日高中生吴小涛闲玩中在土墙上写了几个字"第十二劳改队"，被发现后遭到了严厉的训斥，被认为是"疯狂地攻击伟大的社会主义国家，恶毒污蔑社会主义制度"，他检讨道："我当时写的时候，心里根本没有考虑什么，脑子里想的是劳动改造十二队，却不知怎么就写成第十二劳改队了。我原以为没有什么，但现在仔细分析，才发现这是污蔑我们贫下中农的一句话，是很危险的，我对不起贫下中农，对不起所有的清队干部，更对不起伟大领袖毛主席，对不起我的父母老人。我想蒙混过关，隐瞒错误，所以一连几次问我，我都是说我做不出那种事来，根本不承认，因为怕丢人，但实际是根本办不到的，这证明我对三个照办还是没有学好。坦白从宽，抗拒从严，我一定要走坦白从宽的道路。"

---

① 《吕荣强个人检查》，1970 年 6 月 26 日，双口村庄档案，编号 XYJ-2-1-3；《关于吕荣强言论的证明材料》，1970 年 6 月 26 日，双口村庄档案，编号 XYJ-2-1-4。

　　即使写出检查,但由于他开始时拒不承认,大队革委和清队整党领导小组仍决定让吴继续做触及灵魂的检查,由杜松庄中学批判,视其认识程度,决定是否开除学籍。[①] 与吴小涛类似,13 岁的四年级学生马全喜在一次作文课上无意中将"我们现在思想战线上的一个重要任务就是要开展修正主义的批判"中的修正主义修改为马克思列宁主义,这被认为是"篡改毛主席语录,污蔑了我们伟大的毛泽东思想,把矛头直接指向世界革命人民的伟大导师马克思、列宁,用心何其毒也,性质实属恶劣"。这一行为又被学校老师与马平日不服管束的顽劣秉性联系起来,学校的老师这样评价马全喜:"马全喜长期以来学习毛主席著作学得很差,没有突出无产阶级政治,拒不接受老师对他的教育,在校屡犯错误。回忆其在我排的一系列表现,每次活动,他都是起了坏的作用。他在排内经常打击先进同学,破坏排内政治空气的上升,任意打架、骂人,严重地违反了'三大纪律、八项注意'。在一次挑渠工程中,我排学生和农民一起大搞'农业学大寨',兴修水利。马全喜不是积极劳动,而是用铁锹铲本排学生韩旺亮,幸亏有老师在场才未酿成祸端。这次劳动中,他又给兄弟排送来的开水桶里洒上土,不让同学们喝水,破坏了农业学大寨,给群众以极坏的影响。"[②] 不听话、打架骂人变成政治性问题,马全喜的顽皮和孩童般的玩耍取乐被政治化为反动的政治思想和行为动机。

　　国家的意识形态和阶级话语的约束使日常言论被限定在政治规制的范围内,在客观上形成了压抑的社会氛围,使民众的神经变得紧张而脆弱。王玉盛因为自己在"文革"中参加派性宣传而被划为

---

　　① 《吴小涛个人检查书》,1970 年 5 月 16 日,双口村庄档案,编号 XYJ - 2 - 28 - 2;《对涂写反动标语吴小涛的处理决定》,1970 年 5 月 23 日,编号 XYJ - 2 - 28 - 3。

　　② 《关于马全喜所犯的严重政治错误汇报》,1970 年 12 月 31 日,双口村庄档案,编号 XYJ - 5 - 3 - 10。

内专对象,又因血缘关系及子弹问题而被疑为被捕兄长的同谋犯①,因此在检查书中极尽细致地"交代"自己的问题:"1969 年上半年给二排同学出题对诗,我就出了两句:天上有颗紫微星,地上有个毛泽东。我的意思是想让同学们来对:领导我们向前进,从胜到胜永向胜。我怎能谋出这两句来?因为小时候唱歌上有两句:天上有个紫微星,陕甘宁出了个毛泽东。我只想到紫微星是最明、最亮、最大的一个星星,而万万没有想到紫微星是说朝廷,我无意中将伟大领袖毛主席比为朝廷,真是罪该万死。还有一次,我问同学们解放战争中四个野战军的负责人是谁。我原想毛选上清清楚楚写的各野战军的负责人,所以想让同学们作为个历史知识知道一下,再结合现在,看看谁是始终紧跟毛主席的,谁是不跟毛主席并且反对毛主席的,而一点也没有意识到这里边有歌颂彭德怀等的意思,我诚恳地接受同志们的批判及帮助。第三次是往纸上写标语,我写了好几张,其他都是写了毛泽东的语录,只有一张我写了这么几句:家长送我到学习,实指望我成长好,如不好好来学习,回家吃饭脸发烧。我想写这么几条也许能促使同学们前进,但刚写完,在场的马宝香同志就说这是不是有些为家长而学的味道。这一句话点醒了我,我就把它撕了没有张贴。"②

① 《王玉盛个人检查书》,1970 年 3 月 28 日,双口村庄档案,编号 XYJ－2－38－3;《柳翠莲个人检查书》,1970 年 3 月 28 日,双口村庄档案,XYJ－2－38－4。1962 年,王玉盛从晋东南农专退职回家,将学校打靶剩下的一小箱小口径步枪子弹约十二三盒带回了家,用以打飞鸟野兔。1966 年王玉盛被打成黑线人物,他觉得家留子弹是祸害,于是暗告妻子柳翠莲将子弹处置,或投于井,或扔于河内。但翠莲不敢亲自处理,白天怕人看见,晚上自己胆小害怕,没办法,用外人靠不住,便想让王玉盛的哥哥王仁义处理较为稳妥,于是将子弹用一块红头巾包好放在家门一旁,坐在大门外专等王仁义从地里下工回来。等到王仁义回来,翠莲看四周无人,便告王仁义有一小箱子弹怕惹是非,让仁义想办法处理了,并告诉仁义子弹就放在门一旁的头巾里,门未锁,之后翠莲便心神不定地走向东双口村母亲家。第二天翠莲回家,看到头巾空了,知道子弹已经被处理,便放心了,但如何处理的翠莲就不清楚了。不久,王仁义因听苏联广播而被捕。王玉盛因此十分害怕,也怀疑王仁义是否已将子弹处理,否则就可能牵连自己成为同案犯。

② 《王玉盛个人检查书》,1970 年 3 月 28 日,双口村庄档案,编号 XYJ－2－38－3。

　　表面看来王玉盛是对自己的"错误思想"做检讨，但王事实上借此更表明了自身没有任何反动思想，反而十分忠诚于毛主席，认同党和国家的意识形态，以此降低被定性为具有反动言论和行为的可能性，为自己争取更多的主动和生存空间。尽管王因为兄长和自己在"文革"中参加派性斗争而在村里受到诸多限制，而且在强调劳动第一位的意识形态约束下自己的文艺才能得不到发挥，心中十分苦闷，但王在公开场合中并未反抗，而是选择了策略性地保护自己，并用隐蔽的方式来表达不满："他们七斗八斗要斗我，让我低头，我就低低头，但一出门我就唱。一边割草一边还要唱，我倒是想唱'休看我吃不饱穿不暖，臭老九活到了这一天'，但不敢，便唱'休看我带铁链管住双手和双脚，拴不住我雄心壮志冲破天'，这是样板戏中的几句唱词，你们说我有反动的思想、反动的言论，可我还是拥护党的政策，给做宣传哩。"①

　　如果是四类分子，随意的日常话语更容易被定性为政治性的反动言论，并因此而加深自己的"罪恶"。1966年6月的一天，被认为是"历史反革命"的梁永贵与社员陈海龙、陈中良一起锄高粱。陈中良闲聊中说起自己当了几年兵，连个老婆也没娶下，梁永贵插话道：你当兵当的什么也没有了，去茅房哭毛主席去吧。此论在当时被认为"直接地把矛头对准了我们最敬爱的伟大领袖毛主席，反动气焰嚣张"。梁永贵的妻子对宣传十一大会议精神的红小兵古宝香等说："我不想听你们搿闹（方言，吵闹）人。"红小兵听罢批评她是个反革命家庭，梁的妻子说："我愿意反革命就反革命得罢。"这也被归入了梁永贵的"罪恶"中：唆使家属散布反动言论。②

──────────

① 访谈对象：王玉盛，男，77岁，平遥县双口村人。访谈时间：2009年4月30日。
② 《关于给梁永贵戴历史反革命帽子的请示报告》，时间不详，双口村庄档案，编号XYJ-2-72-2。

与其他的四类分子相比，有些村民之所以被划为右派，与其明确表达了反动言论有关，而这种反动背后的不满多数直接来源于现实中的经济利益损失或利益冲突。富农分子柳兆飞 1957 年整风时因"对党恶毒地攻击，进行反党反人民的活动"被定性为富农兼右派分子。1964 年四清时柳兆飞被取消了烈属的救济补助，不过柳从来不承认自己的富农成分，经常扬言要上告，而且借烈属之名拒绝交儿子上学的费用和粮食欠款，并常常发表反动言论，走向了"彻底的反动"。1964 年他对吕广灵说"共产党得了心脏病，恐怕时间不长了"，又对柳尚明说"苏联召开会议，咱们（国家）反对这个会议，苏联和咱们毛掌柜的不好了，毛掌柜的恐怕吃不开了，蒋委员长快回来了"。他还说"李宗仁回来是国民党派来的，将来要打个里应外合"，报纸上登载越南胜利的消息也被他说成是假的。[①] 柳兆飞发表反动言论，是源于自身的烈属待遇被取消，经过无数次且多种手段争取而无果的情况下做出的行为选择，多重身份的矛盾对柳兆飞的个人生活产生了极大的伤害。

吕珠峰在新中国成立前担任过伪街长，并曾向敌人告密八路军的行踪。新中国成立后他在城里自搞棉织业，1956—1958 年公私合营后在棉织一厂任事务长，但自己感觉生活不如以往自谋职业好，因此就说"领导上胡说哩，合作社不如单干好"，又说："粮食出了口，工人不够吃，共产党领导人们总得少活 20 年哩。"此言在当时被认为是"坚持反动立场，不满社会主义制度，反对统购统销，向党向人民向社会主义恶毒地发射毒箭，破坏集体经济组织，散布反动言论，煽动工人对党的不满"，由此吕被戴上历史反革命加右派的双层帽子。吕珠峰后来检讨道："我说合作社不如单干好是因为我怕吃苦，'合作

---

① 《关于反动富农柳兆飞的反动言论》，时间不详，双口村庄档案，编号 XYJ – 4 – 10 – 4。

了'自己的收入，说工人不够吃是因自己担任事务长，想在工人面前讨好。"其实，吕珠峰自己又何曾会想到因为几句话就被定性为右派，而且连自己新中国成立前的"罪恶事实"一起被追究，因此而成为四类分子，受到诸多打击和压抑。其儿子就为此而难找对象迟迟无法结婚①。

日常言论是民众将自身生活、经历的体验通过话语进行表达和交流的方式，他们以自在的话语逻辑和表达方式来理解、认识社会，评判世界，是其满足自我生理、心理需求的体现，体现着他们对生存环境的态度和思考。国家以阶级化的标准对民众日常言论进行政治定性，在实践国家规训权力的同时也建构着民众阶级化的身体和私人生活。这种敌我对立的价值预设和将民众置于非友即敌的政治处境的规训技术使民众难以获得自由的言语表达，身心受到压抑，也扼杀了民众的个性意识。党对村民日常言论的约束是集体化时代私人生活政治化的突出特点，也是革命焦虑、紧张在村民身体和生活规训中的投射。

* * *

农民的身体与私人生活被国家进行了政治与革命伦理的双重规制。国家从个人的婚姻和情感、生活习俗和娱乐活动、日常言论等诸多方面对农民的日常生活进行规制和改造，期望以此形塑党所需要的农民身体，促进实现政治变革和社会控制。农民的私人生活被置放在阶级话语和革命伦理的宏大体系中，既承载着农民的自然生命及他们的基本处世态度，也成为体现国家意志和党的意识形态的载体，是透视集体化时代社会运行机制的窗口，潜藏着国家政治运

---

① 《吕珠峰的自我检查》，时间不详，双口村庄档案，编号 XYJ - 4 - 3 - 3。

作的痕迹。

为革命和党所牺牲的身体、无私奉献的身体是伟大的身体，具有崇高气节和品格，受到赞许称颂，也被树立为农民身体的榜样和追求目标。禁欲、自我约束、恭敬忠诚于党受到鼓励和推崇，贪图享乐、逃避劳动、固执守旧、封闭狭隘、自私自利、傲慢质疑受到约束限制，被认为是有"病"和"坏"的，需要党和革命来拯救改变。因此，国家不仅需要拯救农民受压迫的"肉体"，更需要拯救其作为思想和精神的身体，以此来"惩前毖后、治病救人"。这种疾病隐喻建构了党和革命的合法性，由此也树立起国家的正义和威严形象。

但是，党在建构国家观念、"国族想象"的同时，也使农民的身体和私人生活落入国家权力的多方面操控中。在国家的阶级话语和权力支配下，私人的婚姻、情感、生活习惯、娱乐和日常言论都成为政治教化、规制的领域，农民生活被政治话语和革命伦理严密包裹。在一次次的政治运动实践中，国家通过揭发、检举、写检查书、进学习班学习、划定为专政对象等的规训技术，强化私人生活与政治、革命之间的关联，也在更广泛的范围内形成了鼓动和示范效应，村民或盲从接受，或屈从妥协，也有的进行变相抵抗。国家建构了农民的私人生活并赋予其特定的意义，个体的行为成为国家政治运作的必要组成部分。

国家以"政治挂帅"、以阶级对立的想象和革命伦理的规训与教化来统摄民众生活的全部，实质是忽视和压抑了民众多样化的需求，将具有个性、独特性的个人化和世俗化的身体与私人生活模式化为呆板的阶级化、革命化的身体和生活。国家期望通过使农民身体承担一定的劳动任务、分担一定的责任来唤起民众的觉醒和政治觉悟的提高，肉体的身体即"欲望的身体"遭到国家的贬斥、约束和整合。"身体是快乐和表现自我的载体。"① 尽管国家的政治规训使民众无所遁形,难以逃离,但治理的深度一方面取决于国家,另一方面也取决于民众对此的认同和接受。

由于国家不可能予以时时刻刻、随时随地的监督,再加行政机构由上而下纵向难以统一、横向难以协调的一致行动能力的欠缺,而且规训技术并不严密,使农民得以通过消极抵抗争取自主性,从而使身体欲望得到满足、心灵得到释放。农民的身体和私人生活承载了革命的需求和国家的共产主义、社会主义意识形态,但同时也是自我表达、自我建构、自我满足的权利争取,他们力争成为具有自我主体意识的主宰。现实生活尤其是日常生活的开放性使得民众违背国家意志的行为和表达得以公开,事实上也正暗示了民众对于日常生活中各种生理、心理需要的追求和文化诉求。

---

① [英]迈克·费瑟斯通:《消费文化中的身体》,龙冰译,载汪民安《后身体:文化、权力与生命政治学》,吉林人民出版社 2003 年版,第 323 页。

第六章

精神世界：教徒身份与日常生活

在集体化时代，尤其是四清运动开始以后，宗教信仰被认为是
"反动"的思想意识，乡村中的基督教、天主教传播因而遭到彻底
的禁止，属于国家规定范围内的宗教信仰活动也遭到打击。不过，
宗教信仰依然或明或暗地存在于人们的观念和行为当中，公开的、
大规模的活动少有出现，教徒在私人空间中零散的、个人的活动却
依然活跃。信徒们如何认识国家的宗教政策，又是如何实践或抵制
的？事实上，深入村民内心世界的"信仰"并不能够随意放弃，政
治的压力和放弃信仰的"罪恶"使他们的内心充满了矛盾和斗争，
宗教信仰因而成为影响信徒日常生活及其是敌是友的阶级身份和社
会地位的重要因素。本章主要探讨教徒身份如何影响了村民的日常
生活，他们有着怎样的经历体验和思想变化，是否形成了明确的世
俗二分的观念和行为方式，是否脱离了地方社会、溢出了国家管理
的范围，进而对基层政权构成威胁和挑战，国家确立了"三自"方
针后在乡村如何治理宗教信仰问题，对教徒进行了怎样的治理改
造，教徒对此又是如何因应的。路候村与双口村比邻而居，宗教信
仰的传播历史比双口村久远，教徒人数相对较多，实践活动大致相
同，但规模更大，国家的治理方式也趋同，但比双口村更加丰富和
完善，因此本章论述以路候村为主，并兼顾双口村的宗教信仰和国
家改造全貌。

第一节　宗教信仰：身份政治的一个负相关 ①

路候村天主教于 1801 年左右由田姓传入，晚清四代时正式建立堂口。当时田姓家族善于经商，生意远至广东、广西、湖南、湖北及北京、上海、天津等地。四代田发秀为人处事灵活，善于经营，结交了一些官员和商人，与当时很多州县官吏成为结拜兄弟，并在路候建起了天主教堂及钟楼。四代田文都神父编纂了很多教理、教义、译述著作，如《炼狱圣月》《古迹家训》等，在全国各教区都有传播，甚至在罗马教廷都声名远扬。田姓六代田文林、田茂林都成为神父，后者从瑞典回来担任北京辅大教员。田树林任国民党县党部书记。20 世纪 30 年代，田家生意衰落，教徒也逐渐减少，相关宗教活动渐少。新中国成立后，田家七代田恒群成为路候村天主教爱国会代表。除了田姓外，路候村的天主教徒还有范姓。范云贵一家于 1906 年从祁县教徒村——九汲村迁来，三代范柏慈于 1930 年在山东济南成为神父，后在汾阳教区各地当本堂，1955 年被判为现行反革命并被依法逮捕，1956 年释放后仍回原地，直至 1965 年回村。路候村天主教徒在 1920 年左右人数最多，达到 130 余人。1964 年，16 岁以上的天主教徒 29 人，基督教徒 11 名，共 23 户 40 人，占到总户数 612 户的 3.8%，总人数的 1.8%。"四清"运动开始后，路候村的天主堂于 1966 年被生产大队占用。② 与路候村相邻的双口村没有修建教堂，在 1966 年时 16 岁以上的教徒包括天主教徒 1 户 4 人，基督教徒 6 户 13 人，共 17 人，占双口村总户数 516 户的 0.013%。除王彪 1 户是由路候田姓受洗的家传天主教

---

① 这里的负相关主要指村民因教徒身份在日常生活中受到负面的影响，如在参军、上学、加入党团、参加村庄公共管理活动等方面受限。

② 参见《路候工作队关于宗教工作简结汇报》《路候宗教讨论会情况和发言记录》，1966年 8 月 28 日，路候村庄档案，编号 DBC10 - 4 - 1、DBC - 11 - 3 - 1。

外,其他人在 1945—1953 年由本村王光宗、柳中桓及其妻介绍入基督教。[①]

新中国成立初,国家在坚持宗教信仰自由政策的同时,也着力肃清国外势力在资金、组织及思想意识上对中国宗教的影响。基督新教内的控诉运动、革新运动是国家针对宗教界上层精英分子"宗教是超政治"观念的回应与治理。经过这些政治运动,从 1807 年马礼逊来华揭开的近代传教运动时代至此终结。[②] 天主教的革新运动、反帝爱国运动和肃反运动及中国"天主教友爱国会"的成立使天主教会基本完成自身身份的转变及重构,走上自选自圣主教的道路。[③] 外来宗教的本土化改造在积极有力地向前推进。随着严峻的国内外形势和对阶级斗争的强调,国家对宗教信仰自由政策转变为约束禁止。

国家从组织、活动、言论上限制宗教信仰,同时在意识形态层面和公共空间的话语表述中将宗教信仰定性为反动,并主张对其"罪恶"进行斗争。宗教信仰逐渐成为一种"反革命"的思想意识和活动,许多教徒的言行被一一加以审视,如何入教、入教之后有哪些活动,是否进行了"非法"传教,是否宣讲了"反动"的教义和发表了"反党""反人民"的言论等都需要"揭发"和"交代"。这使宗教徒不仅在信仰上,而且在实际的日常生活中受到诸多压抑紧张。

路候村、双口村的天主教徒以家庭世传为多,从出生即跟随父母自然信教,同时教徒一般多在教内结婚,在乡村人际交往中占重

---

① 《天主基督教档案》,1966 年,双口村庄档案,编号 XYJ - 9 - 1 - 1、XYJ - 9 - 1 - 2;《参加耶稣教人员的名单及其情况》,双口村庄档案,编号 XYJ - 5 - 14 - 2;《生产大队宗教人员登记花名》,1965 年 12 月 31 日,双口村庄档案,编号 XYJ - 7 - 15 - 2。

② 此处指基督教的传教运动,参见邢福增《基督教在中国的失败?——中国共产运动与基督教史论》,香港道风书社 2012 年版,第 284 页。

③ 陈铃、陶飞亚:《从历史视角看梵二会议与中国天主教会》,《世界宗教研究》2012 年第 6 期。

要地位的血亲、姻亲关系对于天主教徒而言多限制于教徒圈内，如路候村田姓、范姓教徒都是如此。双口村王彪家从祖先即开始信奉天主教，通过配婚大部分亲属如其姑母家、岳母家、妻舅家、妹夫各家也都是天主教徒。① 与天主教徒相比，基督教徒几乎没有家传入教，而多由亲戚朋友介绍成为基督徒。

超自然的存在与自然、人、社会有机统一的，具有"人本"趋向的宗教观以及中国宗教信仰中超自然因素与道德伦理因素的分离，使宗教信仰的重心落在神明与力量上，换句话说中国人的道德判断主要受到儒家思想的影响，中国人对神明的信仰显得非常现实和功利。② 这里的宗教信仰既包括传统的民间信仰，也包括外来宗教信仰。在路候村和双口村，功利性成为教徒们信教传教的突出特点。许多人为摆脱现实的贫苦和磨难而入教。双口村刘海平经同村王光宗介绍于1951年入教。王对他说："信了耶稣，活的时候耶稣保佑，死了还能上天堂。不信耶稣，活的时候不但得不到保佑，死了还得到地狱受苦、受罪、受折磨。"刘认为自己都活了快50岁了，也没有过上一天好日子，给地主、富农当了几十年长工，受尽了罪，难道死了还得受罪、受折磨？于是就加入了基督教。③ 刘的妻子卢巧云与丈夫有着同样的想法，因为新中国成立前一直过着痛苦的生活，一心想着如何才能吃上顿饱饭的问题。当时自己为了能得到耶稣的庇佑、过上好生活而入了教。④

"治病"和"驱鬼"的现实功效也是教徒传播"圣恩"和吸引村民入教的动力。乔月花由于女儿头胎难产便劝她入教信耶稣，认

---

① 《回村四类分子王彪个人档案——专政对象登记表》，1966年7月9日，双口村庄档案，编号XYJ-4-8-6。

② 李亦园：《宗教与神话》，广西师范大学出版社2004年版，第116—117页。

③ 《刘海平、卢巧云退教书》，1965年12月8日，双口村庄档案，编号XYJ-5-3-2。

④ 《平遥县杜松庄公社双口大队教徒登记表——卢巧云》，1966年7月22日，双口村庄档案，编号XYJ-9-1-2。

为耶稣也许能救得了自己的女儿。① 民间盛传跟鬼的谣言,而耶稣
即有"驱鬼"的功能。夏香玉说:"丈夫刘子仁的二姐跟上了一个
男胖子(注:即被鬼附身),晚间不知是梦见还是看见(鬼)就来
啦,请神官、神婆都没治好。后来刘子仁对二姐说'耶稣就能治好
病,就能赶鬼,你信了吧',二姐说'那就信了吧'。晚上我们就
一块祷告,唱诗歌。牛则从西安回来跟了个女胖子,刘子仁说让他
来家住,这是基督教的家庭,魔鬼不敢来。牛则来到我家,我姐姐
对牛则说'你信了耶稣吧,(这样)就能赶走魔鬼',最后牛则也
信了。我给他戴上红十字架,祷告了几遍就把鬼赶走了。"② 夏香玉
和刘子仁出于对亲友的关心,想通过信仰耶稣来驱除鬼魅,减轻痛
苦,而且在他们看来确实发挥了作用。除了治病和驱鬼外,"取利"
也是村民接受宗教信仰的考虑之一,范春波认为沾上外国有利,教
内可占便宜,有钱就应该去做弥撒。③ 行善、忍让、和气的价值追
求还使宗教徒相信宗教信仰可以解决家庭冲突和矛盾,曹丰就希望
通过使父亲信教来解决家庭吵架问题。④

　　死后进入天堂的救赎祈求是教徒对未来的美好寄托,也成为他
们传播"圣恩"的重要动力。路候村曹小妞劝元盛说"信耶稣一
家人死了都上天堂",元盛回家后也受到老婆同样的劝告。⑤ 有的父
母为了死后能与孩子一起上天堂,便劝孩子也入教。

　　二队仲媛就对自己儿子说"我们大人们都上天堂,你们也信了
吧,信了咱们全家能一起都上天堂"。⑥ 韩清媛对天主教特别虔诚,
认为听信神父的话没有错,神父说"有钱人难上天,好比骆驼钻针

　　① 《基督教会议记录——乔月花发言》,时间不详,路候村庄档案,编号 DBC - 11 - 3 - 4。
　　② 《基督教会议记录——夏香玉发言》,时间不详,路候村庄档案,编号 DBC - 11 - 3 - 4。
　　③ 《路候大队贫协委员会、贫协小组长声讨天主教、基督教的联席大会——范春波发言》,
1966 年 7 月 31 日,路候村庄档案,编号 DBC - 11 - 3 - 2。
　　④ 《基督教会议记录——曹丰发言》,时间不详,路候村庄档案,编号 DBC - 11 - 3 - 4。
　　⑤ 《基督教会议记录——夏香玉发言》,时间不详,路候村庄档案,编号 DBC - 11 - 3 - 4。
　　⑥ 《基督教会议记录——曹丰发言》,时间不详,路候村庄档案,编号 DBC - 11 - 3 - 4。

眼,穷人要忍耐就一定能上天,因为穷人常受有钱人的压迫",所以认为信仰天主比什么都强,死后能上天堂。[1] 彼岸世界的光明与民间信仰中"阴间"的牛鬼蛇神、恐怖阴森相比显然更具有吸引力,更能给信徒带来心灵上的慰藉。

无论宗教徒因何种动机入教,信仰上与国家意识形态的对立使他们在"四清""文革"时期成为受打压的人群,其言论和行为受到约束限制。一般而言,教徒不被允许加入党团组织,参军、上学也要受到限制。[2] 田秉惠虽然符合国家对于征兵的年龄要求,但因为他是天主教徒而被拒之门外。[3] 宗教徒日常的做弥撒(做礼拜)、念经、领圣体、会餐、帮助神父(传教士)开展相关仪式活动、传播显圣的言论、劝人入教等一切与宗教相关的活动都不被允许,都需要参加讨论会进行自我交代和相互揭发。至于神父(传教士)的言行和社会交往及教徒开展集体聚众活动更被认为是"反党""反人民""破坏社会主义建设"的极大"罪恶",向教徒收取弥撒钱是残酷的"压榨剥削",是打击的重点。

神父范柏慈就被揭发在 1962 年组织白桦、杜松庄共 150 多个教徒过圣诞瞻礼节误工一上午;在 1965 年 4 月承办复活节,虽然外村人和未成年小孩未到场,但本村仍有多名教徒参加;在 1965 年秋忙时,其弟媳劳动回来后生火拉风箱做饭,范制止她并让她祷告。[4] 这些因与国家强调集体利益、农业劳动生产至上的意志相悖

---

① 《杜松庄路候大队宗教讨论记录》,1966 年 3 月 4 日,路候村庄档案,编号 DBC - 11 - 3 - 2。

② 在路候和双口村中,只有一个路候信天主教的女孩——亮子的女儿入了团。参见访谈资料记录,访谈对象:樊林刚,男,74 岁,平遥县路候村人。访谈时间:2010 年 7 月 24 日。访谈人:马维强、李保燕。双口村基督徒柳尚明曾于 1961 年至 1966 年担任大队材料即统计,参见双口村庄档案,编号 XYJ - 9 - 5 - 8。

③ 《天主教徒小组讨论发言摘录——田秉惠发言》,时间不详,路候村庄档案,编号 DBC - 11 - 3 - 2。

④ 《天主教徒小组讨论发言摘录——田恒群、范春波发言》,时间不详,路候村庄档案,编号 DBC - 11 - 3 - 2。

而受到揭发。不仅如此,范还做弥撒"剥削"教徒,支持三天三夜天黑谣言,给教徒"圣火""圣蜡",违反政府政策给未成年儿童"领洗"、搞家庭聚会,散布政府压制教会的言论。范因此而被集中到榆次参加神职人员集训班,并在 1966 年 10 月戴上反革命"帽子"。① 其他教徒也因参与了相关的宗教活动而受到"斗争"。田大勇曾因在汾阳辅助神父在后贺家庄、杨家庄、田家庄组织"公教进行会"而被大队干部关了 7 天。② 原天主教会会长田恒群有一次被抓住话柄进行了"斗争"。据村民回忆,那时正是中午吃饭的时候,村干部让田敲着锣、带上纸帽子游街。由于田脾气好、为人和善,没有戴过"帽子",没有受过(管)制。③ 而戴"帽子"的宗教徒会受到更加严格的监控和管制,斗争激烈时他们甚至被拉到大队戏台上遭到公开批斗。他们每天早晨四五点就起来打扫街道,一直干到七八点,行动被严格管制,外出活动必须请假。④

在路候村和双口村戴上"帽子"、成为阶级敌人的宗教徒中,只有田文刚是由于参与圣母军及天主教的组织活动而戴上现行反革命"帽子",其余教徒或者是地主、富农成分,或者是由于参加伪政权、有历史血债如出卖八路军干部和相关人员,或者发表了"反党""反社会主义"的言论而戴上历史反革命、右派、坏分子帽子,成为被管制的对象。尽管宗教思想、言论和相关活动不是宗教

① 《有关范柏慈的个人材料》,路候村庄档案,编号 DBC-11-6。范柏慈,路候村人,新中国成立前主要在汾阳、孝义担任本堂,1953 年后在汾阳眼科诊所工作,1955 年被逮捕,1956 年底被释放后在眼科诊疗所和医院工作,1963 年后因患高血压回村养病,再未返回汾阳。参见《范柏慈交代罪恶材料》,1967 年 1 月 13 日,路候村庄档案,编号 DBC-11-6-1;《范柏慈个人履历》,时间不详,路候村庄档案,编号 DBC-11-6-6。

② 访谈对象:韩清媛,女,81 岁,平遥县路候村人。访谈时间:2013 年 8 月 16 日。访谈人:马维强、[日]佐藤淳平。

③ 访谈对象:刘云福,男,78 岁,平遥县路候村人。访谈时间:2009 年 12 月 21 日。访谈人:马维强。

④ 访谈对象:田美凤,女,50 岁,平遥县路候村人。访谈时间:2013 年 8 月 16 日。访谈人:马维强、[日]佐藤淳平。

徒成为"专政对象"的唯一原因，但仍然是他们被划定为四类分子的重要因素。

朱育方于1945年加入基督教，是双口村的传教士，曾因在村中当了3个月伪特派员而在1954年被划为"历史反革命"，"戴帽"管制3年。他于1962年冬至1964年春先后在屯留、沁源、侯马教徒家中做礼拜，祁县、徐沟、汾阳、孝义、临汾、太原的教主都去过他家。朱育方还在平遥的乡镇传教，并且告诉教徒信耶稣不是靠礼拜，让教徒由公开的活动转向隐蔽活动。在传教中，朱育方说："信耶稣上天堂享永福，天国在人的心里，神不只是在天上，而且是在人的心中，所以人要经常祷告神。教会受压迫，教徒应为教会舍命背十字架。基督教不可贪爱世界，信耶稣要专心爱神，一个人不能伺二主，就像一只脚不能登两只船。登两只船就会倒在大海中淹死，教徒不要爱世界，而应抛开世界爱主。"朱的言论和行为被评定为"新中国成立前效忠于阎匪罪恶累累，新中国成立后仍在为非作歹，披上宗教外衣进行反革命活动，含沙射影对我们伟大的党进行了攻击，企图煽动教徒反对我党的领导，不参加社会主义建设，与党对抗到底"。由于这些言论和行为，朱育方在1966年重新戴上"历史反革命帽子"。①

双口村的耿学岸同样宣扬类似的"反动"言论，并在斗争会上公开说共产党是替天行道，又说土地改革是圣经上有的。这些言论被认为是"含沙射影攻击新社会，辱骂新社会，煽动教徒，惑乱人心，鼓动教徒不要退教，是对我们党的公开污蔑，和我党对抗"。耿学岸在新中国成立前曾任伪村主任，而且曾经发表过反对国家统购统销政策的言论，当时其并未因此而被划为"专政对象"，但由于之后耿的传教活动，新旧账叠加，耿因而在1966年戴上了"坏

---

① 《回村四类分子朱育方个人档案》，1966—1979年，双口村庄档案，编号 XYJ-4-7-1 至 4-7-3。

分子帽子"。① 在国家的意识形态和公共空间话语的表述中，国家和党具有至高无上的权威，群众应该服从党，而不是抵制党的政策和否认党的领导，否则就是犯了极大的"政治错误"。

教徒的信仰及其宗教生活由于与国家意识形态相对立而受到约束打击，尽管这种自我经历体验和实践活动"既不是意识形态式的宣言，也不是那些教义的实践，而是他们的政治行为本身。不是党派式的意识形态政治，而是着落在每一个个体的体验和性情中的，由每个人最本己的伦理生活和生存处境生发的一种政治生活"。② 更何况，在路候村和双口村，教徒的活动组织程度低、规模小，分散性强，也并未形成强有力的精神认同和固化的生活方式。但显然，这样的"政治生活"在强化阶级斗争的时期被认为已经超越了"国家政治"，是对国家政权的威胁。由此，与其说国家以前所未有的深度加强了对基层的治理，莫不如说国家是以前所未有的深度加强了对个人、对民众"身体"的改造，使"个体人"向"国家人"转变。

第二节　爱国与信教：教徒的信仰改造

"普世性是需要通过地域性来体现的"。"如果基督教信仰所传播的是一种普适性的教义或精神，那它必定能够本色化、本土化、处境化或中国化"③。这种地域性、本土化除了需要能够与地域风俗、社会秩序和日常生活有机相融外，在集体化时代更首要地表现为爱国，认同党的领导、积极维护和参与社会主义建设。信教与爱

---

① 《双口大队四清委员会关于给耿学岸戴坏分子帽子的处理决定》，1966 年 7 月 10 日，双口村庄档案，编号 XYJ－3－23－1。

② 吴飞：《麦芒上的圣言：一个乡村天主教群体中的信仰与生活》，宗教文化出版社 2013 年版，第 229 页。

③ 同上书，总序第 2 页，绪言第 3 页。

国并不矛盾，两者可以融合共存。但究竟是否可以在爱国的前提下信教，还是爱国与信教本身就完全对立，对此国家意志与宗教徒的认识不同。对于一般的乡村宗教徒而言，信教并不意味着与国家相对立，可以在坚持信仰的同时遵守国家法令、服从国家的制度安排和村庄对自身的农业劳动及其他管理，与一部分上层宗教徒精英分子有关"宗教是超政治"的观点和过度追求"普世化"的论调不同。但在强化阶级斗争和坚持文化侵略的价值评判的前提下，宗教活动被认为是"构成了另外的信仰共同体、另外的道德权威与安全感的来源"①，这何尝不是对国家权威、革命道德及社会秩序和国家治理的威胁？

　　20世纪50年代国家在宗教信仰问题上的政策摇摆与内部张力已经不复存在，限制约束甚至剔除消灭成为政策的确定目标，政治与宗教的制度化分离已经被意识形态的紧张对立所淹没。1962年山西省宗教事务局在社会主义学院举办全省各教区部分神职人员和教徒的学习会，要求他们认清形势进行自我改造。② 1964年冬"四清"运动开始后宗教徒的公开活动被要求停止。③ 1965年太原天主教事件在教徒内部产生较大影响，引发教徒的情绪波动和社会动荡，平遥县统战部召开教徒代表会，揭批太原天主教徒的活动，召集各村宗教代表进行社会主义教育学习，登记教堂财产，并在榆次召集汾阳教区和榆次教区的神职人员进行集训。④ 路候村、双口村召开普通教徒和不信教群众的宗教讨论会，揭批宗教信仰及神职人员的"罪恶"活动。

① ［英］王斯福：《帝国的隐喻》，赵旭东译，江苏人民出版社2008年版，第263页。
② 山西省史志研究院编：《山西通志·民族宗教志》，中华书局1997年版，第419页。
③ 同上。
④ 《范柏慈交代罪恶材料》，1967年1月13日，路候村庄档案，编号DBC－11－6－1；《揭发田恒群的信》，路候村庄档案，编号DBC－11－6－3；《范柏慈自我交代》，1972年12月15日，路候村庄档案，编号DBC－11－6－12。

　　无论在公共空间还是私人空间，宗教信仰都不被允许，被国家定性为"反动"，并形成了一整套的揭批话语:"入了教，活的时候能身体健康，死后能进入天堂，否则就要下地狱""只要行善积德就能入天堂"等都是骗人的谎话，使信教群众完全受统治阶级的摆布，成为没有理性、不问是非、麻木不仁、愚昧无知的奴才，因为只有虔诚的教徒才真正像下了地狱一样受束缚，神父、传教士等却毫不节制忍耐，而是奢靡腐化。所以天主教和基督教传播的是毒素，是和党、和人民离心离德、彻头彻尾的反革命特务组织。只有跟着党走才能过上好生活，将期望寄托于唯心主义是荒谬而不可信的。至于宗教对世俗生活的干预，如宣扬"偷粮食要偷集体的才没罪，偷个人的有罪"的观点与国家强调集体利益至上的观念相冲突。① "教徒加入党、团组织就是背教"的观点更被看作是与党争夺青年下一代，腐蚀未来的国家基石。国家号召"一定要把天主教、基督教的反党反人民的根子拉出来……使全体教徒起来革命，挖掉宗教内的祸根，真正站在革命人民方面与宗教内的当权派开展斗争"②。通过阶级话语的表述，宗教信仰在村庄的"政治"地位和反动本质被确立，并约束规范着宗教徒的思想及活动。

　　村庄的宗教信仰批判工作主要由驻村工作队领导大队干部安排实施。路候村与双口村的实践活动大致相同，且前者比后者的规模相对较大，更为完善，因此以下论述以路候村为主。路候工作队首先确定政法工作经验丰富的副队长专门负责宗教工作。经过一段时间后，上级工作团认为工作队揭批宗教信仰不够深入彻底，并未将宗教信仰"搞烂搞臭"，仅对正在信教的教徒展开教育，对早已不信教的人抓得松，没有对其从思想深处进行深刻教育，以使他们认

---

　　① 《路候工作组揭批天主教问题有代表性的发言记录——田恒群补充交代》，时间不详，路候村庄档案，编号 DBC - 11 - 3 - 2。

　　② 《路候宗教讨论会情况和发言记录》，1966 年 8 月 28 日，路候村庄档案，编号 DBC - 11 - 3 - 1。

识到天主教（和基督教）的"本质"，而且对教外群众揭批天主教的活动组织不够。工作队根据指示确立了"打头、挖根、清底"的六字方针，以"政治上搞臭、组织上搞垮、思想上削弱、信仰上冲淡"为四条标准展开对宗教信仰的批判。在组织上也加大了力度，以工作队队长抓宗教为主指挥全面工作，其余4名工作队员分别深入到教徒集中的二队、三队，边工作边劳动，发动群众揭发问题。除大队党支部全面抓宗教斗争外，还在7个支委中确定了副书记和治保专门负责。①

加强组织、提高工作队员的思想认识、明确工作内容和目标后，更重要的是对教徒的组织动员。工作队一方面组织信教与不信教群众进行学习，如讲解国家关于"四清"的政策、性质等，并着重给信徒讲解党对宗教的政策和太原等地发生的天主教事件；另一方面组织教徒进行"大讲党的政策和天主教的历史'反动'本质，大揭天主教'反党''反人民'的'罪恶'盖子，大忆天主教到平遥、尤其是到路候村150余年的'罪恶'事实，大诉天主教给教徒造成的'苦难'"的"四大"活动，并在此基础上组织教徒进行自我揭发和相互揭发。工作队还根据上级指示开办了教徒训练班，以启发教徒自觉主动交代、揭发问题。训练班于1966年7月24日晚开始，大约持续进行了10天，每晚两个或两个半小时。16岁以上的40个教徒中除外出、身患重病卧床不起及范柏慈等6人未参加外，其余的人都分别参加了集训。在训练班上，教徒同样学习国家政策和相关文件，并以类编组、分组讨论。②

在这种学习和讨论中，教徒看到的是国家话语主导下的天主教、基督教披着宗教外衣，搞"反党""反人民"的活动的"反

---

① 《路候工作队关于宗教工作简结汇报》，1966年8月28日，路候村庄档案，编号DBC-11-4-1。

② 同上。

动"本质,且这不是个别人、不是普通教徒的问题,而是天主教、基督教本身就是"反革命的特务组织机构",普通教徒是受到蛊惑才犯了政治错误,罪魁祸首是神父、传教士、会长等神职人员和组织者。教徒由此明了,宗教改造工作的关键在于使真正上当受骗的信教群众醒悟,将斗争矛头对准教内"头头",从而团结多数,孤立少数。路候村还专门针对国民党书记长(教徒)田树林、传教士范椿祥、会长田恒群等五人展开了斗争。① 据村民回忆,工作队对一般天主教教徒和"戴帽"分子相对比较宽容,目的是动员群众划清界限,从内部瓦解组织者,树立典型,影响他人,使他们认识到只要相信党,揭发罪行,自己是有机会的。② 村民认为路候村对宗教徒的斗争基本没有血债,相对平和。③

宗教仪式中使用的器具既是开展相关活动的工具,也被认为是宗教信仰的象征符号。工作队将天主教堂收归大队挪作他用,动员教徒上交或者没收圣书、圣像、扇布、念珠、祭衣、十字架等用品,并以毛主席像作为替代物,在教徒家中、院中、墙上分别写上毛主席语录。工作队用毛主席语录来"武装"教徒的头脑,除"老三篇"外还组织教徒学习《放下包袱、开动机器》《实践论》《关于正确人民内部的矛盾问题》等。工作队希望宗教徒放下思想包袱,通过学习认识到人的正确思想只能从社会实践中来,并不是从什么天主、耶稣、圣母来,只有看到的东西、实践证明能成功的东西才是真的,要革命就得起来交代揭发问题,以此真正改变教徒对于宗教的认识和信仰,并勇于交代自身的"罪恶"、揭发他人的

---

①　《路候工作队关于宗教工作简结汇报》,1966 年 8 月 28 日,路候村庄档案,编号 DBC - 11 - 4 - 1。

②　访谈对象:樊林刚,男,74 岁,平遥县路候村人。访谈时间:2010 年 7 月 24 日。访谈人:马维强、李保燕。

③　访谈对象:刘云福,男,78 岁,平遥县路候村人。访谈时间:2009 年 12 月 21 日。访谈人:马维强、李保燕。

"反动"言论和活动。教徒还被陆续不断地送往县城参加榆次教区神职人员的自我批判,参加祁县、平遥、汾阳等地对"反动"神父的斗争大会,参观县天主教"罪恶"展览、去往太原实地参观。地委宗教宣传队在路候村做宣传活动,演出电影《地下航线》和《阿娜尔汉》,同时有两位神父宣讲自身的切身经历、罪恶和反动思想。①

除了对宗教徒的动员外,普通民众也被组织起来进行学习讨论,揭发天主教、基督教的"罪恶"。工作队召开了针对全体社员的动员大会以及党、团员、贫协会、队贫协小组及知情、知事人的大、中、小型座谈会议,同时还深入群众进行个别访问。教外群众利用地头、饭场进行相关讨论。② 总之,无论是教徒还是非教徒,都需要充分揭露、批判天主教、基督教的"罪恶",认识到其本质是"害人的""反动的",是与国家的意识形态完全相悖的,如果坚持信教就是危险的,就是站在"反党""反人民"的一边。

国家通过公共空间中的阶级话语塑造及对教徒信仰的治理改造,将神父、传教士等组织者的相关活动政治化为敲诈勒索、腐化堕落、压迫剥削、罪大恶极,与党所批判的贫困、贪污,所追求的翻身、公正、社会平等的价值观念形成鲜明对照。这对于村庄的宗教徒形成思想上的冲击,进而形塑了神父、传教士与普通宗教徒之间的矛盾,并将其转换为政治化的"阶级斗争",于此使普通宗教徒逐渐树立和形成"敌"与"我"、信教与爱国截然二分的界限区分,从而力争站在安全的"界限"内。国家的治理不仅在教内,而且在宗教徒日常生活的村落地域空间里形成了打压宗教信仰的紧张

---

① 《路候工作队关于宗教工作简结汇报》,1966 年 8 月 28 日,路候村庄档案,编号 DBC - 11 - 4 - 1;《路候大队关于宗教工作进展情况》,时间不详,路候村庄档案,编号 DBC - 11 - 5 - 4。

② 《路候宗教讨论会情况和发言记录》,1966 年 8 月 28 日,路候村庄档案,编号 DBC - 11 - 3 - 1。

氛围和压抑环境，使宗教信仰和活动几乎完全失去生存空间。从村庄结构和权力关系来看，宗教观念及由宗教信仰而形成的社会关系在路候村、双口村不足以主导乡村生活①，但无论上帝是否在世俗旁边绕行，世俗是要将上帝置于对立面而予以否认的。② 国家对宗教信仰的约束限制根源于资本主义与共产主义政治意识形态对立促成的"革命"而非"改良"的思维逻辑，也根源于思想观念领域的"唯物主义"与"唯心主义"的对立。两者之间这时已经不是可以保留不同的共融共存，而是存在根本的对立冲突。

第三节　守与变:乡村教徒的因应

在集体化时代尤其是"四清""文革"时期，国家从组织制度、运作机制及思想意识上对基层进行全方位治理改造，宗教信仰及活动被纳入"牛鬼蛇神"的范畴内，成为被打击的对象。但村民并不能够随意改变深入内心世界的"信仰"，而迫于政治的压力和意识形态的约束限制他们又必须在公共空间话语的表述中痛斥宗教的罪恶，这使他们的内心经历着煎熬和斗争。

尽管自四清运动开始后宗教徒的活动已被要求停止，但晋中地区 1966 年的集中调查显示，活跃在本区的基督教组织形式多样、小型活动频繁。③ 天主教徒的活动也同样若隐若现。教徒们将相关的仪式活动由公开转入秘密，由集中转向分散，其中不乏在家祷

---

① 有学者认为，天主教信仰在中国传播和发展过程中已经与地方传统有机结合，实现了本土化。神圣是世俗的一员，虽然进入了村庄，但并不能深入人的内心并全面重塑人的生活。参见李猛《探寻他们是谁》，吴飞《麦芒上的圣言:一个乡村天主教群体中的信仰与生活》，宗教文件出版社 2013 年版，代序第 6 页。

② 邢福增:《基督教在中国的失败?——中国共产运动与基督教史论》，香港道风书社 2012 年版，第 304 页。

③ 《中共晋中地委宗教工作领导组关于全区基督教基本情况的初步调查报告》，1966 年 6 月 17 日。这里的基督教主要指基督新教。

告、聚众祷告者，也有将神父偷偷请到家中做弥撒。一直浸淫在充满宗教因素的家庭、社会关系中使宗教徒耳濡目染于各种仪式、观念，也使宗教信仰的种子和枝丫深深根植于他们内心，固着在他们的思维观念和行为方式中，在此种情形下放弃信仰多属不易。双口村天主教徒王彪认为："自己幼年由父母摆弄入教，在成长过程中被一直灌输唯心论的迷信观点，虽然党和毛主席的唯物论观点教育了自己，使自己不再是反革命天主教的忠实信徒，但自己仍然是个半信半疑的天主教徒。"[1] 范柏昌自从 1952—1953 年被捕释放后到教堂次数少了一些，认为自己（与宗教信仰）逐渐脱离了关系，但思想上总半信半疑的。[2] 宗教徒不放弃信仰，一方面源于对圣母、耶稣信仰的心理认同，另一方面源于对不信仰天主、得罪了天主将会受到惩罚下地狱的担忧。范春波检讨自己的思想："前段的闹事给了我个怕字，怕是真的有了圣迹，自己早就不相信天主有罪，怕科学不发达，没有弄清问题。"[3] 韩淑梅就认为自己如果放弃信仰死了就会下地狱。[4] 在教徒看来，信仰是为了减轻自身的罪恶，最终升入天堂求取来世的安宁幸福，而放弃信仰不仅无法实现愿望，而且更要受到惩罚。

放弃信仰就是罪恶的言论在宗教徒中不断弥漫。各地天主"降罪"和"显圣"谣言的盛传更加深了宗教徒的恐惧，也使一些原本就不坚定的退教者更加游移不定。1964 年到处都有"4 月 15 日天主要降罪，15—17 日天黑三天"的谣言。韩清媛的教徒外甥告

---

① 《王彪对于自身天主教信仰的检查》，1966 年 3 月 27 日，双口村庄档案，编号 XYJ - 4 - 8 - 9。

② 《杜松庄路候大队宗教讨论记录——范柏昌发言》，1966 年 3 月 3 日，路候村庄档案，编号 DBC - 11 - 1 - 1。

③ 《宗教座谈会——范春波发言》，1966 年 3 月 5 日，路候村庄档案，编号 DBC - 11 - 1 - 3。

④ 《宗教座谈会——韩淑梅发言》，1966 年 3 月 7 日，路候村庄档案，编号 DBC - 11 - 1 - 5。

诉韩神圣瞻礼日前后要黑暗，需要点洋蜡，且经过神父诵经才能点着，如不给圣洋火就点不着洋蜡，还说他们那里已经连洋蜡都买不到了。韩清媛将此消息告诉韩美君，两人买了洋蜡、洋火，并请范柏慈给了圣。① "天黑三天"的谣言也传到王彪家。王彪在检讨书中写道:"1964年4月12日，我妹夫韩金川来到我家，对我说清源六合村天主教显圣迹，4月15日、16日、17日要天黑三天，还说我是半信半疑的人，如不回头天主就要罚罪于我，我家里大的病，小的病，病下一家家，说我现在应该回头了，要热心求天主，不然的话到那时要受到天主的惩罚，比不信的人罪还大。我当时仍有唯心观点，在困难中被迷信思想战胜了，我便说这该怎好？韩金川说给你四支蜡烛两盒火柴，叫你到那时祈求（用）。语出亲人之口，他也是为我好，使我不信中又信，疑惑不定。……当时我也是想做实验，如真有天（主）从今以后我就信，要是假的今后就不信啦。"② 寻求庇护、避难的现实需求和不信天主将受到惩罚的忧虑及补偿罪恶的心理使王彪的思想处于动摇中，不肯彻底放弃宗教信仰。除"天黑三天"的谣言外，在路候村、双口村还流传着十字架显灵发光、天空出现堂样、教徒写退教书后不能动、板凳在地上自由走动、圣母军坐在汽车上汽车无法开动等由外地传入的谣言。③谣言的制造者在有意抵制和抗争国家对宗教信仰的约束限制，并形成一种天主有灵、放弃信仰就要受到惩罚的舆论氛围。

　　一方面，谣言的不断传播使退教的教徒感到恐慌、怕受惩罚下地狱，另一方面国家又要求宗教徒放弃信仰揭批"罪恶"，并且通

---

① 《天主教徒小组讨论发言摘录——韩清媛发言》，时间不详，路候村庄档案，编号DBC - 11 - 3 - 2。

② 《王彪对于自身天主教信仰的检查》，1966年3月27日，双口村庄档案，编号XYJ - 4 - 8 - 9。

③ 《路候大队贫协委员会、贫协小组长声讨天主教、基督教的联席大会——田恒群发言》，1966年7月31日，路候村庄档案，编号DBC - 11 - 2 - 1；《天主教徒小组讨论发言摘录——韩清媛、刘如霞发言》，时间不详，路候村庄档案，编号DBC - 11 - 3 - 2。

过各种方式建构信仰的"罪恶"和批判空间。在国家强大的政治压力下,在"群众舆论"和天主教、基督教是邪恶宗教的传播媒介话语表述中,在神父等教职人员现身说法、自我反省批判的示例下及现场观摩斗争神父的体验中,许多教徒或主动或被迫放弃宗教信仰,转而运用国家宣扬的一套"革命"话语揭批宗教"罪恶",检讨自身"错误",揭发周围宗教徒的"罪恶活动"。神父、传教士、教会会长作为宗教的"头"与"根"成为被揭批的主要对象。

许多教徒扭转以往"宗教信仰只是简单的信仰问题"的认识,在讨论会、座谈会上表达自己对天主教"反动"本质的看法。在这种公共空间舆论中,教徒们逐渐形成了对神父和天主教"罪恶"的系统批判话语:天主教神父表面慈善,实际罪大恶极,他们自己都不信天主,不怕入地狱,制造谣言,搞破坏活动,充当帝国主义走狗和代理人,忠心耿耿为帝国主义反动派效劳,与社会主义格格不入、背道而驰。天主教取消阶级性、宣扬天下教徒是一家乃是胡说,天主教内是有阶级性的,神父让教徒忍耐、行善,自己却利用宗教剥削别人,在经济上敲诈勒索,生活上腐化堕落。教徒们运用帝国主义反动派、反革命、阶级性、社会主义等国家意识形态中的阶级话语评判天主教"剥削""压迫"的实质和神父的"罪恶",同时将光明的未来寄托于党和国家。

以往信仰甚深的教徒也开始发生转变,韩清媛就是一例典型。工作组刚开始讲解天主教的"反动"活动及神父的"罪恶"事实时,韩清媛依然对天主笃信不已,认为那是神父不守教规,为非作歹,天主教不能饶恕他们。自己只是念经、听天主的话,又不跟着他们做反动事情,谁犯罪谁受惩罚。让她揭发问题时,她或者说我们不识字,妇女家哪能知道别人的事情;或者干脆说管他谁怎样,反正自己不办坏事,谁说啥做啥可不知道。韩清媛这样一种"明哲保身"的态度被工作队认为是受天主教毒害甚深的表现。但当她到平遥县城听了榆次神职人员的自我检查和参加了平遥神职人员的斗争会后，思想陡然发生了变化，一改以往沉默不语的消极抵触，大胆揭发自己阻止儿子参加党、团的事实及神父和其他天主教徒的"反动"言论及活动。①

韩淑梅通过参加斗争范柏慈的大会后，在工作队的教育启发下不再挣扎徘徊，改变了不敢说天主不好、不信天主、不敢揭发神职人员"罪恶"的怯懦，而是鼓起勇气将神父范柏慈诱骗自己发生关系、给自己造成伤害之事公之于众。② 虔诚教徒田大勇以往总认为范柏慈对自己不错，帮助自己很多，不肯揭发他，认为田恒群是一家兄弟，别人都不揭发，自己更不能说什么。通过学习以后，他认识到自己受了十几年天主、地狱的束缚，如不和他们斗争，遗留下骗人的"毒品"对下一代是有极大毒害的。为此他将以往给神父干活以补偿神父的帮助看作是神父对自己的剥削，并主动揭发天主教的反动本质和处理天主堂的财产，还与田恒群进行了面对面的斗争。③

除了在公共空间和检讨书中的揭批检讨外，许多教徒从行动上与宗教信仰决裂，交出进行宗教活动的工具，在个人日常生活空间中用"红色"象征符号取代了宗教信仰的象征物。刘如玲主动将圣像扯坏烧掉；范春波主动召开教徒会；田秉光的女人甩了圣像，惊得邻居家听见像响雷一样的声音。前述态度发生巨大转变的韩清媛主动把十字架取下，扯了圣像，挂上毛主席像。④ 经过一番"斗

---

① 《路候工作队关于宗教工作简结汇报》，1966 年 8 月 28 日，路候村庄档案，编号 DBC - 11 - 4 - 1。

② 《天主教徒小组讨论发言摘录——韩淑梅发言》，1967 年 1 月 13 日，路候村庄档案，编号 DBC - 11 - 3 - 2。

③ 《路候工作队关于宗教工作简结汇报》，1966 年 8 月 28 日，路候村庄档案，编号 DBC - 11 - 4 - 1。

④ 《工作组总结》，1966 年 4 月 1 日，路候村庄档案，编号 DBC - 11 - 1 - 6；《宗教座谈会——韩美君发言》，1966 年 3 月 5 日，路候村庄档案，编号 DBC - 11 - 1 - 3。

争"后，路候村有 23 个教徒已经放弃了信仰，其他半信的有 9 人，一般的有 3 人，还有 5 人仍然虔诚。①

国家对宗教信仰的治理显然对信徒个人的内心世界产生了重要影响，有的人因此彻底放弃了宗教信仰，转而向国家意识形态靠拢，有的却不然。国家对宗教信仰进行改造，意在防止国内教会与国外势力保持联系，更防止教会组织者及宗教徒以宗教信仰为由不支持甚至否定国家的政策，威胁到国家对基层的治理。许多宗教徒虽然写了退教书，在公共空间话语的表述中痛斥宗教的"罪恶"，并揭发了一些"罪恶事实"及进行了自我反省批判，但这是否就意味着他们真正放弃了宗教信仰，认同国家对于宗教信仰及其活动的政治定性与价值评判？抑或他们向国家表示放弃信仰乃是争取生存空间的策略选择？

* * *

意识形态上"资"与"社""唯物"与"唯心"的对立使与国外势力有紧密联系的宗教信仰在集体化时代的政治意义凸显。尤其在"四清""文革"时期，国家强化阶级斗争，对乡村的宗教信仰自由政策转变为约束和彻底禁止，这对宗教徒的日常生活及社会地位产生了重要影响。

如果说 20 世纪 50 年代国家对宗教信仰的改造更多地限于宗教组织、制度、运作机制及精英分子，六七十年代则已经将治理的重点扩展到乡村基层普通教徒的日常宗教生活及思想观念层面。村庄通过设置阶级话语、建立组织、动员教徒和非教徒群众学习国家政策、参加斗争大会、参观展览、讨论发言等方式手段揭批宗教信仰

---

① 《路候工作队关于宗教工作简结汇报》，1966 年 8 月 28 日，路候村庄档案，编号 DBC－11－4－1。

及宗教活动的组织者，希望将宗教徒对天主、耶稣的精神崇拜置换为对共产主义意识形态的认知与接受，对党、国家和集体的忠诚与支持。

在强化阶级斗争和"政治挂帅"的意识形态和语境下，国家将"宗教"和"爱国"都纳入政治的范畴之内，两者成为非此即彼的对立面。国家希望能消解宗教信仰在乡村的影响，完全占领教徒的精神世界，而事实上，"信教"与"爱国"的结合是个人宗教信仰与社会意识之间的一个平衡点，精神认同与政治认同可以融合并存，宗教徒"天主的好儿女"与"国家的好公民"的身份可以合而为一。尽管"爱国"的含义和内容被政治化，但这并不意味着坚持宗教信仰就可以不爱国，信仰自由应该被置放在制度的范畴内。

而且，扎根于民间的信仰文化并不容易被"红色思想"所替代，已经融入并成为教徒日常生活重要组成部分的宗教信仰具有较为深厚的根基。民众在私人空间中的秘密行为使国家在这一问题上面临尴尬，对于精神世界的运动式的治理改造并不能够将这些信仰与教徒剥离开来。一方面，"运动"方式的过激往往使事实无法得到全面呈现，其"正向"的方面几乎被完全忽略，容易对被揭批对象造成伤害，也无法引导其发挥"正能量"；另一方面，使治理的重点发生偏差，更多关注具体事象，而不是集中在对宗教内部制度及运作体系的深层次的本土改造上。

在路候村、双口村这样的非教徒村庄中，宗教徒在精神世界和日常生活中受到国家意识形态的约束，原本微弱的宗教关系遭到削弱和淡化，仪式的取消弱化了教友们的集体认同，以致人们放弃宗教信仰而形成了断裂。这种断裂不仅是思想信仰上的断裂，更在深层次上造成了宗教教育和实践的边缘化和个人化。[①] 怎样才能使宗

_____

① ［英］王斯福：《帝国的隐喻》，赵旭东译，江苏人民出版社 2008 年版，第 241 页。

教信仰走出自闭保守,在个人和组织层面上实现私人领域与社会结构和秩序的和谐统一是关键问题。改革开放后原先放弃信仰的教徒中有一部分人恢复了原来的信仰,这一方面也许可以说明"教会的圣事技术并没有坚硬地进入日常生活,而是随着日常生活改变着形状",正是宗教信仰在面对社会变革时能做出灵活调整的原因所在①;另一方面也说明了对民众宗教信仰的改变并不简单,对其长期性、复杂性需要有足够的思想准备,也应认识到多元文化的并存对于社会秩序的稳定与和谐建构的意义。

---

① 吴飞:《麦芒上的圣言:一个乡村天主教群体中的信仰与生活》,宗教文化出版社 2013年版,第 103 页。

结　语

马克思、恩格斯在《德意志意识形态》中曾经指出："任何人类历史的第一个前提无疑是有生命的个人的存在。""社会结构和国家经常是从一定个人的生活过程中产生的。这里所说的个人不是他们自己或别人想象中的那种个人，而是现实中的个人，也就是说，这些个人是从事活动的，进行物质生产的，因而是在一定的物质的、不受他们任意支配的界限、前提和条件下能动地表现自己的。""人们的存在就是他们的实际生活过程。"[1] 作为活生生的生命个体，现实中的人不仅是社会体制的受约束者，也是改变社会体制的能动创造者。他们的感受和实践，生活体验和生命历程的承载体即是日复一日的日常生活，而正是这种琐碎、习焉不察的日常生活给人类历史带来了多姿的生命和色彩。

从功能论及哲学的角度来看农民的日常生活，其自在自发性和自由主义、经验主义的特点是传统农业文明的产物，与现代化的、以自由自觉和科学主义、理性主义、人本主义为特点的工业文明不相符合，是实现由传统向现代转型的羁绊。因此，应该打破这种沉重的日常生活结构，使个体得到解放，成为自由自觉和创造性的个体。[2] 这成为日常生

---

① 中共中央马克思、恩格斯、列宁、斯大林著作编译局编：《马克思恩格斯选集》，人民出版社 1972 年版，第 24、29—30 页。

② 衣俊卿：《回归生活世界的文化哲学》，黑龙江人民出版社 2000 年版，第 459—460 页。

活批判的要旨，批判的前提和缘由是日常生活的重复性思维和实践对创造性思维和实践的束缚。而在赫勒看来，这种重复性思维却能够给人带来安全感和满足感，在日常生活中具有重要作用，远非一无是处："重复性实践和思维可以使我们在比运用创造性思维相对短的时间内做事，从而节省了时间；也要求实践的积累，借此我们可以更准确地做事情；也可以使我们同时从事几件事情，平行地从事几件重复性的活动。"① 赫勒认为最理想的状态是"个体能够知道何时可以凭借日常生活的结构和图式而活动，何时应当终止实用主义、过分一般化、重复性思维、重复性实践等日常生活图式，而求助于创造性思维与创造性实践"。②

微观琐碎的日常生活确乎有消极、被动、抑制人的创造性的一方面，但是另一方面日常生活又是人生存的母体，文学作品常常将其解读为蕴含着平实和美感，而且具有救赎功能，对人的存在具有价值和意义。由此，日常生活关系着人幸福生活的尺度，是人作为本体性存在的表现方式，也是社会结构和历史变迁的重要内容，具有主体性地位，而不是附属性的产物，所以在研究中不能将其只作为生存空间和研究背景来理解，而应该重视它的社会意义和建构功能。从这一角度看，以农民的日常生活为切入点，考察集体化时代的乡村社会和国家就不失为一个有意义的视角。

以往研究过多地关注国家对农村社会结构、组织形式的改变，在某种程度上却忽视了农民的日常生活，材料的缺乏又往往使学者只能从观察者的角度对研究对象展开讨论，而忽视了历史主体自身的感受和认知，以及农民根深蒂固的观念及其行为方式等慢变量对历史的反作用。本书依据农村基层档案资料，从乡村生命个体的生

① ［匈］阿格尼丝·赫勒：《日常生活》，衣俊卿译，重庆出版社 1990 年版，第 139 页。
② 衣俊卿：《中译者序言》，见［匈］阿格尼丝·赫勒《日常生活》，重庆出版社 1990 年版，第 14 页。

活体验出发，让他们自己说话，把他们的人生经历描述出来，将生活中的琐碎细事展现出来，尽量原汁原味地勾勒出集体化时代乡村民众的日常生活面貌。具体而言，本书以集体化时代的日常生活为论述主题，对乡村普通人的人生经历和日常生活进行微观的实证研究，通过探讨作为生命个体的阶级身份、政治身份、社会身份、教徒身份和自然存在在日常生活中的活动面相，揭示各种身份对于集体化时代生命个体的意义，展现生命个体的沉浮历程、不同命运，以及在国家集体化体制的约束下村民的适应、调整与策略应对，勾勒集体化时代乡村的日常生活面貌。

新中国成立以后中国社会经历的是一个特殊年代。国家不仅对精英阶层，而且对普通大众的社会地位和生命历程都产生了巨大影响。他们的政治参与、农业生产、人生历程、家庭生活、宗教信仰、习俗娱乐、生计生存都深深地刻上了时代的痕迹，其政治地位、伦理道德和价值观念也受到国家意识形态的强烈冲击。无论是作为"实体"的"国家"，还是作为象征符号和观念层面上的"国家"，都在普通民众的心里扎根发芽，"那时候有政策在，中央的政策一杠子到底"是民众对于集体化时代感受的朴素表达。

国家第一次与乡村每个生命个体直接紧密地联系起来，乡村社会的生命个体与群体，不仅创造了自己的历史，也参与创造了地方的历史和国家的历史。那么，国家是如何对乡村民众实施治理的，在这种治理之下民众如何生存，经历了怎样的生活体验和人生经历，有着怎样的社会地位，又如何进行社会交往，如何调整适应或对抗抵制国家的治理改造。

在村庄里，国家对于村庄政治、经济、文化、思想等多方面的治理改造以及村民对于政治资源、经济资源的争取和私人日常生活的追求，分别形成了"红"与"黑"的阶级身份、"干"与"群"的政治身份、谋求生计与生存的社会身份、坚持宗教信仰的教徒身份以及作为生命个体的身体与私人生活的自然存在，这些身份的形成是国家权威与村庄社区、生命个体相互影响作用的结果。"个人生活在以直接的方式或通过间接的媒介维系的关系网中，并借此与他们发生联系。可是个人并不只简单地从属于一张网，而是属于许多重叠的网。这些网决定了个人的社会位置并塑造其身份。"① 在集体化时代，这些网就是由国家与村庄、国家与个人以及村庄与个人、个人与个人的关系所形成的公共管理、社会活动和个人生活，这些网决定了生命个体的社会形象和社会地位。

其中，国家的政治权威发挥着重要作用：贫下中农明显比地主富农的地位高，党员、干部的地位高于普通社员。国家鼓励农民扎根农村，农业生产劳动受到鼓励，倒买倒卖、私人包工受到约束，村民的婚姻生活、民俗活动、日常娱乐、思想言论、宗教徒的信仰等也受到限制。不过，村庄的社区网络及村民的主体能动性在某种程度上也解构着国家的规制，不同于国家的目标预设和治理实践。在村庄里，贫下中农并不"香"，阶级敌人也不"臭"；当干部会面临来自国家与群众的双重压力；村民劳动是死受、是无能，搞"投机倒把""地下"包工才是有能耐、有本事，依靠偷窃生活有时会让村民称羡；敢于违反政策、挑战国家权威的行动如赌博活动、说书取乐等有时却会受到村民的欢迎和认可。因此，身份及地位的获得一方面来源于国家权威与社会结构的制约，另一方面也形成于生命个体在社会交往过程中的行为实践及其间人们对于自我与他人的感知、认识和界定。

"每个人、团体或社会场所都有像他与其他个人、团体或社会场所的关系一样多的身份。相同的个人、团体或社会场所，当他们从一种关系向另一种关系转变的时候，他们也会从一种身份向另一

① ［美］萧邦奇:《血路:革命中国中的沈定一传奇》,周武彪译,江苏人民出版社 1999 年版,第 5 页。

种身份转变。"① 乡村普通民众拥有的各种身份并非独立存在，而是相互交叉，体现在个体层面上，这些身份之间可能相互融合，也可能产生矛盾，如干部大多是拥有红色身份的贫下中农，但有的贫下中农可能也是受到国家打击的窃贼；被国家委以"重任"的村干部也可能进行受到国家约束和禁止的"投机倒把"活动，或者参与赌博。多重身份叠加的复合体形成了集体化时代生命个体的身份结构和社会地位，并且通过日常生活中的社会交往以及公共空间与私人空间中的话语表达呈现出来，从而勾勒着他们的日常生活。

村民在公共空间与私人空间中的行为方式和话语表达不同。在特定的政治语境和凸显阶级与政治身份的关系网络中，乡村的公共空间被政治权威人为地营造，即有意识、有目的地通过预设的社会主义理念和各种手段塑造公共空间的政治氛围，致使其政治意义浓厚而成为一种"国家权威的社会性设置"。对于民众而言，公共空间是开放的，他们在公共空间要受制于地方和国家的权威，需要在日常的相互交流表述中对谈话对象和所处的空间保持谨慎，避免因话语或行为不当而产生危及自身的后果。在私人空间中，其封闭的性质相对具有保护的功能，村民因而有更多话语表述和行动的自由，尽管国家权威对此也不无影响。

传统时代的乡村是费孝通先生所论述的"熟人社会"，乡村的社会关系是一种"差序格局"，这种"熟人社会"与"差序格局"在集体化时代的国家权威和政治意识形态的主导下无疑受到了"冲击"。国家政权的下沉和对阶级斗争的强调使国家权力介入到村庄的社会关系中，实现了以政治规训生活，以革命伦理取代生活伦理，形成了"日常生活的国家化"。个人生命及其价值的实现被赋予了国家期望和社会使命，留下了深深的国家化、工具化的烙印。

---

① ［美］查尔斯·蒂利：《身份、边界与社会联系》，谢岳译，上海世纪出版集团 2008 年版，第 9 页。

"政治"与"革命"制约、形塑着村民的日常生活,限制着村民的个性发展,这是政治主文化作为一种主流文化对乡村亚文化的入侵和颠覆。这不仅使乡村中的社会关系出现异化,陌生的阶级关系、干群关系冲击着乡村原有的地缘、血缘和邻里关系,也使人们在充满政治压力的公共空间和相对较为独立自由的私人空间中的话语表达和实际行动产生矛盾,形成日常生活的异化。

通过对乡村生命个体的社会交往和乡村日常生活的考察可以发现,乡土社会的"熟人性质"并未发生根本性的变化,仍然是以地缘、血缘的社会关系为基础,以"差序格局"为交往原则,而并未被人为设置的阶级关系和"政治"原则所代替,人们的经济理性、交往规则、社会结构运行等并未发生实质性的变化,农民及其文化仍然发挥着主体性的作用。在国家的约束控制中,村民既有顺从,也有反抗,这种顺从是斯科特所谓的"自我保护性顺从",这种抗争也是争取自身利益和更大生存空间的一种反抗,其中起关键作用的是乡村社会内在的运行逻辑。"阶级斗争上寸步不让,生产斗争寸土必争,经济领域里分文必争"和"我保证""我一定要"之类的公共空间话语表述只能浮在表层,政治只能是涂在村庄表面的一层颜色,决定村庄本色的依然是乡村传统,在村庄里凸显的仍然是村民生活的逻辑,而非政治与阶级斗争。

可以说,革命的现代性逻辑虽然主导了村庄的政治经济体制和运行机制,但村民的生存理性和村庄传统的日常生活逻辑仍坚韧地嵌入到革命的枝蔓脉络中。国家全面覆盖而非嵌入式的覆盖并没有完全替代了以道义和人情来维系的乡村社会关系[1],农民的生活逻辑及由此而形成的村庄人际关系并未消失。在村庄里,贫下中农遭受打击、地富反攻倒算、地富腐蚀干部、干部贪污谋私、集体私

---

[1] 董磊明:《从覆盖到嵌入:国家与乡村1949—2011》,《战略与管理》2014年第3、4期。

分、群众分田单干、投机倒把、偷窃、迷信活动、赌博、坚持宗教信仰等以与国家政策相违背的"反行为"的面貌呈现出来。在这些"反行为"的背后，是集体化时代的村民对生活需求的表达和他们真实生活的体现。以往的研究突出国家相对于民众而言所具有的绝对优势和管理权力，但在国家对民众的规训中我们其实也看到了乡村民众利用时间和空间的优势争取主动权、表达自我的积极能动的一面，这种积极能动在某种程度上诠释着生命个体对于生存的渴望和本能以及日常生活的真理。

通过对普通民众日常生活的考察，我们可以看到农民的人生悲欢怎样演变成严肃的生存命题，也看到他们丰富的内心以及焦灼的痛苦。革命发展需要对农民的私人生活进行规约和计算，需要赋予其严肃的政治使命，这似乎是一种无可避免的发展趋势，农民从翻身得解放到投身革命成为必然的历史逻辑。但是，革命的紧张和焦虑使党作为正义化身解放人民的代言人形象与作为规训民众的统治者形象形成了错位与矛盾。国家对民众日常生活的约束限制而非解放的实践难以取得民众的认同，也使农民形成身体动作与内心意愿的疏离和对管理的敷衍，对国家的管理策略和无所不在的政治规训形成一定的反控制，成为不可小觑的、可以与党和国家及所主张的意识形态相抗衡的强大力量。这种力量不仅对集体经济体制构成威胁，同时也对国家向乡村传播的以社会主义思想为核心的、具有排他性的政治文化形成解构，使党和国家陷入了道德上的被动和政治上的困境，并成为经济体制创新和"创造性政治"的潜在因素 。①

从集体化时代的农民日常生活研究中可以看出，在泛政治化的主题下，生命个体的日常生活在承载、反射社会特质及其变革信息的同时，也在其映射下发生着自我改变，形成了特定时空条件下的

---

① 徐勇：《农民改变中国：基层社会与创造性政治——对农民政治行为经典模式的超越》，《学术月刊》2009 年第 5 期。

特殊存在方式，并于此也在某种程度上扭转了历史变迁。正是在日常生活中，固着于农民观念与行为方式中的传统依然一如既往地向前奔流，不会因革命或各种外在力量的阻隔而中断。日常生活中蕴含的传统具有如此坚强的韧性，究竟是以其生活结构的"沉重"使农民发展受到阻碍为代价，还是从反面说明了这种生活结构正是适合于生命个体自身生存需要的历史延续？

从实践存在论的角度来理解日常生活，其是本真的内在具体的基础存在，虽"延误和麻木了现代性革命与批判的意识"，但这一"永恒轮回"和"永恒命运"对人却真正地具有救赎功能。[①] 日常生活成为参与国家政治的一支重要力量，形塑了乡村政治的面貌，也使得国家对乡村的治理只能局限在一定的层面和范围。通过日常生活的空间和方式，国家的革命理想主义与乡村的现实主义实现了有机结合，农民在国家的倡导下进行积极主动的参与；同时也是通过日常生活的实践，信仰内容的空心化、虚妄化日渐凸显，国家的理想主义被乡村民众点点滴滴地予以消解。[②]

"革命过程本身具有多种可能性，因为革命是建立在个体选择和行动基础之上的。正是这些由无数革命的参与者做出的个体生存抉择，勾勒了革命最终的方向，并塑造了革命。"[③] 20 世纪 80 年代国家对阶级斗争的放弃和政治气候的转变从某种程度上说明了村民背离国家政策所产生的改变历史的巨大能量——农民的观念意识和

---

① 刘怀玉:《日常生活批判——走向微观具体存在论的哲学》,《吉林大学社会科学学报》2007 年第 5 期。

② 刘瑜认为集体化时代国家的制度安排诱导了民众大量的现实主义参与,而现实主义参与带来的认知冲突促使人们进行自我说服,由此又增强了人们的理想主义信念。民众不是将现实主义表演成理想主义,而是出于缓解认知冲突的心理需要,通过自我说服将现实主义消化成一种真诚的理想主义。因此为革命辩护不只是当局者的责任,也是千千万万人的心理需求。理想主义中革命信仰内容的流变呈现出空心化、虚妄化两个相互联系的趋势。参见刘瑜《理想主义或现实主义?——中国革命中政治参与的政治心理分析》,《学海》2010 年第 5 期。

③ [美]萧邦奇:《血路:革命中国中的沈定一传奇》,周武彪译,江苏人民出版社 1999年版,第 251 页。

行为选择对国家的政治走向产生了巨大影响。总之，民众对于国家，既跟从又充满抗拒，在这种矛盾中，国家的社会主义蓝图已经渐渐偏离了原有的设想，向新的方向发展。从集体化时代乡村民众的日常生活中可以得到启发，国家改造乡村民众的日常生活，既要考虑到其与现代化目标和国家意志之间的距离，又应注意其对于农民生存的积极功能。在国家基本完成工业化建设的今天，乡村民众的日常经历和生存状态、他们的压抑与不幸，都是国家在努力由"资源提取性"向"公共服务性"职能转变的过程中所应该思考和解决的问题。否认乡村传统，无视村庄原有的文化叙事和日常逻辑，会给村民带来困苦与不安，也无法激发蕴含在芸芸众生中的推动历史的巨大潜力。

参考文献

一　著作

1. ［匈］阿格妮丝·赫勒：《日常生活》，衣俊卿译，重庆出版社1990年版。

2. ［美］埃弗里特·M. 罗吉斯、拉伯尔·J. 伯德格：《乡村社会变迁》，王晓毅、王地宁译，浙江人民出版社1988年版。

3. ［英］艾瑞克·霍布斯鲍姆：《匪徒：秩序化生活的异类》，李立玮、谷晓静译，中国友谊出版公司2001年版。

4. ［英］艾瑞克·霍布斯鲍姆：《非凡的小人物：反抗、造反及爵士乐》，王祥译、柯雄校，新华出版社2001年版。

5. ［美］白凯：《长江下游地区的地租、赋税与农民的反抗斗争1840—1950》，林枫译，上海书店出版社2005年版。

6. 包亚明主编：《后现代性与地理学的政治》，上海教育出版社2001年版。

7. ［美］保罗·康纳顿：《社会如何记忆》，纳日碧力戈译，上海世纪出版集团，上海人民出版社2000年版。

8. ［英］彼得·伯克：《欧洲近代早期的大众文化》，杨豫译，上海人民出版社2005年版。

9. ［英］彼得·伯克：《历史学与社会理论》，姚朋等译，上海人民出版社2001年版。

10. 曹锦清、张乐天、陈中亚：《当代浙北乡村社会文化变迁》，上海远东出版社 2001 年版。

11. ［美］查尔斯·蒂利：《身份、边界与社会联系》，谢岳译，上海世纪出版集团 2008 年版。

12. 陈翰笙：《解放前的地主与农民——华南农村危机研究》，中国社会科学出版社 1984 年版。

13. 陈吉元、陈家骥、杨勋主编：《中国农村社会经济变迁（1949—1989）》，山西经济出版社 1983 年版。

14. ［澳］陈佩华、［美］安戈、［澳］赵文词：《当代中国农村历沧桑：毛邓体制下的陈村》，孙万国等译，香港牛津大学出版社 1996 年版。

15. 丛进：《1949—1989 年的中国：曲折发展的岁月》，河南人民出版社 1989 年版。

16. ［美］杜赞奇：《文化、权力与国家——1900—1942 年的华北乡村》，王福明译，江苏人民出版社 2004 年版。

17. ［法］菲利浦·阿利埃斯、［法］乔治·杜比主编：《私人生活史 V——现代社会中的身份之谜》，宋薇薇、刘琳译，北方文艺出版社 2008 年版。

18. ［法］费尔南·布罗代尔：《15 世纪至 18 世纪的物质文明经济和资本主义（第一卷）日常生活的结构——可能和不可能》，顾良等译，生活·读书·新知三联书店 1992 年版。

19. 费孝通：《江村经济：中国农民的生活》，商务印书馆 2001 年版。

20. 费孝通：《乡土中国》，上海世纪出版集团 2007 年版。

21. ［美］费正清：《伟大的中国革命（1800—1985）》，刘尊棋译，世界知识出版社 2000 年版。

22. ［美］弗里曼、毕克伟、赛尔登：《中国乡村，社会主义国家》，陶鹤山译，社会科学文献出版社 2002 年版。

23. 高王凌：《人民公社时期中国农民"反行为"调查》，中共党史
　　 出版社 2006 年版。

24. 高王凌：《租佃关系新论——地主、农民和地租》，上海书店出
　　 版社 2005 年版。

25. ［美］欧文·戈夫曼：《日常生活中的自我呈现》，黄爱华、冯
　　 钢译，浙江人民出版社 1989 年版。

26. 郭德宏、林小波：《四清运动实录》，浙江人民出版社 2005
　　 年版。

27. ［美］韩丁：《翻身——中国一个村庄的革命纪实》，韩倞等
　　 译，北京出版社 1980 年版。

28. ［日］韩敏：《回应革命与改革——皖北李村的社会变迁与延
　　 续》，陆益龙、徐新玉译，江苏人民出版社 2007 年版。

29. ［德］汉斯·格茨：《欧洲中世纪生活》，王亚平译，东方出版
　　 社 2002 年版。

30. 黄树民：《林村的故事——1949 年后的中国农村变革》，素兰、
　　 纳日碧力戈译，生活·读书·新知三联书店 2002 年版。

31. ［美］黄宗智：《长江三角洲小农家庭与乡村发展（1368—
　　 1988）》，中华书局 2000 年版。

32. ［美］黄宗智：《华北的小农经济与社会变迁》，中华书局 2002
　　 年版。

33. ［意］卡洛·金斯伯格：《夜间的战斗——16、17 世纪的巫术
　　 和农业崇拜》，朱歌姝译，上海人民出版社 2005 年版。

34. ［英］柯林武德：《历史的观念》，何兆武、张文杰译，商务印
　　 书馆 1997 年版。

35. ［英］拉德克利夫·布朗：《社会人类学方法》，夏建中译，华
　　 夏出版社 2002 年版。

36. ［法］勒华·拉杜里：《蒙塔尤——1294—1324 奥克西坦尼的一个小山村》，王明龙译，商务印书馆 2003 年版。

37. ［美］李丹：《理解农民中国——社会科学哲学的案例研究》，张天虹、张洪云、张胜波译，江苏人民出版社 2009 年版。

38. 林耀华：《金翼：中国家族制度的社会学研究》，生活·读书·新知三联书店 1989 年版。

39. 林蕴晖、顾训中：《人民公社狂想曲》，河南人民出版社 1995 年版。

40. 刘金海：《产权与政治——国家、集体与农民关系视角下的村庄经验》，中国社会科学出版社 2005 年版。

41. 卢汉超：《霓虹灯外——20 世纪初日常生活中的上海》，段炼等译，上海古籍出版社 2004 年版。

42. ［美］罗伯特·达恩顿：《屠猫记》，吕健忠译，新星出版社 2006 年版。

43. ［法］马克·布洛赫：《为历史学辩护》，张和声、程郁译，中国人民大学出版社 2006 年版。

44. ［美］马克·赛尔登：《革命中的中国：延安道路》，魏晓明、冯崇义译，社会科学文献出版社 2002 年版。

45. ［英］玛利亚·露西娅·帕拉蕾丝—伯克编：《新史学：自白与对话》，彭刚译，北京大学出版社 2006 年版。

46. ［美］麦克法夸尔、费正清编：《剑桥中华人民共和国史》，中国社会科学出版社 1990 年版。

47. 毛丹：《一个村落共同体的变迁——关于尖山下村的单位化的观察与阐释》，学林出版社 2000 年版。

48. ［法］孟德拉斯：《农民的终结》，李培林译，社会科学文献出版社 2005 年版。

49. ［美］米德：《心灵、自我与社会》，赵月瑟译，上海译文出版社 1992 年版。

50. ［西］米格尔·卡夫雷拉:《后社会史初探》,［美］玛丽·麦克马洪英译,李康中译,北京大学出版社 2008 年版。

51. ［美］莫里斯·迈斯纳:《毛泽东的中国及后毛泽东的中国》,杜蒲、李玉玲译,四川人民出版社 1989 年版。

52. ［日］内山雅生:《20 世纪华北农村社会经济研究》,李恩民、邢丽荃译,中国社会科学出版社 2001 年版。

53. ［美］娜塔莉·戴维斯:《档案中的虚构》,杨逸鸿译,台北麦田出版社 2001 年版。

54. ［英］诺曼·费尔克拉夫:《话语与社会变迁》,殷晓蓉译,华夏出版社 2003 年版。

55. ［美］裴宜理:《华北的叛乱者与革命者 1845—1945》,池子华、刘平译,商务印书馆 2007 年版。

56. ［美］乔纳森·特纳:《社会学理论的结构》,邱泽奇、张茂元等译,华夏出版社 2006 年版。

57. 乔志强、行龙主编:《近代华北农村社会变迁》,人民出版社 1998 年版。

58. 乔志强主编:《中国近代社会史》,人民出版社 1998 年版。

59. 秦晖、苏文:《田园诗与狂想曲——关中模式与前近代社会的再认识》,中央编译出版社 1996 年版。

60. ［美］史景迁:《王氏之死》,李璧玉译,上海远东出版社 2005 年版。

61. ［美］史景迁:《中国皇帝——康熙自画像》,吴根友译,上海远东出版社 2005 年版。

62. 王笛:《街头文化——成都公共空间、下层民众与地方政治(1870—1930)》,李德英、谢继华、邓丽译,中国人民大学出版社 2007 年版。

63. 王铭铭：《村落视野中的文化与权力——闽台三村五论》，生活·读书·新知三联书店1997年版。

64. 王铭铭：《走在乡土上——历史人类学札记》，中国人民大学出版社2005年版。

65. 王跃生：《社会变革与婚姻家庭变动》，生活·读书·新知三联书店2006年版。

66. 吴飞：《麦芒上的圣言：一个乡村天主教群体中的信仰与生活》，宗教文化出版社2013年版。

67. 吴毅：《村治变迁中的权威与秩序——20世纪川东双村的表达》，中国社会科学出版社2002年版。

68. ［美］萧邦奇：《血路：革命中国中的沈定一传奇》，周武彪译，江苏人民出版社1999年版。

69. 小田：《江南场景：社会史的跨学科对话》，上海人民出版社2007年版。

70. ［法］谢和耐：《蒙元入侵前夜的中国日常生活》，刘东译，江苏人民出版社1997年版。

71. 行龙：《走向田野与社会》，生活·读书·新知三联书店2007年版。

72. 邢福增：《基督教在中国的失败？——中国共产运动与基督教史论》，香港道风书社2012年版。

73. 许纪霖等：《近代中国知识分子的公共交往（1895—1949）》，上海人民出版社2008年版。

74. ［美］阎云祥：《私人生活的变革：一个中国村庄里的爱情、家庭与亲密关系1949—1999》，龚小夏译，上海书店出版社2006年版。

75. ［美］阎云祥：《礼物的流动：一个中国村庄中的互惠原则与社会网络》，李放春、刘瑜译，上海人民出版社2000年版。

76. 杨懋春:《一个中国村庄——山东台头》,张雄等译,江苏人民出版社 2001 年版。

77. [美] 伊格尔斯:《二十一世纪的历史学——从科学的客观性到后现代的挑战》,何兆武译,辽宁教育出版社 2003 年版。

78. [加拿大] 伊莎白·柯鲁克、[英] 大卫·柯鲁克:《十里店:中国一个村庄的群众运动》,安强、高建译,上海人民出版社 2007 年版。

79. [加拿大] 伊莎白·柯鲁克、[英] 大卫·柯鲁克:《十里店——中国一个村庄的革命》,龚厚军译,上海人民出版社 2007 年版。

80. [德] 于尔根·科卡:《社会史理论与实践》,景德祥译,上海人民出版社 2006 年版。

81. 于建嵘:《岳村政治——转型期中国乡村政治结构的变迁》,商务印书馆 2004 年版。

82. 袁进、丁云亮、王有富:《身份建构与物质生活——20 世纪 50 年代上海工人的社会文化生活》,上海书店出版社 2008 年版。

83. [美] 詹姆斯·C. 斯科特:《弱者的武器》,郑广还、张敏、何江穗译,译林出版社 2001 年版。

84. [美] 詹姆斯·斯科特:《农民的道义经济学:东南亚的反叛与生存》,程立显、刘建等译,译林出版社 2001 年版。

85. 张静主编:《身份认同研究:观念、态度、理据》,上海人民出版社 2006 年版。

86. 张乐天:《告别理想:人民公社制度研究》,上海人民出版社 2005 年版。

87. 张柠:《土地的黄昏——乡村经验的微观权力分析》,东方出版社 2005 年版。

88. 张仲礼:《中国绅士》,李荣昌译,上海社会科学院出版社 1991 年版。

89. 朱鸿召：《延安日常生活中的历史（1937—1947）》，广西师范大学出版社 2007 年版。

90. 庄孔韶：《银翅——中国地方社会与文化变迁》，生活·读书·新知三联书店 2000 年版。

91. Alf Ludtke：The History of Everyday Life：Reconstructing Historical Experiences and Ways of Life，Princeton University Press，1989.

92. C. K. YANG：Chinese Communist Society：The Family and The Village，First M. I. T. Press Paperback Edition，January 1965.

93. Carlo Ginzgburg, The Chess and the Worms：the Cosmos of a Sixteen-century Miller，translated by John and Anne Tedeschi，The John Hopkins University Press，1992.

94. Giovanni Levi, Inheriting Power：The Story of an Exorcist，University of Chicago Press，1988.

95. Helen F. Siu：Agents and Victims in South China，New Haven：Yale University Press ，1989.

96. Jing Jun：The Temple of Memories，Stanford：Stanford University Press，1996.

97. Natalie Davis, The Return of Martin Guerre，Harvard University Press，1983.

98. Richard Madsen：Morality and Power in a Chinese Village ，Berkeley：University of California Press，1984.

99. S. H. Potter and J. M. Potter：China's Peasants：the Anthropology of a Revolution，Cambridge：Cambridge University Press.

100. Isabel and David Crook：The First Years of Yangyi Commune，London：Routledge and Kegan Paul，1966.

二 论文

1. 邓京力：《国家与社会分析框架在中国史领域中的运用》，《史学月刊》2004 年第 12 期。

2. 陈铃、陶飞亚:《从历史视角看梵二会议与中国天主教会》,《世界宗教研究》2012 年第 6 期。

3. 戴长征:《意识形态话语结构——当代中国基层政治运作的符号空间》,《中国人民大学学报》2010 年第 4 期。

4. 董磊明:《从覆盖到嵌入:国家与乡村 1949—2011》,《战略与管理》2014 年第 3、4 期。

5. 方惠容:《"无事件境"与生活世界中的"真实"——西村农民土地改革时期社会生活的记忆》,参见杨念群主编《空间、记忆、社会转型——"新社会史"研究论文选集》,上海人民出版社 2001 年版。

6. 郭于华、孙立平:《诉苦:一种农民国家观念形成的中介机制》,《中国学术》2002 年第 4 期。

7. 韩晓莉:《抗日根据地的戏剧运动与社会改造——以山西为中心的考察》,《抗日战争研究》2011 年第 3 期。

8. 贺雪峰:《三分法与国家与社会的分析框架》,《学术探索》1999 年第 6 期。

9. 贺雪峰:《中国农村研究的主位视角》,《开放时代》2005 年第 2 期。

10. 胡玉坤:《政治、身份认同与知识生产》,《清华大学学报》2007 年第 3 期。

11. 黄道炫:《洗脸:1946 年至 1948 年农村土改中的干部整改》,《历史研究》2007 年第 4 期。

12. 〔美〕黄宗智:《中国革命中的农村阶级斗争——从土改到文革时期的表达性现实与客观性现实》,参见《中国乡村研究》第 2 辑,商务印书馆 2003 年版。

13. 李放春:《北方土改中的"翻身"与"生产"——中国革命现

代性的一个话语——历史矛盾溯考》，参见《中国乡村研究》第 3 辑，社会科学文献出版社 2005 年版。

14. 李金铮：《土地改革中农民心态：以 1937—1949 年的华北乡村为中心》，《近代史研究》2006 年第 4 期。

15. 李里峰：《阶级划分的政治功能——一项关于"土改"的政治社会学分析》，《南京社会科学》2008 年第 1 期。

16. 李若建：《从赎罪到替罪："四类分子"阶层初探》，《开放时代》2006 年第 5 期。

17. 梁敬明：《集体化及其困境：一种区域史的分析思路》，《浙江社会科学》2004 年第 1 期。

18. 刘平：《要重视乡村边缘群体的研究》，《史学月刊》2004 年第 6 期。

19. 刘新成：《日常生活史：一个新的研究领域》，《光明日报》2006 年 2 月 24 日。

20. 刘新成：《日常生活史与西欧中世纪日常生活》，《史学理论研究》2004 年第 1 期。

21. 刘瑜：《理想主义或现实主义？——中国革命中政治参与的政治心理分析》，《学海》2010 年第 5 期。

22. 卢汉超：《史景迁谈史》，《史林》2005 年第 2 期。

23. 卢晖临：《革命前后中国乡村社会分化模式及其变迁：社区研究的发现》，参见《中国乡村研究》第 1 辑，商务印书馆 2003 年版。

24. 罗志田：《见之于行事：中国近代史研究的可能走向——兼及史料、理论与表述》，《历史研究》2002 年第 1 期。

25. 裴宜理：《重访中国革命：以情感的模式》，《中国学术》2001 年 4 月，第 8 辑。

26. 秦晖：《"大共同体本位"与传统中国社会》，《社会学研究》

1998 年第 5 期。

27. 秦晖：《传统中国社会的再认识》，《战略与管理》1999 年第 6 期。

28. 孙立平：《极权主义·现代化理论·新制度主义》，《中国书评》（香港）1994 年 11 月总第 2 期。

29. 谭同学：《村庄秩序、文化重建与现代化类型》，《东岳论丛》2006 年第 3 期。

30. 佟新、沈旭：《文革研究对认识中国社会的意义——一种国家与社会的视角》，《开放时代》2007 年第 2 期。

31. 肖瑛：《从"国家与社会"到"制度与生活"：中国社会变迁研究的视角转换》，《中国社会科学》2014 年第 9 期。

32. 行龙、马维强：《山西大学中国社会史研究中心藏集体化时代农村基层档案述略》，载于《中国乡村研究》第 5 辑，福建教育出版社 2006 年版。

33. 徐勇：《农民改变中国：基层社会与创造性政治——对农民政治行为经典模式的超越》，《学术月刊》2009 年第 5 期。

34. 杨建华：《日常生活：中国村落研究的一个新视角》，《浙江学刊》2002 年第 4 期。

35. 杨奎松：《新中国土改背景下的地主问题》，《史林》2008 年第 6 期。

36. 应星：《身体与乡村日常生活中的权力运作：对集体化时期一个村庄若干案例的过程分析》，载于《中国乡村研究》第 2 辑，商务印书馆 2003 年版。

37. 岳谦厚：《传统、转型与革命：中国乡村社会研究的一种模式》，《山西师大学报》2002 年第 3 期。

38. 张静：《解放区时期的群众路线》，《战略与管理》2010 年第 7、8 期合编本。

39. 张静：《政治社会学及其主要研究方向》，《社会学研究》1998年第 3 期。

40. 张乐天：《国家话语的接收与消解：公社视野中的阶级与阶级斗争》，《社会学研究》2001 年第 6 期。

41. 张小军：《阳村土改中的阶级划分与象征资本》，载于《中国乡村研究》第 2 辑，商务印书馆 2003 年版。

42. 张学兵：《当代中国史上"投机倒把罪"的兴废——以经济体制的变迁为视角》，《中共党史研究》2011 年第 5 期。

43. 郑卫东：《"国家与社会"框架下的中国乡村研究综述》，《中国农村观察》2005 年第 2 期。

44. 周兵：《当代意大利微观史学派》，《学术研究》2005 年第 3 期。

45. 周兵：《微观史学与新文化史》，《学术研究》2006 年第 6 期。

46. 庄孔韶：《中国乡村人类学的研究进程》，《广西民族学院学报》2004 年第 1 期。

47. ［德］玛利亚·邦德、桑德拉·希普：《意识形态变迁与中共的合法性：以官方话语框架为视角》，周思成、张广译，《国外理论动态》2013 年第 8 期。

48. ［俄］米罗诺夫：《当代俄国史学》，陈启能译，《山东社会科学》2006 年第 6 期。

49. ［法］让—伊夫·葛涅：《史书编纂与 1980 年以来的变革》，《浙江学刊》2004 年第 6 期。

50. ［美］白威廉（WilliamL. Parish）：《中国大陆的家庭和社区》，载于林宗义、Arthur Kleinmam 编《文化与行为》，香港中文大学出版社 1990 年版。

51. ［美］赵文词：《五代美国社会学者对中国国家与社会关系的研究》，载于涂肇庆、林益民主编《改革开放与中国社会——

西方社会学文献述评》，香港牛津大学出版社 1999 年版。

三　其他

1. 平遥县地方志编纂委员会编：《平遥县志》，中华书局 1999 年版。

2. 晋中地区地方志编纂委员会办公室：《晋中地区志》，山西人民出版社 1993 年版。

3. 中共平遥县委党史研究室编：《中共平遥县历史大事记述》，山西人民出版社 1993 年版。

4. 《邓小平文选》，人民出版社 1982 年版。

5. 《毛泽东农村调查文集》，人民出版社 1982 年版。

6. 《毛泽东选集》，人民出版社 1991 年版。

7. 《社会主义教育课程的阅读文件汇编》，人民出版社 1957 年版。

8. 《怎样分析农村阶级》，人民出版社 1963 年版。

9. 薄一波：《若干重大决策与事件的回顾》，中共中央党校出版社 1991 年版。

10. 中共中央办公厅：《中国农村的社会主义高潮》，人民出版社 1956 年版。

11. 国家农业委员会办公厅：《农业集体化重要文献选编》，中央党校出版社 1981 年版。

12. 农业资料编辑委员会编：《关于人民公社生活集体化问题》，农业出版社 1959 年版。

13. 山西省委办公厅：《有关划分阶级的几个文件》，1963 年版。

14. 中共山西省委农村工作部、农业厅：《山西省农业集体化统计资料》，1962 年版。

15. 中共中央统战部编：《全国统战工作四级干部会议文件选编》，1958 年版。

16. 中共中央文献研究室、国务院发展研究中心编：《新时期农业和农村工作重要文献选编》，中央文献出版社 1992 年版。

17. 中共中央文献研究室：《关于建国以来党的若干历史问题的决议（注释本)》，人民出版社 1983 年版。

18. 中共中央文献研究室编：《建国以来毛泽东文稿》，共 13 册，中央文献出版社 1987—1998 年版。

19. 中共中央文献研究室编：《建国以来重要文献选编》，中央文献出版社 1992—1998 年版。

附　录*

一　杜松庄公社双口大队各阶层人的思想反映与阶级分析

双口大队共有户数 516 户，其中地主 6 户，富农 2 户，富中 19 户，中农 225 户，贫农 264 户，另外右派 3 人，历史反革命 5 人，坏分子 1 人。

这个大队经过前一段的社会主义教育和阶级教育，特别是通过今年的整风整社和三清工作，使广大干部群众特别是贫下中农政治热情和劳动热情大大提高，逐步出现了热爱集体，关心集体，多出工，早出勤，质量高的新气象，因此今年的生产搞得比较出色，特别是去年后进的 4 队、11 队，由于深刻地吸取了教训，加强了领导，加强了团结，树立了雄心壮志，干群之间扭成了一股劲，所以赶上了先进队。虽是如此，但由于这个大队党的领导薄弱，思想政治工作和阶级教育跟不上去，再加之困难比较多，群众的思想基础低落，因而今年以来，在进一步组织生产的高潮中，在改进经营管理的工作上，仍然突出地暴露了两条道路的斗争和两种思想的斗争问题，特别是阶级敌人的复辟开始露头，在这种情况下，由于干部政治嗅觉不高，错误地认为，地富反坏分子好用、听话。大队长柳绍军阶级路线不明，1962 年搞副业承办人用的是刘洪富（历史反

---
* 以下均为资料原貌,特此说明。

革命），特别是他到太原后，经常在反革命家住宿吃饭，你我不分。由于柳平时走的上层路线，已腐蚀到贪污腐化特殊多占。1962 年以来，借故给队内买牲口，倒贴棉花 208 斤，结果牲口未买下，棉花让人骗走了，（据柳说现在未查清），拿上集体的粮票借故帮助搞副业，结果以 2 元高价出售 110 斤，计款 220 元，另外贪污卖牲口款 100 元，挪用卖平车外带款 80 元。虽进行了阶级教育，但五队副队长王伟成在今夏打场时仍然将两个地主分子的儿子分配到场里，发现后让其撤换。由于干部的阶级路线不清，对地富反坏等本来应该严加管制的也不管了，因而有些地富不但不向人民低头认罪，反而不服从领导，不踏实劳动，趁机复辟向人民进攻，如八队地主吕向义，1962 年春天他（对）大儿说，趁我在世将咱的土地房子给你们拔拉开（指分给了农民的土地等），未经医协会审批，就任意给群众看病，并且诊断开处方就要 1 元钱。1962 年 4 月，未经干部许可，就明目张胆地拉上平车拉集体的砖，被大队干部发现制止才不拉了。尤其是今年 5 月，队长指派专人到他家掏大粪，他儿吕轶祥将掏大粪的和副队长打骂了一顿，并说"我还要往自留地里下咧"。在今夏打场中，队长唤他背麦麸子，他不满意地说："有利的买卖轮不上咱们干。"又如二队富农的女儿王梅香，一贯不向人民低头，不劳动，大骂人，谁也不敢惹她。特别是在今年 6 月队里欠她家 15 斤粮食，她家还欠队里的 9 斤多粮食不让扣。有一次队长吴永胜推高粱，她趁队长回家磨上无人，任意私自从磨上拿了 15 斤粮食（据她说多称了一点除水分），队长问她还骂："你是什么他妈屁的共产党员咧。"今年在收肥时，社员的肥料全部收了，她家的肥料不让收。两条道路不仅表现在不热爱集体，少参加集体劳动，想分田单干，雇工锄田，赌博，卖淫，甚至推垮党的领导等黑风上面，而且还表现在吃饭靠集体，用钱靠自己，弃农经商，任意放弃集体生产，去搞副业。如九队队长吕权是一个共产党员，工作方法上比较粗暴，但对集体生产搞得还不错，有一部分社员损公肥己思想十分严重，不积极投工，不热爱集体，队长对他们严加批评，他们便组织起集团反对队长，甚至开大会想换队长。七队原任副队长吕莱强在紧张的灭草时期，任意外出卖甜瓜，在这样的带动下，有不少社员也放弃了集体生产，搞副业去了，这样参加劳动仅仅留下一部分踏实劳动的好社员。又如九队社员刘利华（河北女人）经常卖淫、赌博，少参加劳动，以卖淫维持生活。比如五队社员王怀云一口人，今年春天粮食存得不少，该看到这种情况，诱导孙到她家吃饭，有时隔1天不去她家，还要到孙家里去找，结果粮食吃完了，撵的不让去了，总之是认钱不认人。

为了更进一步地了解和掌握情况，我们具体地深入比较复杂的后进十一队进行了比较细致的调查，现将这个队的具体情况罗列如下。

双口第十一生产队，全队有户数53户，人口209人，劳力84人，其中男49人，女35人；土地609.38亩，其中有队留地15亩，自留地30.6亩，非耕地17.85亩；牲口7头，其中骡子2头，马1匹，驴2头，牛2头，母猪1只，公猪1只，猪娃5只；皮车1辆，平车3辆。

从政治组织和阶级上看，党员2人，团员2人，贫农21户，人口74人，中农30户，人口124人，富农2户，人口11人，历史反革命1人。这个大队是49年进行土地改革的，55年又进行了一次补课，虽进行了两次，但由于这个大队阶级队伍没有充分地发动起来，据不完全的调查了解，在搞土改时，虽组织起农会、农代会、贫农团等阶级组织，但由于这些人思想觉悟低，腰杆儿挺得不硬，没有完全发挥了阶级队伍的威力，在伟大的土改运动中，背后还有富中等上层阶级进行操纵，因而有些成分定的还有偏差。如三队社员徐广元，全家13口人，家庭成员是父、母、叔、婶、1个兄弟、2个媳妇、1个外甥、2个妹子、1个侄儿、一个侄女。有土地87.82亩，连同种的他人的地实际有土地102.2亩，喂的3头骡子，20余只羊，拴的1辆三套车，经常用的1个长工。对这样的户，由于该平时手腕高，很狡猾，迷惑了一部分人，因而成分本来应该划为富农，实际错划为富中，从十一队的调查了解，从成分上看问题不大。但这个队由于近几年来对阶级教育有些放弃，有些阶级队伍的思想有些变质，放弃了本阶级的利益，贪图享乐，损公肥己，蚕食集体，弃农经商，赌博、雇工锄田，管媒赚钱，烧香磕头，黑风暴露的很严重，再加这个队的队长柳春智（共产党员）一贯自私本位，不坚持原则，削弱集体经济，有些群众给他起外号叫"财迷"。因而去年的集体生产搞得很差，今年比起别的队还差得远。总之从今年以来仍然是邪气大正气低，大体上归纳起来有以下几方面的问题：

①阶级敌人并不死人，不能踏实接受改造，富农王耀宗，虽然现在不能劳动，双目已瞎，却经常坐街说阴道阳，给人们传播封建迷信，灌输毒素。

②雇佣短工进行锄田。社员尹相荣中农成分，现年25岁，在今年征兵时怕当兵逃跑到太原一连住了80余天，回村后一贯不好好劳动，任意外出拉平车，但队里田他不劳动，给他制定锄的亩数，梁为了抓大钱，便雇佣十二队社员柳文俊锄庄稼。

③不热爱集体，不经常劳动，弃农经商，吃粮靠集体、花钱靠自己的思想比较严重。如尹相荣等社员，经常做些小买卖，集体生产搞得好坏，他们都不管，因而他们不请假，任意乱跑，去赚大钱。

④品质极坏，经常盗窃集体的粮食，损害集体利益。如邱增宝等社员，每年利用秋夏两季良好时机盗窃集体的粮食，特别是在今年碾场时，刚碾了两场，耿云等就盗窃了小麦160余斤。

⑤在冬季和农闲期间,甚至农忙期间,不务正业经常赌博。如古润生妻、柳冬生、邱星霖等社员,虽然不是大赌,但经常赌博,甚至不分白昼去赌。

⑥赚钱说媒,古润生的妻,现年65岁,经常是唯利可图,有一次给吕清龙的孩子说成亲,要使用10元钱。

⑦破坏人家的夫妇关系,经常去搞腐化。如王焕金经常不好好劳动,和白勇红的老婆韩珍美明铺暗盖,搞两性关系,直接影响到人家夫妇的正常关系。

⑧封建迷信思想遗留很深,如在杜松庄供销社来购,周瑞林的老婆,现年45岁,在今年母猪下不下猪娃时烧香磕头、祷告。

总之从上述问题来看,这个生产队邪气大,正气低,黑风很大,因而是今年的生产全村12个队中最差的队,今年以来从播种开始直到7月上旬锄田管理,这个队的生产一直后进,从播种大秋作物的秋田未种上,120余亩结果种上了小庄稼,应该锄的庄稼,锄不出来,形成草荒,直接影响了庄稼的正常生长,因而这个队今年的各种庄稼长得都不及其他队。

双口工作组 1963 年 8 月 4 日

二 开群众大会日程

1. 主持会议:何魏

2. 梁文义报告,内容三部分①农业学大寨 ②整建党意见 ③当前生产工作意见。两个小时。

3. 表态:①支书表态说对整建党的态度,对贫下中农的要求,给支部揭批问题,支部的态度。②副支书主任说明自己对整党的态度,主要是当前什的采取办法,早八点晚五点半收工。③贫协谈自己对干部的态度和发动群众揭盖子。④民兵如何在这次运动中发挥他们的作用。⑤妇女如何在这次运动中发挥妇女的作用。⑥青年团如何在这次运动中发挥青年作用。⑦一个生产大队谈谈他们自己的打算（五队）。

4. 一小时最后选出贫下中农，每队 8 人，选出 2 个副组长，纪律员 2 个，大队正副组长。

代表的条件：

①出身必须贫下中农，家庭个人历史清楚，没有政治历史问题。

②思想进步，立场坚定，旗帜鲜明，斗争性强。

③大公无私，不谋私利。

④积极参加集体生产劳动。

参加的成员老中青妇女一至两人，最后由支部审查批准。

以小组组织学习，每隔一天学习一次，由队长负责领导，指（定）选读文件和纪律员，时间 7 点半至 9 点半，远至 10 点。

1975 年 12 月 15 日

三　双口大队管理制度

1977 年是我们粉碎"四人帮"抓纲治国、乘胜前进的一年。在第二次全国农业学大寨会议精神鼓舞下，我们大队一定要以阶级斗争为纲，以揭批"四人帮"为动力，以大寨昔阳为榜样，坚持党的基本路线，坚持社会主义方向。从路线、干劲、作风和团结，政治运动及农业生产要很快适应一年建成大寨队的需要，把各项工作统一到抓纲治国这个总方针上，根据毛主席"管理也是社教"的伟大教导，经党支部研究决定制定管理制度如下：

领导干部革命化制度

1. 认真学习马列和毛主席著作，坚持三项基本原则，以阶级斗争为纲，大批资本主义，大批修正主义，大干社会主义。7年内，通读《毛泽东选集》一至五卷一次，每周政治学习两次。每月开一次生活会。

2. 领导班子成员，必须实行集体领导，遇事集体研究，支部决议必须坚决执行，如有不妥者，除在下次支部会研究决定外，不得随意改变或不执行。

3. 支部委员大小队干部要积极参加集体生产劳动，必须坚持参加劳动300天，劳动中要随大军，同群众共甘苦。工作中要立党为公，办事公道，任人唯贤，不徇私情，不行贿，不吃请，不搞特殊化。

4. 干部必须密切联系群众，遇事同群众商量，招工、招生必须通过群众推荐，经支部研究决定。要关心群众生活，注意工作方法，自觉限制资产阶级。

大队管理制度

1. 要求广大社员群众，努力学好马列和毛主席著作，积极参加政治运动，深入开展揭批"四人帮"的斗争，把学好文件抓住纲、深揭猛批"四人帮"当作1977年的头等大事来抓。要充分利用地头、饭场、家庭院落组织学习，各小队每周学习一次，大队政治夜校每周学习一次。

2. 每个社员一定要以认真的态度爱国家、爱集体，以队为家。对损坏集体财产者要弄清情况，给予处理。对破坏农业学大寨行为、贪污盗窃、投机倒把的要坚决打击，严重者除经济上处理外，要给予组织处分和大会批判。

3. 社员必须服从大小队干部的正确领导，听从指挥，积极完成交给自己的任务。不服从领导者，要进行批评教育，个人检查，大小会批判等项教育，严重者或认识不好者要严肃处理。

4. 社员猪羊必须严加管理，如有放野猪羊损坏集体庄稼树木者，要根据情节赔偿，连续三次者要从经济上严加处理，集体牲畜、猪羊损坏庄稼树木者，由饲养员、赶车人员负责，根据情节要给予扣工资罚款等项处理。

5. 对于积极参加集体劳动，能与坏人坏事斗争、爱护集体财产、敢批修正主义、敢斗资本主义、大干社会主义的好人好事，经群众评选，要给予表扬与奖励，以资鼓励。

6. 自留地集体代耕，以现有吃粮人口，按全队平均亩产，分秋夏两季付款领粮。

7. 各队在收打粮食时要认真核实产量，不准瞒产私分，对瞒产私分的粮食要收回大队，弄清责任，给予处分。

8. 各队的储备粮不经大队、公社批准，不得动用。

劳动管理制度

1. 支部委员经集体研究决定，决心不要补助工分，其他大小队干部的补贴工分，年终时经社员评议后定工，但不得超过全大队总工分的2%。

2. 全体社员必须按大队规定的出勤时间出勤，晚出早归者要计时扣工，批评教育。出勤天数按男劳力每月28天，女劳力每月25天执行。多者表扬奖励，无故不够者扣工批评。外流人员一律回队参加劳动，如接通知后不回者，按每天3元扣款（不予记工），不请假外出者，按外流人员规定处理。

3. 赤脚医生每月参加劳动17天，其余时间看病，看病时间大队补工，劳动时间计时评工（司药员不包括在内）。学校民办教师一律实行评议工分。每季一次，放假时间要积极参加集体生产劳动，不予记工，但作为一项评议条件。

4. 实行大寨的一心为公劳动，自报公议工分的劳动管理制度。评议中首先评出标兵，标兵工分定为10分，技术人员的工分不得超过标兵工分的20%。民办教师、赤脚医生、副业人员不得超过生产第一线同等劳力的工分。评比时间每月一次,评比条件按大寨评工条件评议,大小队干部的工分,全部参加小队社员评议定工。评议的方法是,个人自报,先评出标兵,以标兵为标准衡量,由 9.5 分、9 分、8.5 分、8 分……以此类推。评后经小队干部、贫协组长、副业组代表审查定工,报大队审定批准。

5. 大队企事业抽调劳力,必须经小队同意,不得平调,大队副业人员的平均水平工资,参加小队分配。大队新用建设工,又务工按土地劳力均摊,月结平衡,不平者,下月补齐。

6. 社员应积极完成投肥任务。全劳力全年投肥 40 担,半劳力投肥 20 担。公母猪每头每年投肥 4 方。肥猪按"斤猪斤料一担肥"的规定完成。饲料在完成投肥任务后付给。完不成者,按投肥比例付饲料。一等肥每方 16 元,二等肥每方 14 元,三等肥每方 12 元,四等肥每方 10 元,等外最高 6 元。

财务管理制度

1. 财会人员必须认真学习马列、毛主席著作,为革命当好家,管好账,把好关,理好财。要按照上级规定,建立健全财会账簿,做到手续完善,账目清楚,日结月清。

2. 财会人员责任分明,会计管账不管钱,出纳管钱不管账,保管管粮管物不管账。

3. 严格加强现金管理制度。生产队库存现金必须按银行规定,不得超过 80 元。大队库存现金不得超过 100 元,超过上述金额,必须存入银行,出纳保管不得无会计凭证,私自动用公款、粮食。

4. 严格执行开支审批制度。生产队开支要经过审批手续,不得随便开支。非生产开支 100 元以上,大队必须经过支部、革委、贫协研究通过。小队必须经社员通过。10—100 元开支,大队须经支部研究批准,小队经队委会研究批准,10 元以下,大队经革委会主任批准,小队经队长批准,否则会计有权拒绝开支。

5. 因公外出，汽车费、住宿费实报实销，补助费每天不得超过 1 元。30 里外，当天往返者补助 0.50 元，本县住宿者补助 0.70 元，乘车出县住宿者补助 1.00 元，其余不予补助。

6. 因公受伤者，医药费用实报实销，工分按同等劳力记工，严重者、生活上确有特殊困难，要给予适当照顾。

7. 财会人员必须编制好报表，及时准确地核算集体资金，粮物，工分，收支，坚持日清月结，定期公布，做到账款账实，账据、账帐、账表内外六相符，不错不乱，春季做好各项计划，年终做好收益分配工作，进一步处理好三者之间的关系。真正使财务工作为生产服务。

8. 财务人员离职时，必须账实账目，弄清遗留问题和差错，才能办理移交手续。移交时将账簿、单据、表册等编制移交清册，并做出一式三份移交表。通过领导和□鉴交人办理移交手续。

机电管理制度

1. 机电人员要认真学习马列、毛主席著作，树立一心为公的思想，认真钻研技术，为革命开好车，管好电。

2. 除机电人员外，任何人不准私自开车，随便接电。

3. 要坚持"自力更生，勤俭办社"的原则，做到能自修的不出队、能自制的不购买。

平遥县杜松庄公社双口大队党支部、革委会

1977 年 3 月 10 日

四 双口生产队敌情汇编

（中共平遥县委四清专案组制，1966 年 1 月）

（1）戴帽子四类分子（地主，8 人）

队别	姓名	性别	年龄	家庭成分	本人出身	文化程度	参加过何种反动组织道门	反动职务	罪恶事实	受过何种处分	现在表现	包夹人员	档案号数	备注
1 队	苗招娣	女	58	地主	地主	文盲	基督教	一般教徒		1955 年因有剥削划为地主	（表现不好），在评审时拉拢干部，贫下中农，骂贫下中农是猪	王朝福 梁新忠 马望财	001	
4 队	柳兆宏	男	80	地主	地主			1945 年任伪村长 1 年	压迫和剥削劳动人民	1949 年因剥削劳动人民划为地主	（表现不好）土改时隐瞒房屋、财产，写反动对联骂党和人民	柳武金 苏亮赐 苏吉弁	002	
4 队	吴春晚	女	67	地主	地主	文盲				1949 年因剥削劳动人民划为地主	（表现一般）外出不请假，不参加四类分子会议	许树英 韩月霞 韩祥福	003	
5 队	马娟秀	女	60	地主	地主	文盲	天主教	一般教徒		1955 年因剥削劳动人民划为地主	（表现一般）受天主教奴役思想较深	柳光惠 雷银花 尹秀蓉	004	

续表

队别	姓名	性别	年龄	家庭成分	本人出身	文化程度	参加过何种反动组织会道门	反动职务	罪恶事实	受过何种处分	现在表现	包夹人员	档案号数	备注
8队	吕海云	男	65	地主	地主				压迫和剥削	1955年因剥削劳动人民划为地主	（表现好的）拥护社会主义，不乱说乱动	王铁林 古秀盛 王妙香	005	
8队	刘秀兰	女	61	地主	地主	文盲			劳动人民	1955年因剥削劳动人民划为地主	（表现较好）能积极参加劳动，没有反动言论	葛大伟 吕清刚 吕清茂	006	
8队	吕向义	男	72	地主	地主	高中		1927年任伪村长1年，1936年任伪村长半年	当伪村长时吊打过群众	1949年因剥削劳动人民划为地主	（表现很坏）反攻倒算，辱骂干部，不承认自己是地主	谢丙坤 吕志刚 吕清刚	007	
5队	王彪	男	42	地主	地主	高中	三青团 天主教	分队长（三青团）		1957年被开除回乡，1966年戴帽子	（表现不好）利用天主教搞反革命活动	何魏 王兰仁 王怀茂	008	

（2）戴帽子四类分子（富农，3人）

队别	姓名	性别	年龄	家庭成分	本人出身	文化程度	参加过何种反动组织会道门	反动职务	罪恶事实	受过何种处分	现在表现	包夹人员	档案号数	备注
2队	柳兆飞	男	71	富农	富农	大学		1926年任孝义县（今孝义市）第五区区长一年	剥削和压迫劳动人民，1957年恶毒攻击党和社会主义	1949年为富农分子，1957年划为右派分子	（表现很坏）说共产党得了×病，时间不长了，说毛主席在苏联吃不开了	石嘉俊 霍嘉燕 荣桂花	009	右派
10队	柳兆宏	男	80	富农	富农	文盲			剥削和压迫劳动人民	1955年划为富农分子	（表现一般）前几年有牛鬼蛇神活动，拉干部情况，近况较好	柳尚云 柳桂军 尹吉	010	
11队	王耀宗	男	67	富农	富农	高小			剥削和压迫劳动人民	1949年为富农分子	（表现不好）借行医剥削人民，说黄色小说腐蚀青年	柳荣军 吕清端 尹道荣	011	

（3）戴帽子四类分子（历史反革命，8人）

队别	姓名	性别	年龄	家庭成分	本人出身	文化程度	参加过何种反动组织会道门	反动职务	罪恶事实	受过何种处分	现在表现	包夹人员	档案号数	备注
2队	昌广灵	男	43	贫农	兵痞	初小	1945年在太原参加日寇军合口通讯队		两次持枪和手榴弹投敌，出卖革命同志3人，乱棍打死2人，新中国成立后殴打群众	1960年划为历史反革命	（表现很坏）大搞牛鬼蛇神，骗取200余元	尹泽光 徐雪云 柳云峰	012	
4队	柳祥慧	男	36	地主	特务	高小	1946年在平遥参加同志会，1948年参加同志会种能会员	小组秘书	殴打进步青年，抢粮，给陶匪做宣传鼓动工作，进行反动宣传	1960年划为历史反革命	（表现不好）与贫下中农吵骂，从水库逃跑回来，三救任务不好	柳翔宇 白平盛 刘振宇	013	
7队	吕珠峰	男	46	中农	商人	初小	1948年参加民卫军		向敌人告密我八路军，1957年恶毒攻击党和社会主义	1958年划为反，右派，并开除工作岗位	（表现一般）基本遵守四类分子一切制度	吕荣磊 柳冬升 吕清辉	014	右派
9队	柳汗青	男	53	贫农	商人	初小	1945年保安队，1945年参加和解防十师卫生排		殴打群众及我民兵，抢劫粮食，布匹、衣服、各种银器	1958年划为历史反，并戴帽子	（表现一般）1961年有拉拢干部现象，参加劳动不太好	王铁贤 梁庆维 耿翠梅	015	

续表

队别	姓名	性别	年龄	家庭成分	本人出身	文化程度	参加过何种反动组织会道门	反动职务	罪恶事实	受过何种处分	现在表现	包夹人员	档案号数	备注
11队	刘洪富	男	49	贫农	职员	高小	1940年参加青帮,1946年参加红帮,1947年参加同志会		介绍20余人参加红帮,告密我方工作人员,替敌人向群众征粮征军鞋	1958年划为历史反革命,并记大过一次	（表现一般）1960年有拉拢干部现象	柳春明 杜仁君 王昌勇	016	
12队	韩全虎	男	54	中农	自由职业者	初小	1947年参加伪工会	1945年任伪衔长,1947年任候补理事	抓人、抓兵，为敌修炮楼，勾结国民党捕我地下党工作人员	1958年戴历史反革命帽子	（表现不好）投机倒把,作假戒指	柳建军 耿攀春 白孝福	017	
12队	许成	男	44	贫农	小手工业者	初小	1944年参加日本山崎部队	便衣特务	1947年三自传讯时，间接打死一人，捉我方地下工作人员，没收400张羊皮等	1958年戴历史反革命帽子	（表现不好）存在严重贪污(167元)隐瞒身份	韩孝明 柳文贵 韩祥帅	018	
9队	朱育方	男	46	贫农	农民		1947年加入同志会,基督教	特派员		1954年戴反帽子,1966年重新戴帽子	（不好）敲诈80元	吴学龙 柳亚慧 荣世金	019	

附　录 / 281

（4）戴帽子四类分子（坏分子，3人）

队别	姓名	性别	年龄	家庭成分	本人出身	文化程度	反动职务	罪恶事实	受过何种处分	现在表现	包夹人员	档案号数	备注
1队	梁岱盛	男	20	中农	学生	初小		1960年盗窃153元，粮票25斤，布证78尺，银手镯一副	1965年划为坏分子	（表现不好）拉拢干部，传播资产阶级毒素	陈海宪 梁思勇 古建冒 梁新番	020	
7队	古云涛	男	36	贫农	农民	初小		1958年盗窃自行车一辆，1954—1957年贩卖自行车100余辆	1958年划为坏分子	（表现很坏）骂干部，不完成三投，破坏集体工具	白春霞 吕荣刚 吕孝贵	021	
10队	许世金	男	39	贫农	店员	初小		1958年贪污粮食144斤，现金330元	1959年被捕，1954年戴帽（坏分子）	（表现不好）投机倒把和干部吵架	柳绍武 古孝银 柳竹荷	022	

（5）摘帽子四类分子（地主分子，5人）

队别	姓名	性别	年龄	家庭成分	本人出身	文化程度	参加过何种反动组织会道门	反动职务	罪恶事实	受过何种处分	现在表现	包夹人员	档案号数	备注
3队	温润宇	男	37	地主	农业劳动者	初中			剥削和压迫劳动人民	1949年划为地主分子		吕续云 白勤宝 韩霄雷	023	
3队	吕向秀	男	64	破产地主	农业劳动者			1944—1945年任双口伪村副		1949年戴破产地主分子帽子				1955年摘帽
3队	吕向文	男	58	地主	农业劳动者	初小			剥削和压迫劳动人民	1949年戴地主分子帽子	（表现好）不乱说乱动，积极参加劳动	王仁福 吕续山 耿代盛	024	1955年摘帽
5队	柳浩君	男	67	地主	农业劳动者	高小	1934年在本村参加好人团	任团长	剥削和压迫劳动人民	1949年戴地主分子帽子	（表现一般）以前有拉拢干部现象，但劳动较好	苏清媛 邱怀佑	025	1955年摘帽
7队	柳兰梅	女	68	地主	农业劳动者	文盲			剥削和压迫劳动人民	1949年戴地主分子帽子	（表现较好）遵守四类分子一切制度	柳桂香 吕香萍 吕桂莲	026	1955年摘帽

（6）摘帽子四类分子（富农分子，3人）

队别	姓名	性别	年龄	家庭成分	本人出身	文化程度	参加过何种反动组织会道门	反动职务	罪恶事实	受过何种处分	现在表现	包夫人员	档案号数	备注
10队	柳慧玉	女	80	富农	农业劳动者	文盲			剥削和压迫劳动人民	1955年戴帽子（富农）	（表现好）从不乱说乱动，拥护社会主义	尹翠花 柳三女 柳旭林	027	1958年摘帽
11队	耿学成	男	53	富农	农业劳动者	初小			剥削和压迫劳动人民	1949年戴富农帽子	（表现一般）劳动中表现一般	柳荣军 马耀财 耿利盛	028	1955年摘帽
11队	韩广琛	女	78	富农	农业劳动者	文盲			剥削和压迫劳动人民	1949年戴富农帽子	（表现一般）不乱说乱动，积极参加劳动	杜富贵 耿状花 杜利锋	029	1955年摘帽

（7）摘帽子四类分子（历史反革命，1人）

队别	姓名	性别	年龄	家庭成分	本人出身	文化程度	参加过何种反动组织会道门	反动职务	罪恶事实	受过何种处分	现在表现	包夹人员	档案号数	备注
11队	柳正宽	男	55	贫农	手工业者		1947年参加民卫军	任中队副	殴打民卫军、群众等	1954年戴历史反革命帽子	（表现一般）劳动一般，爱吵架	杜富贵 柳荣军 耿利盛	030	1957年摘帽

（8）摘帽子四类分子（坏分子，1人）

队别	姓名	性别	年龄	家庭成分	本人出身	文化程度	参加过何种反动组织会道门	反动职务	罪恶事实	受过何种处分	现在表现	包夹人员	档案号数	备注
3队	苏淑梅	女	54	地主	中农	文盲			大盗粮食及衣服	1960年戴帽子	（表现一般）体弱不参加劳动，从不参加口口口活动	白文兰	030	1965年摘帽子

（9）摘帽子右派分子（2人）

队别	姓名	性别	年龄	家庭成分	本人出身	文化程度	参加过何种反动组织会道门	罪恶事实	受过何种处分	现在表现	包夹人员	档案号数	备注
3队	吕天柱	男	36	中农	店员	小学		1957年对党发出恶毒的攻击	1958年划为右派，受到降职降薪处分	（表现一般）劳动表现一般，贪污100余元		032	
8队	吕荣星	男	45	中农	店员	初中		1957年对党发出恶毒的攻击		（表现一般）劳动中均表现一般		033	

（10）内专六种人（18人，只供党支书、治安主任内部掌握）

反动会道门中的小道首与职业办道人员中坚持反动立场的人（1人）

队别	姓名	性别	年龄	家庭成分	本人出身	文化程度	参加过何种反动组织会道门	反动职务	罪恶事实	受过何种处分	现在表现	包夹人员	档案号数	备注
2队	尹纪荣	男	80	贫农	农民	初小	1937年参加还乡团	任贯主		1954年住看守所半年	曾大搞牛鬼蛇神，搞泥弹子顶药冶病欺骗群众	梁新昌	034	

续表

队别	姓名	性别	年龄	家庭成分	本人出身	文化程度	参加过何种反动组织会道门	反动职务	罪恶事实	受过何种处分	现在表现	包夹人员	档案号数	备注
								敌伪军(连长以上)政(保长以上)警(警长以上)宪(宪兵)(9人)						
1队	梁永贵	男	52	下中农	农民	初小	1947年参加匪三人小组	三人小组组长	在双口为阎匪抽兵,指使人殴打青年,将16岁当成18岁当了常备军		表现一般	古建民	036	
2队	王中慧	男	51	上中农	农民	初小	1940年参加国民党,1941年参加同志会,1949年参加匪铁纪团	在阎匪军任团副官,副营长,连长等职,铁纪团任副组长			(表现不好)对自己的历史隐瞒不谈,不够老实	吴永胜	037	
2队	荣文义	男	52	下中农	农民	文盲	1946年参加阎匪鸽木队	任木鸽队分队长			表现一般	吴永胜	038	
4队	韩林树	男	52	贫农	农民	初小二年	1948年参加民卫军	任分队长	新中国成立前夕该抓人,征粮为阎匪修战壕		(表现不好)隐瞒自己的历史,包庇干部四不清问题	刘振宇	039	

续表

队别	姓名	性别	年龄	家庭成分	本人出身	文化程度	参加过何种反动组织会道门	反动职务	罪恶事实	受过何种处分	现在表现	包夹人员	档案号数	备注
5队	王仁义	男	39	中农	军人	初中	国民党	日伪时期至匪时期任警长9年	任警长期间同打写口客，协同日本兵抓过人		(表现不好)隐瞒历史罪恶	何魏	040	
7队	耿学岸	男	55	下中农	工人	初小	1946年参加基督教	1931年当兵1年，1938年当伪村副1年	骂我们搞捐献，三反是刮尽了内部，五反是刮尽了工商业者等反动言论		(表现很坏)用宗教大量发展教徒进行反党	吕荣磊	041	
9队	柳尚明	男	45	贫农	工人	初小	1947年加入同志会，1946年加入基督教	1947年任民卫军伪中队长兼民选分队长	殴打过梁柱，在村内抽兵		(表现不好)有严重贪污行为及不守法现象	王铁明	042	
10队	柳尚光	男	46	中农	农民		1947年参加同志会	匪时期任双口村分队长	参加"三自传训"，为匪收租征粮，打骂群众		不好	尹杰	043	

续表

队别	姓名	性别	年龄	家庭成分	本人出身	文化程度	参加过何种反动组织会道门	反动职务	罪恶事实	受过何种处分	现在表现	包夹人员	档案号数	备注
11队	古云超	男	42	贫农	农民	初小			打骂群众		（不好）有严重贪污（580余元）现象，运动中伪装积极	柳荣军	044	
被杀、被关、被管制或外逃反革命分子家属中坚持反动立场分子（1人）														
6队	王友营	男	32	中农	学生	中师	青军团	青军团的学员	王友营祖父被杀，王友营表现不好，拉拢群众，企图打入干部队伍		退赔极为不好，贪污400余元	王钢毅	045	
地主、富农子女中思想极端反动，对党和人民极着阶级仇恨和历史严重不满者（3人）														
6队	柳文吉	男	46	地主	商人	小学	柳文吉在1962年压缩回村，不回村在城内大搞副业				（不好）父为地主，本人不好好劳动，在城内私自搞副业，不听指挥	吕贤翠	046	土改时已满18周岁
7队	吕士权	男	31	地主	农民	文盲	贪污现金425元，粮食250斤，将大队柳登山拉下了水，大搞赌博，总共输掉了400元				（不好）贪污425元，拉干部柳登山下水，赌博	吕清曦	047	
8队	吕铁祥	男	26	地主	学生	高中	接受其父吕向义传播的变天思想，破坏庄稼，不好好执行三投，搞投机活动		破坏铁路边的树木，破坏庄稼，搞投机活动		（不好）破坏生产，有变天思想	刘菊英	048	

续表

队别	姓名	性别	年龄	家庭成分	本人出身	文化程度	参加过何种反动组织会道门	反动职务	罪恶事实	受过何种处分	现在表现	包夹人员	档案号数	备注
其他思想极端反动有进行反革命破坏的危险分子（3人）														
3队	雷世官	男	52	贫农	农民	文盲			1958年和国家争收铜器,在四清运动中,报私人仇,向工作队说假情况,打击干部,平时劳动极为不好,经常不参加劳动,不听干部指挥	1958年坐看守所三年	(不好)仍然表现和以前一样	白勤宝	049	
7队	吕清刚	男	24	贫农	学生	初小			大骂共产党和毛主席不给我们饭吃,说今天不如新中国成立前生活好,说毛主席喊我下地我也不去,又说谁给我饭吃,我就给谁劳动		(不好)仍然公开骂党,骂工作队	邱春霞	050	
9队	梁华俊	男	50	贫农	农民	文盲			骂共产党说党话好像×,共产党和团员是殉日的,骂共产党不给饭吃,说新社会不如旧社会好		(不好)仍然大骂共产党	耿翠梅	051	
历史严重不清（1人）														
7队	水国勇	男	49	未定	兵痞	文盲		历史严重不清			(坏得很)	吕荣磊	052	

（11）一般有伪职人员（日本—阎锡山伪村长、协助员、保卫团、伪村内闾长、伪书记、伪村内保卫团、伪妇女干事、村内内分队长、民卫军、同志会、国民党员、铁军基干、防共保卫团）

队别	姓名	性别	年龄	家庭成分	本人出身	文化程度	参加过何种反动组织会道门	反动职务	罪恶事实	受过何种处分	现在表现	备注
11队	柳广华	男	55	富农	职员			1941—1942年任伪村主任				日本时期
11队	柳利生	男	70	贫农	小商贩			1943—1944年任伪村主任				日本时期
2队	夏福满	男	63	贫农	农民			1946—1947年任伪村副				阎匪时期
2队	吕吉参	男	73	下中农	农民			1944—1945年任伪村副				日本时期
3队	吕刚义	男	72	中农	农民			1947—1948年任伪村副				阎匪时期
4队	白银仁	男	78	贫农	农民			日本时期村内伪闾长				
8队	古建春	男	55	中农	农民			日本时期村内伪助理员，阎匪时又当一年				
5队	王怀荣	男	53	中农	农民			日本时期伪助理员				
5队	王怀兆	男	56	雇农	农民			日本、阎匪时伪书记				
5队	徐宗荣	男	62		商人			日本时期伪村内书记	贪污	1954年被捕 1957年释放		
1队	梁思泽	男	56	中农	农民			阎匪村内闾长			一般	
2队	石生	男	53	上中农	农民			同上			一般	
3队	吕明信	男	55	中农	农民			同上			一般	
5队	王正宗	男	58	下中农	农民			同上			一般	

续表

队别	姓名	性别	年龄	家庭成分	本人出身	文化程度	参加过何种反动组织会道门	反动职务	罪恶事实	受过何种处分	现在表现	备注
4队	吴九乾	男	60	中农	农民			同上			好	
6队	吕荣田	男	57	上中农	农民			同上			一般	
12队	郝思端	男	46	下中农	农民			同上			好	
12队	刘贤波	男	54	中农	商人			同上			一般	
12队	雷耀鸣	男	41	贫农	农民			同上			比一般好些	
12队	柳凯昌	男	61	中农				同上			一般	
4队	吕耀武	男	56	贫农	农民	文盲		陶匪村内保卫团	经常给日本人送情报		较差	
1队	陈生兴	男	55	贫农	农民	文盲		同上			好	
7队	吕清福	男	53	下中农	农民	文盲		同上			一般	
4队	柳凯州	男	73	贫农	农民	文盲		同上			一般	
12队	空	男			农民	文盲					一般	
7队	柳朗玉	男	48	下中农	农民	文盲		同上			一般	
7队	师春燕	女	48	贫农	农民	文盲		陶匪村内妇女干事			一般	
7队	苏秀雯	女	37	贫农	农民	文盲		同上			一般	
7队	柳思鲜	女	43	中农	农民	文盲		同上			一般	

续表

队别	姓名	性别	年龄	家庭成分	本人出身	文化程度	参加过何种反动组织会道门	反动职务	罪恶事实	受过何种处分	现在表现	备注
7队	韩如霞	女	36	贫农	农民	文盲		同上			一般	
1队	柳月儿	女	37	贫农	农民	文盲		同上			一般	
9队	古秀通	男	39	中农	农民	初小	1947年加入同志会	村内民卫军分队长			好	
12队	耿攀春	男	47	贫农	农民	同上	同上				好	
4队	柳柏聪	男	39	贫农	农民	文盲	同上				较好	
8队	吴九沛	男	44	贫农	农民	文盲	同上				较好	
4队	尹尚	男	55	中农	农民	初小		阎匪铁军基干			较好	
4队	韩祥福	男	59	贫农	农民	文盲	同上				较好	
10队	白福全	男	44	贫农	农民	文盲	同上				一般	
6队	葛春良	男	56	商人	工人	初小	国民党一贯道			1960年开除回村	一般	
4队	邱纯椒	男	46	贫农	农民	文盲	防共保卫团				较好	
2队	石绍银	男					还乡团				一般	
5队	王玉明	男	41	贫农	农民	文盲					一般	

（12）一般行政刑事错误人，刑满释放回村者（10 人）

队别	姓名	性别	年龄	家庭成分	本人出身	文化程度	参加过何种反动组织会道门	反动职务	罪恶事实	受过何种处分	现在表现	备注
3队	徐崇荣	男	66	中农	农民	初小			贪污	1954 年被关，1957 年释放	一般	在伪职人员内已包括
2队	尹纪荣	男	80	中农	农民	文盲	还乡道	贯主	大搞牛鬼蛇神，以泥弹当药欺骗人民，并治死骡子	1954 年被捕，1957 年释放	一般	已在六种人中包括
3队	苏淑梅	女	53	中农	农民	文盲			1960 年大偷大盗群众衣服粮食	1960 年被捕，1960 年释放 1960 年戴坏分子帽子，1965 年摘帽	一般	在摘帽四类分子中包括
3队	雷利勇	男	56	贫农	农民	文盲			1958 年与国家争收铜器	1958 年被关，1961 年放回	不好	1954 年被关，1958 年释放
5队	吕广盛	男	60	贫农	农民	初小				开除党籍，被关 4 年	好	
5队	王洪	男	33	地主	农民	文盲				1957 年被捕，1959 年释放	一般	
5队	王东梁	男	33	中农	铁匠	文盲			大搞投机倒把	1958 年被捕，1962 年释放	一般	
1队	梁岱盛	男	22	中农	学生	初小			偷 100 余元，粮票 23 斤，布证 78 尺等	1960 年被捕，1962 年释放，戴帽子		已在坏分子中包括

续表

队别	姓名	性别	年龄	家庭成分	本人出身	文化程度	参加过何种反动组织会道门	反动职务	罪恶事实	受过何种处分	现在表现	备注
10队	许世金	男	37	贫农	店员	初小			贪污粮食144斤，现金330元	1958年被捕，1962年释放，戴帽子		已在坏分子中包括
12队	赵铁英	男	36	贫农	革命军人	高小			1958年其使棉织厂机器发生大事故	1958年被管3年，开除党籍		

（13）开除回乡职工（4人）

队别	姓名	性别	年龄	家庭成分	本人出身	文化程度	反动职务	罪恶事实	受过何种处分	现在表现
4队	葛文义	男	32	贫农	铁路工人	初小		困难时期在休车之便利用乘火车之便投机倒把，盗窃铁路物资	开除处分	一般
7队	昌清辉	男	36	贫农	工人	初小		严重违反工厂记录，放掉酒精几公斤	开除处分	较好
12队	耿高莫	男	31	中农	教员	高中		自1961年以来有400元严重贪污，并进行反四清运动，平素道德败坏	开除处分	
11队	杜仁树	男		中农	职工			1966年7月4日开除处分		

（14）十八周岁未戴帽子人员（8人，1966年5月20日）

队别	姓名	性别	年龄	家庭成分	本人出身	文化程度	参加过何种反动组织会道门	罪恶事实	现在表现	备注
7队	吕板平	男	64	地主	农业劳动者	高小		剥削和压迫劳动人民	一般	决定不再戴帽
5队	吴义桂	女	67	地主		文盲		同上	好	决定不再戴帽
5队	柳秀英	女	39	地主	商人	文盲	1930年参加天主教	1964年说天黑三天，一贯不参加劳动	一般	决定不再戴帽
6队	柳文吉	男	46	地主		小学		1962年不听上级指挥不回村参加劳动	一般	决定不再戴帽
10队	葛成峰	男	57	富农		文盲			好	决定不再戴帽
10队	刘宝玉	女	50	富农	农业	文盲			较好	决定不再戴帽
11队	耿学岸	男	49	富农	劳动者	初小			一般	决定不再戴帽
11队	朱花兰	女	40	富农		文盲			一般	决定不再戴帽

（15）四类分子子弟及其他（地主子女12人，富农子女9人，坏分子子女5人，历史反革命子女5人，历史反革命家属9人，被杀关管家属4人）

队别	姓名	性别	年龄	出身	本人成分	现在表现
1队	马望福	男	32	地主	农业劳动者	一般
3队	吕秀红	女	28	地主	地主子女	不好
3队	吕枢利	男	27	地主	农业劳动者	一般
4队	吴巧兰	女	32	地主	地主子女	不好（历反柳祥慧之妻）
5队	王荣	男	31	地主	农业劳动者	
5队	王昌增	男	19	地主	地主子女	
5队	柳文堡	男	22	地主	农业劳动者	
7队	吕士权	男	32	地主	地主子女	
8队	吕铁祥	男	26	地主	地主子女	
8队	吕鲲鹏	男	35	地主	农业劳动者	
8队	吕全贵	男	30	地主	农业劳动者	
9队	纪陶光	男	32	地主	地主子女	

队别	姓名	性别	年龄	出身	本人成分	现在表现
3队	吴增军	男	25	富农	农业劳动者	较好
4队	吴菊鲜	女	20	富农	富农子女	较差
10队	柳文吉	男	26	富农	农业劳动者	
10队	柳文增	男	23	富农	农业劳动者	
10队	葛士江	男	18	富农	农业劳动者	
10队	葛海花	女	22	富农		
11队	王雨菅	男	26	富农	富农子女	
11队	耿垣强	男	21	富农	农业劳动者	一般
11队	耿垣国	男	17	富农	农业劳动者	一般

续表

队别	姓名	性别	年龄	出身	本人成分	现在表现
3队	吕阳昆	男	24	中农	工人	一般
3队	吕阳荦	男	19	中农	学生	一般
10队	许箩伯	男	18	贫农	学生	好
7队	古祺韶	男	15	贫农	学生	好
9队	柳升严	男	21	贫农	学生	较好

队别	姓名	性别	年龄	出身	本人成分	与系、关管关系	表现
9	许银花	女	45	地主	家庭妇女	纪诺颜（死在狱中）之妻	一般
6	韩冬宵	男	52	贫农	农民	其子关生在监狱中	一般
5	王毓宝	男	50	贫农	农民	其父被我方所杀	较差
10	柳苗长	男	80	贫农	农民	其儿被我方所杀，户口在我村，本人在杜松庄	

队别	姓名	性别	年龄	出身	本人成分	现在表现
7队	吕峥嵘	男	23	中农	学生	较好
7队	吕建嵘	男	18	中农	学生	较好
9队	朱孝天	男	18	贫农	学生	好
9队	朱孝地	男	16	贫农	学生	好（年龄不够，不再算在内）
12队	韩朝寇	男	21	中农	学生	积极参加劳动组，对政治不关心

队别	姓名	性别	年龄	出身	本人成分	与历反关系	现在表现
12	刘玉凤	女	43	中农	农民	韩全虎之妻	一般
12	刘萱	女	76	下中农	家庭妇女	韩全虎之母	一般
12	赵玉晴	女	30	贫农	农民	许成方之母	一般
11	许玉爱	女	55	贫农	农民	刘洪富之妻	一般
9	柳秀红	女	49	贫农	农民	柳圩青之父	一般
9	朱仁东	男	69	贫农	农民	朱育方之母	一般
9	刘三牛	女	60	贫农	农民	朱育方之母	一般
9	柳晴晴	女	39	贫农	农民	朱育方之妻	较好
7	白玉兰	女	49	中农	农民	吕珠峰之妻	一般

后　记

　　本书是在我的博士毕业论文（2009 年）基础上修改而成，并得到教育部人文社科基金项目"集体化时代的身份、地位与乡村日常生活"（09YJC770047）、山西省高等学校哲学社会科学重点研究基地项目"小人物与大历史：政治变动与集体化时代乡村日常生活研究"（2015303）和山西省高等学校教学改革创新项目"档案文献的搜集整理与中国近现代史教学创新研究"（J2017011）的资助。

　　自拜师行龙先生门下，集体化时代的乡村社会研究便进入我的视野。从对学术研究的懵懂无知，到渐渐形成明确的问题意识、理论思考、研究框架等，离不开业师的引领和谆谆教诲。"走向田野与社会"是行龙教授提出的治学理念，体现在集体化时代乡村社会的研究中，更有走进历史现场、激活研究思维的学术人物、事件的线索结合进行田野访谈。村庄的档案文本非常细腻丰富，诸多的个人材料、申诉书、愁苦书、检查书、揭发书以及会议发言记录等从普通民众个人的视角呈现出他们对于那个时代的体验和所思所想，俨然形成了跌宕起伏、扣人心弦的迷人小说。阅读着这些耐人寻味的人生与情感故事，我常常欲罢不能。到底集体化时代是一个怎样的时代？对于普通民众而言具有怎样的意义，他们有着怎样的感受，又是如何认识和思考的？毋庸讳言，由于国家的制度安排与政治规则，民众在经历着由分散而集体、由私人生活而公共生活的新奇、兴奋的同时，也因斗争、束缚而遭受着紧张压抑，甚至是难以愈合的伤痛。无论如何，他们的经历已经成为不可磨灭的历史记忆，他们的欢愉、隐忧以及坚韧以对都表明，这段历史已经深深地烙印在他们的心里，内化在其生活体验和生命历程中，不可忘怀，也不能忘怀。

目前当代中国社会史愈益成为中国近现代史研究的显学，但学者对于日常生活的研究关注较少。在这些成果中，日常生活更多地作为学术背景和空间衬托，而不是研究的主体和对象。很显然，日常生活的社会意义和建构功能在一定程度上被忽视了。本书正是出于这样的学术思考，从"日常生活"的研究视角出发，期望将研究主体和问题关怀落脚到对人的生命历程的关注中。细腻丰富的档案材料为本书从微观视角和日常生活的角度展开研究奠定了基础。也使本书得以避免陷于意识形态与政治视角的影响和结构的研究路径，从乡村内在逻辑出发，从普通民众生命个体的"身份/地位"的视角切入，对学者较为关注但又较少涉及的集体化时代乡村社会民众日常生活的多个侧面展开论述和刻画，并通过"叙事"的笔法展现出具体的生命个体面对国家的政治规制所具有的认知、需求和行为抉择，由此展示出国家政治规制对于民众产生的影响，并揭示民众的传统如何通过其主体性的发挥得以延续，以及日常生活对于国家政治走向的影响和改变。可以说，本书的研究视角、研究内容、研究方法都是一种新的尝试。

不过，囿于学识有限，本书未必能呈现出全部的研究初衷和目标构想，对于"身份"这一概念的理解把握以及一些具体的细部分析尚需深入，尤其是在国家制度和整体结构史方面的论述仍显不足，对于国家与社会互动关系的理论探讨还有一定的空间，这也是今后需要进一步努力的方向。而且，由于所利用的村庄材料是村民被斗争、揭发、因犯错误和接受检查等而留存下来。因此反映的多是相对"负面"的面相,由此本书所呈现出来的也只能是乡村日常生活的重要侧面,而非全面的乡村日常生活史,这是读者在阅读时应当了解和警惕的。

在写作与修改的过程中,我曾与学界师长进行了诸多交流,得到他们颇具启发的建设性意见。2006 年,美国加利福尼亚大学洛杉矶校区黄宗智先生来到山西大学进行学术交流,与中心的老师共同探讨集体化时代中国乡村社会研究的学术路径与价值取向,黄先生的诸多观点为我博士论文的写作提供了开阔的思路。南开大学张思教授是我博士论文的答辩老师,答辩时及答辩之后进行过多次交流,张老师提出的很多见解对后续的论文修改起到了重要作用。2009 年,中国社会史研究中心在昔阳大寨召开"集体化时代中国乡村社会"学术研讨会。我有幸与南开大学李金铮教授相识,他的人格魅力、对学术的孜孜追求令人印象深刻。难能可贵的是,从2009 年博士论文答辩到最终付梓,时光已匆匆走过八载,每当我遇到苦难,给三位先生发去邮件,他们总能拨冗予以解答。感恩在我学术成长中影响至深的三位"第二导师"。

本成果曾参加香港中文大学中国服务中心组织的"中国研究"国家研讨班以及其他学术研讨会,并投稿于《开放时代》《华东师范大学学报》《中国农业大学学报》等学术刊物,得到南京大学李里峰教授,复旦大学王维江教授、张乐天教授,以及孙庆忠先生、吴重庆先生、吴铭先生、高远戎先生、孔令琴先生、常建华先生等的鼓励以及切中肯綮的批评和建议。他们来自"他者"视角的评判使笔者在后期的修改中获益良多。

笔端至此不禁怅然。这一文稿的形成来自多方的鼓励与支持。感谢山西大学中国社会史研究中心提供的学术平台,感谢中心胡英泽教授、张俊峰教授、常利兵副教授、李嘎副教授、郭永平副教授、赵中亚博士、韩祥博士、曾伟博士以及中心资料室冯艳花女士提供的帮助和支持。感谢山西大学历史文化学院郝平院长，在担任中国社会史研究中心的执行主任期间，为拙著的写作和修改提供了积极、宽松的学术环境。感谢田野调查中为我提供无私帮助的姐姐、诸多原村干部和村民，他们接纳我成为村庄的一分子，其朴素的热情和帮助常使困惑中的我倍感温暖。

感谢内子邓宏琴，同样从事乡村研究的她也是我学术上的伴侣和助手，不仅帮助我整理了诸多材料，也常常为我提供具体的思路，本书研究的部分阶段性成果也有她的贡献。儿子的呱呱坠地给我带来无尽的欢喜，从牙牙学语到缠绕膝下，伴着我的学术成长，为我单一而又充满乐趣的研究之路增添了诸多的生机和动力。

2018 年 1 月
于山西大学中国社会史研究中心